阅读成就思想……

Read to Achieve

治愈性心理学系列

Switched On

A Memoir of Brain Change and Emotional Awakening

情感失明

开启自闭症人格开关的脑科学实验

[美] 约翰 · 埃尔德 · 罗比森（John Elder Robison）著
苑东明 译

中国人民大学出版社
· 北京 ·

图书在版编目（CIP）数据

情感失明：开启自闭症人格开关的脑科学实验 /（美）约翰·埃尔德·罗比森（John Elder Robison）著；苑东明译．— 北京：中国人民大学出版社，2019.4

书名原文：Switched On：A Memoir of Brain Change and Emotional Awakening

ISBN 978-7-300-26747-0

Ⅰ．①情… Ⅱ．①约… ②苑… Ⅲ．①孤独症—研究 ②心理交往—研究 Ⅳ．① R749.4 ② C912.11

中国版本图书馆 CIP 数据核字（2019）第 027639 号

情感失明：开启自闭症人格开关的脑科学实验

［美］约翰·埃尔德·罗比森　著

苑东明　译

Qinggan Shiming：Kaiqi Zibizheng Renge Kaiguan De Naokexue Shiyan

出版发行	中国人民大学出版社		
社　址	北京中关村大街 31 号	邮政编码	100080
电　话	010-62511242（总编室）		010-62511770（质管部）
	010-82501766（邮购部）		010-62514148（门市部）
	010-62515195（发行公司）		010-62515275（盗版举报）
网　址	http：//www.crup.com.cn		
	http：//www.ttrnet.com（人大教研网）		
经　销	新华书店		
印　刷	天津中印联印务有限公司		
规　格	170mm×230mm　16 开本	版　次	2019 年 4 月第 1 版
印　张	17.75　插页 1	印　次	2019 年 4 月第 1 次印刷
字　数	295 000	定　价	75.00 元

我正处在一个神志清晰而感觉美好的巅峰状态，这是我从来不曾有过的体验。我身心的每一部分都和工作琴瑟和谐。从早到晚，我都沉浸在对工作的思考之中，直到闭上眼睛进入梦乡。各种创意像焰火般在我的脑海中缤纷绽放，再没有比找到破解难题的办法更令人高兴的事了。我很难想象会发生什么事情，带走这种蓬勃的能量以及我倾注于所做事的热情。就好像我在几个月前浸淫其中的那些知识忽然都融会贯通了，把我内心的澄明和觉知推升到了一个新的高峰一样。这是美、爱和真理合而为一的产物。这就是快乐。

摘自丹尼尔·凯斯（Daniel Keyes）所著

《献给阿尔吉侬的花束》（*Flowers for Algernon*）

SWITCHED ON

A Memoir of Brain Change and Emotional Awakening

推荐序一

在《情感失明》这本书中，约翰·埃尔德·罗比森先生讲述了一个非同寻常的、精彩而又动人的故事，这个故事不禁让我联想起自己当年立志当一名医生的初衷。我在从医的过程中，一直时刻铭记着现代医学之父——古希腊名医希波克拉底（Hippocrates）的告诫："如果必须在了解一个人得了什么病和得病的人是什么样的之间做选择，那你始终要选择后者。"作为一名认知和行为神经学家，我的职责是帮助那些为神经疾病和精神疾病所苦恼的各种各样的患者，包括自闭症病人、癫痫病人、中风病人、帕金森病人，以及耐药性抑郁症病人。现代医学高度重视依据最新的科研成果来进行医疗决策，以及积累专门的疾病知识，但其宗旨并未改变，那就是临床医学实践依然是要帮助病人—— 一个具体的人，纾解病痛。约翰·罗比森书中所讲的故事把我带回到了这个真理上来。每天，当我走过贝斯以色列女执事医疗中心（Beth Israel Deaconess Medical Center）[①]贝伦森–艾伦无创脑电刺激中心的大门时，书中的故事就会在我的脑海中回响，这家中心由我主持，本书中的许多情节当年就发生在这里。

"大脑的可塑性"这个概念指的是大脑和神经系统持续不断地改进其自身的能力。我们所思、所感、所经历的每件事情都在改变着我们的大脑。中风、脑部创伤

① 文中作者又称之为贝斯以色列医院（Beth Israel Hospital），1916 年成立，是贝斯以色列女执事医疗中心的前身。——译者注

可能会影响大脑的可塑性，类似自闭症这样的发育失调也与其有关。持续增强的大脑可塑性也给人带来新能力的潜在可能性，在本书中，约翰看起来就曾经历了这样的事情。经颅磁刺激（Transcranial Magnetic Stimulation，TMS）这种干预方法给我们了解可塑性的机制以及识别大脑网络的变化带来了一个独特的机会，而后者可能就是引发患者产生问题和相关症状的原因，与相关疾病的康复治疗也大有关系。约翰自己就接受过这样的实验。

过去 30 年间，在精神病学和神经病学领域，TMS 已经发展成为一个很有价值的工具。这本书的问世恰值人们对脑电刺激的总体兴趣，尤其是对 TMS 的特定兴趣呈现出了上升状态。在美国，食品药品监督管理局（FDA）已经允许了运用几种设备针对抗药性抑郁症、偏头疼和术前脑电图实施 TMS，并把全球认证扩展至对发育失调、疼痛、中风、癫痫和痴呆的治疗。在美国有近千家 TMS 诊所。在那里，那些药物治疗以及其他传统的治疗处置方法无效或者效果不彰的患者，从中都能够获得帮助。然而，关于 TMS 以及其潜力的知识仍然局限在医学界的圈子中，不管对社会大众来说，还是对可能由此获益的病人们来说，都难窥其门径。我希望随着类似约翰这样的故事渐渐进入公众视野，这种情形在不久的将来能得到改变。同时，这也需要就 TMS 对大脑的影响进行更多的研究，以便进一步提升其治疗潜力，同时降低可能带来的风险。

重要的是，要认识到约翰描述的故事并非某个病人接受医学治疗的经历，而是我所领导的一项医学研究，它得到了哈佛医学院和贝斯以色列女执事医疗中心伦理委员会的批准。我并非为约翰治疗自闭症的医生，这项研究的目的是检验患有自闭症谱系障碍者大脑机能的基本机制，而约翰只是该项研究的众多参与者之一罢了。作为这项研究的参与者，约翰的经验是独特的，也是个人化的。在他异常主观的陈述中，蕴含着难以估量的价值。不过，约翰所体验到的结果，以及他在本书中对此所做的描述，仍然是其个人的主观产物。虽然他的叙述都具有无可置疑的真实性，并且让人大开眼界，但未必算得上这一研究所得出的客观结果。意识到这一点是很重要的。但是可以这么说，我绝对相信约翰的成果能够激发每一个对科学研究有兴趣的读者，使他们对大脑神奇的内部运作产生好奇，并对类似 TMS 的技术所能给人类带来的潜在希望备感鼓舞。

作为一名从事研究的科学家和为患者治疗的医师，我的思维模式和心态经常是分裂的。作为医师，我完全同意自己的职责就是为病人解除痛苦，而作为一名科学家，我接受的训练是，为了得到对一种疾病、一个大脑运作过程、一种状态的根本性认知，我们必须超越个人的体验。如果某项研究课题的参与者感觉好转，我的任务是辨认和理解导致好转发生的原因。是使用平均值和统计学方法来模糊个体经验之间的差别，还是专注于每个具体研究参与者的个别体验，我常常在二者之间举棋不定，这成了平衡的艺术。然而，正如约翰在本书中对我们所做的令人感动的提醒一样，医学研究是对人的研究，每个病人都能为我们提供非常宝贵的洞见。

医学期刊立足于报道客观的研究发现，但正如约翰的案例，有时一名患者的主观体验是难以预料的，也是令人吃惊的，他们有可能高估了那些我们用衡量患者医疗成效的传统手段所获得的东西。参与研究的患者的个人体验是非常有价值的，我相信约翰在本书中所描述的故事，正是推进了这样一种更加基于患者感受的研究方法。

已故的奥利弗·萨克斯（Oliver Sacks）医生在讲述以病人为中心的医疗历史方面堪称大家。从很多方面看，约翰的故事都让我们联想起奥利弗所讲的那些非常精彩的医疗案例。但奥利弗只是在描写其他人，而约翰讲的是非常个人化的故事。他那些关于身心转变、克服残疾以及从实验性治疗方法中获益从而完全改变了自己人生的精彩故事，对我们每个人来说都充满了激励人心的教益。这是关于情感本质的感人至深的个人化讲述，当我们寻求理解神经病学上的差异时，这就为我们提供了难得的机会。

阿尔瓦罗·帕斯卡–利昂（Alvaro Pascual-Leone）
医学博士、哲学博士
哈佛医学院认知神经科学系神经学教授、临床与转化研究系副主任
贝斯以色列女执事医疗中心贝伦森–艾伦无创脑电刺激中心主任

SWITCHED ON

A Memoir of Brain Change and Emotional Awakening

推荐序二

约翰·埃尔德·罗比森在本书中所讲的这些故事汇集成了一段迷人的旅程。对自闭症群体之外的人们来说，作者从患者这个角度向他们展示了那些平常幽隐不见的日常生活的面相。也许本书中最富戏剧性的部分是他参与了哈佛大学和贝斯以色列医院的TMS研究之后的那些经历。约翰以意味深长的细节描写了实验治疗之后，他自己的思维和认知发生的那些临时性改变，这段简短的历程真是让人感到惊心动魄。这也许是对TMS脉冲刺激所引发的精神现象世界的体验所做的最细致入微的文字描述。我不能确定这究竟是怎么一回事。我有点嫉妒他有过这样的体验，我想如果自己也有机会去亲身体验一下，我一定会有足够的勇气尝试。

约翰的这段旅程中最打动我的部分是描绘他学习当代认知神经科学的那些内容。当然，就从我敲下这段话到你读到它的这段时间，这门科学肯定会发生变化。但是在我看来，搞清楚我们是如何从大脑中获得思想的，是人类所面对的最有趣的问题之一。这个重量只有3磅[①]的人体组织，包含了860亿个神经元，能够发明飞机，能写诗歌，还能抚养孩子，这是如何办到的？对于这么小的一个器官来说，这是匪夷所思的成就，但我们却难以看到或者感觉到它的存在（例如，假如它没有能够感知疼痛的神经末梢）。想想发生在每一个待产母亲身上的这个奇迹，她身体中这个未出生的婴儿正在依照这个世界上最复杂的蓝图，慢慢地“建构”着自己。新出生的婴

① 1磅≈0.4536千克。——译者注

孩带着跳动着的心脏和工作着的肺来到世界上，能吃又能拉，这太让人惊喜了。但在我看来，最神奇的事情是，他们还带着能够思考的大脑，能够感知和回应这个世界，慢慢地还能学会制造无人机，写文章，创建互联网企业。

认知神经科学试图解释，大脑是如何产生思想的。这个大脑–思想联合体能够让我们应对日常生活，也能让我们进行深层次思考。它决定着我们如何感知其他人并与之进行互动。它能够让我们为那些自己愿意照料的人提供食物，提供遮风挡雨之所。往大了说，人类实际上就是一个装在身体里的大脑。我们的人格、技能、感受和知识都藏在我们的大脑里面。因此，认知神经科学是一门非常基础的人类科学。它试图解释我们到底是谁。在过去的 25 年中，大脑成像，尤其是核磁共振成像，教给我们很多关于人脑技能的知识，可供我们进一步分析和探讨，这要比我们此前千百年来知道的东西多得多。

对大脑的功能运作情况进行成像这个“礼物”，让我们得到了一张关于大脑运作情况的照片（核磁共振成像中的这个“功能”就指的是大脑的功能）。从 20 世纪 90 年代开始，这些核磁共振成像照片就向我们展示了，当某种类型的思考工作正在进行时大脑中的那些热点。那些早期拍下的照片为我们提供了一些非常有趣的见识。它们显示出，每个任务都会诱发出激活状态（一个热点），不只是在大脑内的一个区域，而是在整个脑部区域，显示出思维过程是 10 到 20 个脑部中心之间进行的合作，就像由专家组成的团体性活动一样，其工作过程需要进行非常复杂的协调。早期的核磁共振图片也显示，存在精神或者神经失调症状的人，其激活模式也经常是失调的。在高功能自闭症患者身上表现出的改变是，额叶脑区域和其他脑部区域之间的同步性比一般人要差。因为很多类型的思考（尤其是社会性经历）都牵涉额叶和其他区域之间的协调活动。所以，同步性程度较低能够解释自闭症患者为什么会产生社会思维方面的改变。

大脑成像技术的第二次革命发生在 21 世纪初，此时一些新的计算技术，尤其是机器学习这一计算机科学的分支领域，开始在脑成像数据方面得到应用。我非常幸运能够加入这一新的探索事业中，我的合作者包括汤姆•米切尔（Tom Mitchell），他是机器学习领域的先锋人物，还有其他一些非常有才华的博士后、研究生和其他研究人员。我们开始把大脑活动的模式和具体的思考联系起来，而不是仅仅把其视为热点区域。这就是约翰在本书中称为“读心”的那部分内容，也是我们正在推进中的研究工作。就像约翰解释的那样，现在我们从大脑激活的信号中，就能判断出被试正在思考什么样的概念。我们的研究是从识别关于实体概念的信号开始的，比如被试想到一个苹果、一把锤子，或者一座圆顶建筑。我们在识别情感体验方面也取得了进步，例如，我们能够识别出一个人是感到开心还是感到厌恶。我们也发现，就像约翰说的，像拥抱这类关于社会互动的思想概念在高功能自闭症患者身上是不太一样的。这个发现提示我们，即使不是全部，但肯定有许多思维障碍可以用我们的“读心”技术来进行诊断。而且通过判断出思维是在哪里发生改变的，就能提示我们应该针对哪些目标区域进行治疗。

如果利用核磁共振成像进行“读心”的技术能够从世界上最“牛”的高堂谈玄变成真正能够揭示人类思维内部结构和工作方式的工具，那才是我们真正感到心满意足的事情。其最有前途的应用之一是，一个概念性的核磁共振成像信息不仅能够被探测到，而且能够分解出其主要成分，向你揭示出构成概念的主要积木块。实验性的核磁共振成像发现阐明了哪些脑部区域支持着哪个概念积木块。当我们发现了越来越多种概念的积木块，我们希望能够理解所有类型思考的本质，从关于一个苹果的思考到“这个老人向湖里扔了一块石头”的思考（这是我们现在能够读出的一种复杂思想）。

除了对揭示出人脑建构思想的乐高积木块感到满意，这种类型的研究还能实实在在地从两个主要方面改变我们的世界。第一，正像作者在本书中和我在前面所提及的，这个方法具有帮助我们对多种类型的思维障碍进行认知和治疗的潜力。这不是仅仅认识到思维的某些方面出问题了（比如说，某人夸张地认为自己正在受到迫害）而是有可能准确指出，这是哪一块思维积木块缺失了或者残缺了，以及大脑内部某些区域的机能运行发生了什么样的变化。例如，某一天，我们不会再说“这个孩子有失语症”，而是会说“这个孩子额叶皮质两个区域之间的解剖学连通被额叶髓鞘压住了”。有了这样一个诊断，那就可以采取改善连通性的疗法来改善其阅读能力，使其达到接近于常人的水平。这里的“某一天”已经出现了，并且在 2009 年《神经元》杂志的一篇文章中有过描述，文章的作者是蒂姆•凯勒（Tim Keller）和我。更宽泛地说，很多思维失调最终都会追踪到存在于大脑中的基础性原因，这能提示我们应该采取何种治疗性的干预措施。

理解了大脑的思维积木块可能带来的第二个益处是它能够强化多种类型教育的指导流程。如果我们了解到学习者的思想所期待的最终状态，我们就能够对教导方式进行设计，以更好地提供和装配这些构成思想的积木块。期待的最终状态可以依据那些对于最终状态的概念已经有了很好理解的人的大脑来读取（采用“读心”技术）。这样的研究还处于幼年时期，但是对于我们如何教育年轻一代，如何培训我们的劳动力，如何把每一个孩子都培养成能读写、能思考、能为社会做贡献的公民，这能够产生革命性的影响。

这样的远景看起来有点浮夸，但是如果在25年前，我们把今天对大脑功能所达到的认识水平当作远景向别人进行描述的话，人家可能也会用这个词来揶揄我们。约翰•埃尔德•罗比森在这里向我们揭开了未来帷幕的一角。没有人能够准确预见大脑科学的未来，但我们可以确知的是，它将来得很迅速，而且将改变世界。

马塞尔•亚当•贾斯特（Marcel Adam Just）
唐纳德•赫布（D. O. Hebb）[①]心理学教习教授
卡耐基梅隆大学认知脑成像中心联合指导人

① 唐纳德•赫布是加拿大麦克吉尔大学心理学教授、著名心理学家、认知心理学开创者，曾提出“赫布定律”。——译者注

SWITCHED ON

A Memoir of Brain Change and Emotional Awakening

自序

一些读者可能会问我，你写的这个故事是不是真事。是真事。这算是一部自传，描述了我参与的一系列脑电刺激实验以及后续发生的情况。

这里记述的事件和谈话都依据当时的笔记、电子邮件，还有其他与我一起经历了这些非凡探险活动的参与者的记忆，并在此基础上进行了重新订正，目的就是力图准确再现真实情况。当我写到不同人士当时的言谈时，尤其是贝斯以色列女执事医疗中心那些医生和科学家的发言时，我并没有当时的录音资料和特别详细的笔记作为依据，因此我并不想让大家感觉这就是他们当时原原本本的语句，这只是站在我自己的角度所做的尽可能准确的回忆。

基于这个想法，我让书中的关键人物审读了我所写的有关内容，以免我在无意中歪曲了他们当时的一言一行。

书中出场的这些医生和科学家都确有其人，故事中的其他大多数人也是如此。其中一些人物的名字我做了改动，以免泄露他们的真实身份，我在书中对此都有说明。不过对书中描述的所有事件，我都努力忠于自己的记忆。

当解释复杂的神经科学理论时，我已经尽了最大努力以避免错讹，也向相关的科学家求证了本书的全部内容以尽量保证其科学无误。他们的指正和释疑，我都已经纳入书中。当然，书中仍然可能会有一些错误，我要独自对此负责。

要一页页写出一本厚书来描述这样一个旅程，需要付出艰苦劳动，需要借助身为医学、哲学双料博士的阿尔瓦罗·帕斯卡-利昂先生的洞见，更需要贝斯以色列女执事医疗中心（这家医院是哈佛医学院的教学医院）设在波士顿的贝伦森-艾伦无创脑电刺激中心医护团队的支持，如此方能成功完成此书写作。没有你们，这一切都不会实现。

SWITCHED ON
A Memoir of Brain Change and Emotional Awakening

前言

那时，我正以时速 75 英里[①] 的速度驾车行驶在马萨诸塞州收费公路的快车道上。突然，毫无征兆地，我感觉自己穿越到了大约 1984 年波士顿的夜总会。那一刻是 2008 年 4 月 15 日晚上 8:00，可当我打开车上的立体声音响后不久，一切都改变了。

那时我已经 50 岁了，因为开了一整天车，感到十分疲倦；由于年轻时老是与摇滚乐队厮混，耳朵也接近半聋状态。除此之外，我刚刚从波士顿的贝斯以色列医院出来，来自哈佛大学的神经学家小组刚刚对我做了一个实验，他们使用高能磁场，企图让我的大脑重新“连线”，以改变我的情商。因为患有自闭症，我在这方面一向很弱。一些自闭症患者常常在与人谈话和理解语言方面有障碍。另外一些人（比如我）经常说得挺好，也能听得明白，但是常常错过对言外之意的领会，如肢体语言、语调以及表达上的微妙之处，等等，而这些却占据了人类对话相当大的一部分。我对领悟这些东西总是感到很挠头。幸运的是，我在社交方面的无能被自己在技术方面的技巧抵消了不少。可是，其中很多现在能帮助我谋生糊口又能时时护佑我的天赋异禀，在童年时代却让我备感孤独、绝望。这些伤害的痕迹至今仍然困扰着我，所以我才同意参加这些科学家搞的项目，而我的一些朋友说这简直就是一次疯狂的冒险。

从理论上说，让科学家们采用一个奇特的新疗法来为自己治疗听起来是个很棒

① 1 英里 =1.609 344 千米。——译者注

的主意，但根据我目前的观察，它还没有产生什么作用。科学家们曾经提议用电磁来重新整理我大脑中的各种联系。这听来像科幻小说，也许一直以来还真是如此。这天，当在医院折腾了四个小时后，我又回到车上，感到比来时更疲惫，也更烦闷。然而，在另一方面也可以这样说，我没有察觉到任何变化。

开车到波士顿已经花了两个小时，再从这里开车回家又得两小时。“这到底是在折腾什么呢？”我问自己。其实，我是清楚答案的——我是自愿参加这项研究的，因为科学家们在征集患有自闭症的成年人参加实验，而我想让自己变得“更好一点”。虽然“更好一点”并不能明确定义，但我能强烈地感受到内心的向往。

当我插上 iPod，乐曲开始在车内回荡，我也开始思绪万千，上述想法混杂着其他上千种莫名的念头涌向脑海。这样的事情我以前其实已经做过千百遍了，但除了听到车内音响放出的立体声音乐，并没有听到过其他东西。除了车轮前的长路，我也什么都没看见。不过，这次与以往大不相同。突然之间，我感觉自己好像不在车内了，甚至也不在自己的身体之中了。所有的感觉都回到了时间深处，在一间灯光暗淡、烟雾缭绕的酒吧内，我正站在后台，听塔瓦雷斯兄弟（Tavares brothers）唱着灵歌。

多年前，我曾是一名站在舞台边的音响师，工作任务就是保证演出中各种音响设备能正常使用。而现在，我又成为一名不停地绕着舞台找位置、找角度的业余摄影师，端着照相机，镜头跟着表演者转，希望抓住某个精彩的瞬间。这是完全不同的两回事。当我为摇滚乐演出当音响师时，我的关注点都在反映当下情况一切正常还是有点问题的那些小苗头、小征兆上；当我端起相机时，注意力就只在要拍摄的目标身上，我甚至连演出的音响都听不到了。那天晚上在车内，录音机放出的歌声深深地吸引了我，把我带到了多年前一场演出时的情景，这种感受是前所未有的。

切换几乎在转瞬之间就完成了。前一刻我还在驾着自己的路虎揽胜巡航于车海中，后一刻我已经看见五名歌手在夜总会里演出了。悬挂在天花板上的泛光灯照亮了整个舞台，我刚好站在被照亮的区域之外。在我左手边的舞台上，站着塔瓦雷斯兄弟，他们穿着运动上衣，打着蝴蝶结，伴奏的乐队站在边上。一个吹长笛的乐手站在幕后，每隔几拍就低低地吹上几声，让美妙的旋律更加动人。塔瓦雷斯兄弟以演唱了影片《周末夜狂热》（*Saturday Night Fever*）的插曲《不只是女人》（*More Than a Woman*）而为世人所知，但此前他们已在新英格兰唱了多年，唱过很多歌曲。早在30年前，我就已经作为一名音响师和特技效果设计师，成了这个世界的一个角色。波士顿的很多大型演出场所都使用过我的音响和灯光设备，我曾经站在数不清的舞台边，看过的演出不胜枚举。我这是在重温当年的某个场景，还是纯粹在凭空臆想？当时我搞不清楚，直到今天也仍然搞不清楚。我只能说那种感觉体验异常真实，我几乎能闻到自己衣服上熏染的烟味。但自始至终，我大脑的另一部分仍然在指挥身体正常驾驶着这辆汽车，虽然我只能通过自己中途没有撞车来确认这一点。

同时，他们的歌声是那样真切，我的思绪不自觉地随着歌声流淌。音乐家们和他们的乐器，正好就放在我正前方的舞台上。向侧翼望过去，黑暗中我还能看到扩音器和装设备的航空箱就摞在那里。当我的目光扫视整个俱乐部，我看到了键盘手和他搁在架子上的乐器。台上的一个歌手朝我走过来，当他把话筒拿到手里，我听到了话筒缆线摩擦发出的沙沙声。

眼前的景象如此清晰，耳畔的乐声真真切切，我感觉一切都栩栩如生。从iPod发出的毫无生命活力的数字音乐有了生命，而且这种感觉是如此恢宏强烈、势不可挡，我不禁开始哭了起来。这无关悲喜，只是因为这音乐如此震撼人心。

我把音量调大，深深沉醉在音乐的旋律之中。塔瓦雷斯兄弟一直唱着，我的车一直在奔跑，泪水流过我的脸颊。我感觉这美好的声音正流遍全身，每个音符都灿烂、新鲜、生动。这和我30年之前听音乐的场景是一样的，那时，处于工作状态的我，时刻专心致志地听着演出的声音，盯着示波器上显示的音频信号，或者在心里想象着乐器发出的声音。回到那时，“听”是如此细节化的一种体验，我甚至能辨别出每个乐器发出的声音，以及它们在舞台上的位置。我还要听出每个和声歌手的声音，当他们配合加入合唱时，必须清楚地听出来。但现在的体验更加深刻和丰富，又多了一层感情色彩。

突然，我产生了一个想法：也许我听见的这种纯净、真实的乐声，正是未被自闭症这个哈哈镜所扭曲的原音。也许别人一直以来都能听出这里面所蕴含的情感，而我直到现在才初闻其妙。也许我就是为此才泪流满面，因为我能感受音乐了。对于自己看到或者听到的事情，自闭症患者通常不会产生这样的体验以作为回应。我通常能分辨出音乐是悲伤的还是快乐的，但那天晚上塔瓦雷斯兄弟的音乐却是以一种新奇而意外的力量击中了我的心。

回到几个小时前，那时我还在医院里，我听到两个人在路过大厅时，嘴里正发出怒吼。我心想："这两人疯了。"我的这个结论丝毫未带感情色彩。我是个精确的、讲逻辑的观察者。现在，当我听着塔瓦雷斯兄弟的歌唱，听到"她已离去""词句和音乐"以及"告诉我你在想什么"这几句歌词时，我感到感情的浪潮顿时汹涌而至，泪水夺眶而出，流过我的脸颊。

虽然这首歌曲的旋律我已经听过很多次，但我从来没有产生过现在这样的感受。就在这天之前，我还只能按歌词字面上的逻辑意义来理解，而难以有其他感受。此时，我才真的理解了音乐。像"她已离去"这句歌词，不只是字面意思加旋律那么简单，它为听众传达了一种艺术的精准性。这是一种爱的表达，是为一个实实在在的人所谱写、演唱的歌曲。我很想知道，这个人是谁，在她的身上究竟发生了什么样的悲欢离合。

那天晚上，我给领导这个项目的科学家发去了一条短信："你们一定是给我施了什么魔咒。"对我们来说，一切才刚刚开始。

目　录／Contents

第 1 章

SWITCHED ON
A Memoir of Brain Change and Emotional Awakening

一项令人振奋的建议

就在几个月之前，我的探险开始了，可兆头很不好。我站在一张桌子旁，桌子上堆着饼干。这里是艾尔姆斯学院图书馆通往学校礼堂的过道，学院位于马萨诸塞州的奇科皮市。饼干是学校自助餐厅的标配食品，但总得有人吃吧，所以我才会坐在这里。

我受邀来到艾尔姆斯学院，和学生、教员，以及任何愿意在 1 月的寒夜中溜达过来的人进行交流。按学校宣传海报的说法，这场活动叫作“自闭症工作坊”，而我就是这场活动表面上的领导者，由我来领导这场大学里的工作坊，这是件不寻常的事情。直到不久前，由我操持的工作坊还仅限于在罗比森车行，我们在那里干的事情是修复奔驰、捷豹和路虎汽车。我又不是大学教授，甚至没进过大学的门。我早先是个自学成才的工程师，活计就是为摇滚乐队的表演制造声光效果。20 年前，我离开这个行当，做起了自己的小生意。现在我是一名汽车维修技师，还是个业余摄影师。不过，我写了一本书，内容是关于阿斯伯格综合征患者的生活。阿斯伯格综合征是自闭症的一种，按照医生们的诊断，我得的就是这种病。现在他们把各种形式的自闭症都称为“自闭症谱系障碍”。我曾受邀去过多个场合探讨这个问题，其中有些场所真让我感到有些受宠若惊。

在成长历程中，我发现自己和别人有些不一样，但搞不清这是为什么。像阿斯伯格综合征这样不太明显的自闭症，直到20世纪90年代，才被人们广泛认识。我直到40岁那年，也就是1997年，才被诊断患有这种病。知道了自己如何异于常人以及其中的缘由，让我感到自己能够给予他人力量，也能帮他人打破桎梏，所以我情不自禁地想与世人分享自己的故事。车行里的伙计们都觉得我疯了，居然会花这么多时间来写这么一本书，但是我的弟弟奥古斯丁•巴勒斯（Augusten Burroughs）几年前就曾经把他自己的故事写进了《握着剪刀奔跑》（*Running with Scissors*）这本书中，我觉得我也能行。现在我出书的愿望已实现，而且这本书的出版让我和更多人建立起了联系，他们都对自闭症这件事很感兴趣，这是我从未想到过的。

起初，我加入了本地自闭症患者协会，并结识了一些成年患者。这个协会是新英格兰阿斯伯格综合征协会（现在叫阿斯伯格综合征/自闭症网络）的一个分支。这个协会做得不错，既很受欢迎也能起到很大的支持作用。它们每月组织两次聚会，让大家分享在生活中遇到的一些磨难。虽然我们看起来都是如此不同的人，但让我吃惊的是，自闭症却将我们如此紧密地联系到了一起。不论在哪里演讲，我都会遇到一些为人父母的人，我自己从一名患者康复成为一个自立、自强的成年人的故事，让他们很受鼓舞。他们对我的成功所做出的反应，让我感觉我有这么长时间对自己患病的情况茫然无知，反而让自己逃过了一劫。在我长大成人的过程中，我从未想过长大以后我养活不了自己。还能有别的选择吗？还会活活饿死？然而我遇到的许多患者家长却担心自己的孩子，除了会在早晨自己穿好衣服或者打打电子游戏之外，真不知道还能干点什么。

他们这点可怜的期望让我吃惊，我开始怀疑现在人们在病情知晓方面达到的新水平是不是在无意中造成了一种不利于患者康复的负面因素。兴许今天的自闭症儿童就像那些聪明而又狡猾的宠物一样，不过是在训练他们的父母，让他们一生都能免费给自己喂食，给自己提供安乐窝，为自己提供娱乐和保健服务。当我把这个观点和一些母亲分享时，她们却不觉得这能让她们宽心，或者有什么启迪。

在《看着我的眼睛》（*Look Me in the Eye*）出版之前，我已经就自闭症做过一些演讲，听众有在校生，甚至有监狱服刑人员。最初，我就是把这本书当作我亲口讲述的这些故事的一个延伸。这本书出版以后，我又期待能有更多的读者读到它，但我从来没有想到自己会遇到如此热烈的回应。我从来没有收到过这么多电子邮件、电话和短信，它们几乎都来自那些与自闭症紧密相关联的人士。按我原来的想象，一本书的创作是一个运用脑力的、舞文弄墨的过程，可是看起来很少有人对我的写作技巧以及创造性发挥的那些方面感兴趣，他们都是冲着自闭症来的。无论我走到哪里，读者询问的都是关于我表述的那些看法，以及我相信的那些事情。头一个和我联系的是吉姆 • 马伦（Jim Mullen），那时他正担任艾尔姆斯学院的校董。他提前拿到了本书出版前的打印稿，读了一遍，于是就邀请我到他们学校去做巡回演讲，并且参与他们一个新的自闭症研究项目。吉姆把我介绍给研究团队的成员，并问我是否愿意参与其中。他们正在开发一门关于自闭症治疗的研究生课程。想到自己的一些观点能够成为他们课程内容的有益补充，我感到脸上很有光彩。我也想象着如果有一天，当这里的研究人员开着他们的斯巴鲁或者沃尔沃来我的车行修车时遇到我，他们一定会感到很惊讶。这实在很有趣，我会跟他们说：“你们永远不会知道一个汽车修理工下一步会做什么！”

当我在车行的顾客遇到我在业余时间搞摄影，不管是在音乐会的舞台边、杂技演员的钢丝上，还是和马戏团的狮子一起站在内场中，我都是这么回答的。穿着摄影师的马甲，吊着身份牌，还有三个大相机挂在肩膀上，我相信，这形象一定和我在车行修车时的样子判若两人。而且作为一个身高 6 英尺 4 英寸[①] 的大个子，我在人群中可是个很打眼的硬汉。让我自感有趣的是，置身在演奏家们和他们的乐器之间，我感到如鱼得水，毫无违和感；我估计，如果人们看到我在车行里被缺胳膊少腿的破捷豹和破宝马车围着，反而会感到奇怪。现在出版这本新书，又把我带到了一个新的境地，我的任何一位旧交故识都不会料到我能到达这里。在来艾尔姆斯参加工作坊的那晚之前，我只有四个月的时间来把自己改造成“自闭症专家”这一新的人生角色。

在我的书中，除了汽车、电子和我自己的生活，我没敢夸口自己在其他任何一个方面知识丰富。可是，读者认为，我的关于自闭症的真实生动的见解，让我成了

① 1 英尺 =30.48 厘米，1 英寸 =2.54 厘米，6 英尺 4 英寸约 1.93 米。——译者注

这方面的专家，我正在尽自己最大的努力去满足他们对我的期待。

有时唯一会潜入我心中的担心就是，我并不是一个公认的自闭症专业人士。我的专业知识仅限于自己对成长过程中一些异常情况的体验。仅依据自己的实例而给出别人错误建议的可能性让我有些担心，于是我下决心尽可能多地学习一些有关自闭症的知识。我难以改变别人看待我的方式，但我可以改进自己的知识根基，我决定尽可能快地着手把自己的想法付诸实施。

我从来不知道谁会坐在台下听我讲演。他们中有功成名就的自闭症专科医生和治疗专家，也有老师、辅导顾问、心理学家、精神病学家和内科医生。他们经常对我的故事表达出兴趣，但我却不知道应该如何把它解说清楚。他们认同我的表述吗？或者他们会不会这样想："这个研究标本居然会说话！"也许是两者兼有吧？

每当有专业人士来找我，我都会很专心地听他们讲，因为我知道说不定什么时候就能学到一些很重要的东西，但前提是我能把真正杰出的专家从那些固执己见的门外汉和形形色色的怪人中识别出来。在艾尔姆斯学院的那个晚上，当林赛•奥伯曼（Lindsay Oberman）向我走来时，我并不知道她是谁，更不知道在这个领域中她是何方神圣。她看起来像是正在上学的年纪，我一开始真就这么认为。她看起来像个典型的研究生，年轻、热情、穿着牛仔裤和运动衫，一看就很低调。那天来艾尔姆斯学院参加这场活动的人中，有些人戴着很时髦的珠宝，有些人有很炫的文身和穿孔，可林赛唯一的装饰就是一个包包和一本书。

虽然她的衣着很简约，但她还是一下子脱颖而出。就算现在，我也说不清楚究竟她身上的哪一点给我留下如此深刻的印象。也许那些比我更善于察言观色的人能够给出答案，但对我来说，能够发现她聪明而且与众不同已经足够了。

"我是贝斯以色列医院的一名博士后研究人员，"她边说边递过自己的名片，上面印着林赛•奥伯曼博士，"我们正在进行一项关于自闭症的研究，我希望能给你留一些关于我们研究项目的宣传资料。我们刚开始搞一个提高自闭症患者情商的研究项目，需要一些成年志愿者。"

现在，新篇章从此开启。

我脑补出一个画面：听我讲座的听众是鱼塘中的鱼群，而林赛正手拿着钓竿和抄网坐在池塘边上，把自己能抓到的鱼捞上来放到桶中带走，把他们带向某种未知的际遇。我不知道她招募这些成年自闭症患者要做什么事情，遐想着在心理测试之后，那些不合格的倒霉家伙是不是就被放到汤锅做成料理了。

这个令人不安的遐想让我拿不准该怎么回复她。她是想让我给她的研究项目背书，以便鼓动他人加入项目做志愿者吗？我甚至都不知道她们到底要研究啥。于是向她抛出了我的问题。

她开始向我描述对自闭症的兴趣，以及她想治疗该病某些失能症状的愿望。“我们正在尝试一种被称为 TMS 的新的治疗方法，意思是经颅磁刺激。我们使用电磁场来诱导大脑外层的信号。我们希望能够开发出一种新方法，帮助自闭症患者读懂他人的感情。”

她最后一句话引起了我的注意。我几乎就要说“这正好也是我的问题”，但还是忍住了没开腔。我的祖父曾经教导我，永远别对人家想推销的东西表现出浓厚兴趣。那只会抬高售价。虽然对钱的问题她还未置一词，但我很清楚，她会以一个足以吸引我签约参加的价码结束她的陈述——特别推介价格是 1999 美元，仅限今天。

可她根本就没有说到钱的事。相反，她开始用五分钟的时间向我介绍镜像神经元、电磁体和脉冲能量。我不能确定林赛是否已经读过我的书，或者是否知道我作为一个电子工程师的背景。她向我描述的东西很像我在 18 年前就打过交道的激光和音响系统。其区别是，我们的电磁铁是扬声器阵列的一部分，能让大体育场内声音洪亮，我们的激光脉冲能让摩肩接踵的舞池洒满光点，或者从月球反射回信号。

她的想法是把类似的技术用到病人身上，通过脉冲电磁体把微小的能量束射进大脑中。我从来没想到还有这种可能性，但对此产生了兴趣。

镜像神经元的事情也很有意思，我最近刚读过这类书，知道是这种脑细胞引导我们以行动对看见和听到的东西进行回应。我们看到母亲朝着我们微笑，我们的镜像神经元会让我们以微笑回应，这就是所谓猴子学样的模仿效应。严格地说也是如此，因为这种现象原本就是从猴子身上最先观察到的。

用电流来刺激镜像神经元的想法，对我这样的技术极客来讲可以说是个酷翻天的想法。我的脑海中瞬间闪过影片《科学怪人》（*Frankenstein*）中的怪兽形象，在它的两只耳朵之间电火花呲呲作响。我当然知道，她说的事情要更加精妙。几年前，我们曾经向激光器和扬声器中输送过几千瓦特的电量，但是人脑的功率电平只有这些电量的一百万分之一。用极小的脉冲能量来改变思维的过程听起来是个引人入胜的课题。如果我现在还是一个工程师的话，我会跳起来争取为他们设计设备的机会。

林赛关于磁疗的谈话一下子就抓住了我的注意力。也许这就是把一种熟悉的技术用一个完全出人意料的方法来加以应用，或许这就是运用电子工程来解决我的社会功能缺陷的希望所在。无论如何，我都被吸引住了，就像是连环画中的傻小子看到一个漂亮姑娘，肯定就会被电得神魂颠倒一样。

用电能来改变大脑究竟是否可行？这听起来很像科幻小说的情节。“这当然是科学事实，”林赛向我保证，“当 TMS 把电磁能加入你大脑的神经网络中，就会帮助建立起新的联结，强化我们希望加强的那些联结。”

“我在实验室里已经尝试过了，”她告诉我，“我甚至在自己身上实验过，因此我知道这很安全。”直到她说起这个问题，我才意识到刚才我甚至没有顾得上想用电能冲击大脑会有危险这档子事。

我开始火力全开地向她发问，脑子一想到什么问题马上就向她抛去，她也热情地回答我，类似“大脑皮层”和“大脑可塑性”这样的术语不断蹦出来。但是当我问到功率电平、极性和电波模式这样的术语，我发现她在 TMS 方面的物理学知识很是欠缺。林赛只是电磁技术的使用者，而非制造者。她接受的训练都是在神经科学方面，而非电子线路设计方面。她对大脑专业语言的使用很精通，但从我作为神经科学门外汉的角度说，听到某个脑区她可以进行刺激并没什么意义，因为我根本就搞不清这个脑区、那个脑区。而且林赛对我们的电工术语一点也不熟悉；她就只能告诉我不同的形态能够导致不同的效果。我问她这里的效果是指什么，她提到了两个术语——“增强作用”和“抑制作用”。当我问她这些术语代表什么意思时，她向我解释说，这意味着强化或者减弱某个特定区域。“如果我们压制了你的语言中心，你开口说话就会感到很艰难。”她以此为例给出了一个简要说明。

当我向她询问，确切地说发生了什么改变时，她也回答不出来。我不能确定是她不知道呢，还是这对当代医学科技来说就是个未知问题。不管怎样，我都想了解得更多一些。

“我老板能把这件事情解释得更清楚。”她说着在自己的名片背面写下了阿尔瓦罗•帕斯卡–利昂博士的名字，并邀请我在下周去和这位先生见个面。

使用脉冲强磁体改变大脑的想法之所以对我很有吸引力，还有另外一个原因。我的家族有精神病史，我一直希望能彻底扭转这个命运。我母亲在我青少年时代和成年后，每年都会犯两次精神病。直到我 33 岁那年，她得了一次中风结果阴差阳错地把脑子的毛病给调整好了。她犯病时曾被送到州立医院治疗，在那里被强制镇静，看起来就像僵尸一样昏呆缄默。两年以后，负责给她治病的医生有了重大发现，当她在康复医院时，她患了半身不遂，失去了大部分语言能力。“中风看起来破坏了导致你母亲患精神病的那部分脑区，这个困扰你们家族所有人的难题算是意外地获得了破解。”

更雪上加霜的是，在她的兄弟中有一个还出现了精神分裂的症状，而我的外祖父终身都苦于严重的精神抑郁。对于这样的家族病史，我也总是提心吊胆，担心哪天另一只靴子会落在我的头上。能不能想出一个办法把我们出了问题的脑区修理好，而又对其他部分秋毫无犯？我们能不能改变语言、协调和想象部分，而让人格原封不动？甚至我们能不能把人格也改变一下呢？

林赛对 TMS 的描述也暗示了一个答案。但是她没有承诺任何益处，尤其是对我来说。“这只是一项科学研究，”她告诉我，“不是一项新疗法测试，那还是以后的事，等我们发现这能起到某些作用后，再搞也不迟。”不过即使没有什么承诺，我还是准备签约加入。我这一辈子，老觉得自己在某些方面比任何人都差。活到 50 岁，我本来都准备认命了。但我现在发现自己有机会改变自己的命运，我要抓住这个机会。

于是我有了一个异想天开的想法：如果她老板是个工程师的话，那会怎样？那再好不过啦！那样我们就可以像工程师同行一样来解决自闭症问题，并且能用磁疗的方法来创造出自闭症超人！我们会声名鹊起！唉，我的希望马上就破灭了！“他是个神经科学家。”她告诉我。

当我刚开始就自闭症发表讲演时，关于我的这种状况，我遇到许多不寻常的理论。“你没有意识到你的自闭症是由汞中毒引起的吗？”我不止一次被问到这个问题。还有一位固执的母亲坚信，危险的螯合疗法（chelation therapy）是治好自闭症、让孩子重回健康生活的关键，就像歌曲《兄弟爱旅行救世秀》（*Brother Love's Traveling Salvation Show*）把道路当作救赎手段一样确定无疑。另一位善良的父亲则断言高压氧舱能够造就奇迹。如果螯合疗法不管用，那这个当然行。在遇到这些父母之前，我从来没有想到自己也需要得到医治。把自闭症状当成一种病，或者接种疫苗的副产物，感觉总有点像是对我的侮辱。我不知道我为什么和别人不同，但我刻骨铭心地知道，我不是医药公司和政府共谋的疫苗阴谋下的产物，也不是从 51 区的外星生物控制装置中逃出来的非人类。让我宽心的是，林赛没有任何这方面的意思。她根本没有在我是怎样成为自闭症患者这件事上着墨太多，她仅仅是建议了一个可能有疗效的方法来帮助我的大脑本身重新“布线”，以便更好地“运转”。虽然我对电磁学有所了解，但对脑科学可谓一窍不通，因此，她现在提的建议和我以前所了解的东西相比，可谓遥遥领先。

当林赛把这一切都讲完后，她又告诉我参加每期项目可以得到 50 美元的慷慨报酬。刚刚我还在为参与的成本担心，现在居然能挣钱，这可真是一个好买卖。

作为一名具有工程师思维的人，在我听到过的各种疗法中，TMS 是第一个让我觉得靠谱的。利用电磁耦合向大脑中的微小区域释放受到控制的能量，这个想法让我很感兴趣，因为我知道这很有可能会实现，而我又一直对用药物治疗精神疾病持怀疑态度，因为不知会有多少亿本来没毛病的细胞也无缘无故陪着吃药，遭受毒害。对我来说，服用精神治疗药物，就好像当油箱显示低油量警告时，却对着车身泼油一样。这样是会有一点油进入发动机，但绝大部分都只会弄脏车身。渗透到血管中的药物也是一样，会渗透到全身。TMS 就与此不同，它聚焦在很小的靶向区域。要理解这其中的不同，你不需要有医学方面的学位。

那天晚上，我在网上搜索了林赛和她的老板。这下我才知道，贝斯以色列医院是哈佛医学院的教学医院，而帕斯卡-利昂是医学和哲学双料博士，是位神经科学家，也是这家令人敬畏的医学机构的全职教授。林赛向我做自我介绍时，只说了自己的名字，搜索了她的资料后，我觉得也许我当时应该称呼她奥伯曼博士，另外也不知道白天在礼堂和她交流时，有没有对她表现出足够的尊重。她看起来不比我儿子卡比（Cubby）年龄大，他才刚读完高中。但从网上资料看，人家都从加利福尼亚大学圣迭戈分校博士毕业了，而且被世界上最有名望的大学聘为教师。我提醒自己，在判断年龄方面我不是个行家，人的外貌是具有欺骗性的。

林赛当时告诉我她的博士论文是和拉马钱德兰（V. S. Ramachandran）先生合作完成的。巧合的是，那时我刚读完诺尔曼•道伊奇博士（Norman Doidge）写的一本名叫《自我变化的大脑》(*The Brain That Changes Itself*) 的书，书中写到了拉马教授在幻肢综合征方面所做的开创性工作。他正是林赛以前的教授，在认知神经科学领域是传奇式人物，我理当表示景仰。

拉马教授也对自闭症很感兴趣，林赛也曾说她就是在他的实验室学习时，发现自己对自闭症感兴趣的。当我觉得林赛缺乏电气方面的知识时，我提醒自己，一个明星程序员也未必就需要知道电脑中的硬件是如何运作的。之后我见到她时，我特意问她如何看待电气和大脑科学之间的比较。“我不敢说我们这个领域里的有谁完全知道大脑里的‘电路’是如何运作的，”她说，“至少了解不到电脑芯片这种程度。”其实，我很快就会发现大脑的复杂程度真是不可思议，其复杂性比任何电路都要高出多个数量级。

然而，我还是禁不住想把她说的和自己在电子学方面的经验联系起来。当我为摇滚乐表演做音响师时，我自创了一个仪器，但除了最基本的用途外，我一直没有学会怎么用好它。虽然我没有太多音乐方面的知识，但我能自制一把定制吉他，演奏者拿起它就能弹奏出美妙的旋律，但对吉他内部的运行原理却可能毫无所知。这个事实让我浮想联翩，也许林赛就是个这样的心灵音乐家。

这样的思考让我心绪不宁：如果她是个音乐家，而我又签约参与她的研究，那我不就是她的乐器了吗！我还记得在演唱会现场工作的那些夜晚。我看到摇滚乐手们死命拨动他们的琴弦，直到琴弦断掉，我希望这可不是等待着我的命运。当一个音乐家取得了轰动一时的新的成功时，他的吉他可不会跳起来欢呼的。

尽管如此，这番谈话还是让我燃起了希望。TMS 看起来就是通往迷人新世界的门径，我迫切想进到那里。但愿我这天生的粗糙性格没把林赛吓得落荒而逃。

第 2 章

SWITCHED ON
A Memoir of Brain Change and Emotional Awakening

1978 年前后，超脱的价值

一辆老福特都灵轿车停在西斯普林菲尔德至霍利奥克的公路上，车下有两条腿伸出来。人显然已经死了，因为这两条腿一动不动。当我走到近前，发现压在他身上的这辆车安静地停着，发动机都没热气了。他躺在这里的时间肯定已经不短了。大约六英尺外的路面上，还有一个人坐在那里，两条腿扭在一起，慢慢地前摇后晃，嘴里没发出一点动静。我向他大声问话，他根本不理我。我不敢确定他和眼前的场景是什么关系，是同车的人还是别的什么可能。他看起来似乎没有受伤，也没有对车底下躺着的那位进行急救。当时大约是周日凌晨 4:30，我下了一个漫长的夜班后，正驱车往家赶。

看到路上的这辆车和这个人时，我正驾车驶过一个缓弯。从 100 码[1]外看过去，就好像是一辆出了事故的车和一个从车上甩下来的人。我工作日的下班时间正好比酒吧的打烊时间晚那么一点，因此几乎每天晚上驾车回家都像是要经过酒驾屠杀的现场。当这些人开车出事后打完最后一个电话，警察和救护车一般很快就会出现在现场。但到了凌晨 3:00，路面一般都会是清空的。可如果你是在黎明前出了事故，

① 1 码 =0.914 4 米，100 码约 90 米。——译者注

等到有人发现你，就得过上一段时间。

今天，遇到这种情况你只需用手机拨个911电话就好，但这是在20世纪70年代，手机还没有被发明出来。路上也没有现在这么多人。

我回头望望，以确定自己的车平安无事。有时候，看到有事故发生或者别的车抛锚，你下来施救，一些混蛋却会乘机跳上你的车扬长而去。我看到视野之内空无一人，感到现在应该无此后顾之忧。

我从来不知道怎样和人随意闲聊，但是在事故现场和危急情况发生时，这算不上什么缺陷。在这种情况下，我始终知道应该怎么做——依照我少年时代就已经熟知的程序做就是。我的曾祖父是美国农业部在乔治亚州格威纳特县的农区指导员，他的堂兄是附近卡洛尔县的警长。尽管他们从来没教会我怎么待人接物，但我在机械方面却很玩得转，他们也教会我在发生危机时该怎么做。

我做的第一件事情是把车停在公路的正中间。我把近光灯打开照着都灵车的方向，并打开了危险报警信号灯。夜间这个时候上路的司机中有许多是醉汉或者正握着方向盘打盹，他们很有可能把那个坐在地上的人再次碾压一遍。我很清醒也很警觉，我的车能够保护我。

有时候我碰上的事故车辆血淋淋的，现场也很吵闹，不像现在这个样子。让人感到奇怪的是，这辆车很干净，四下也很安静。那个人的腰部以上被压在车下，但是并没出血。他没有呼吸，也没有任何动静。当然，要是你的话，被3000磅①重的汽车压在胸口，一样也喘不了气。这个钟点，大多数醉汉也都回家上床睡觉去了。蟋蟀已经停止鸣叫，而鸟儿还没有准备好报晓。离天亮至少还得一个小时呢。

现场唯一的光线来自我车上的大灯，车没熄火，好给电瓶继续充着电。这个区域还没安装路灯，我也拿不准要在这里守多久，反正只要你一停车，就等于把这件事情揽在身上了。

“发生了什么事情？”我又问了坐在地上的那个人，但他仍然没有回答，只是继

① 1磅=0.498 951 6千克，3000磅约1500千克。——译者注

续前后摇晃。我见过一些人嗑药过头时就是这个样子，如果你不经意碰了他们一下，他们就会发作，又疯狂又暴力。我还见过有些人当受到惊吓时也会这样。这个人看起来并不想让我施以援手，于是我不再管他，向四周望去。

今天我已经意识到，绝大多数人看到当时我看见的那种场面都会心惊胆战，但我当时却无动于衷。这是自闭症对我的影响，它会让你超脱于大多数人都有的同理心，虽然那个时候我并没意识到这一点。事故的悲情和惨状不会在我身上引起反应。我不能从其他人身上接收到情感的暗示，更不用说事故现场的这两个人对我来说完全是陌生人。为什么他们的惨状就该对我产生点这样或那样的影响呢？这就是那个时候我的内心独白，不过我还是行动起来保护现场和路上这位幸存者的安全。虽然没有体验到应有的情感，但我还是做了正确的事情。

在情感上“失明”与漠不关心以及不道德是两回事情。我的是非观已经很好地建立起来，我能尽我所能为他人服务。只是我的意识和能力受到了限制，所以我做事难以始终符合他人的期待。

一道恐惧的电流瞬间传过全身，但我迅速意识到这里并没有什么威胁。围着车子转了一圈，我看出了事故的原委。车子的前轮外胎躺在车子的一侧，显然是从车轮上掉下来的。我首先想到的是，它是在车辆发生撞击时被撞掉的，可我很快就意识到这不可能。一只锈蚀的千斤顶丢在外胎掉下的地方，就在靠近前保险杠的地面上。根本就没发生撞车事故，只是车爆胎了。但不知道什么原因，这个人爬到车底下去了，恰巧千斤顶滑倒，结果要了他的命。

“永远不要钻到车底下去，除非它支靠在安全的架子上。”我第一次和祖父一起换轮胎时，他这样对我说，这话我一直记着。我转向那个还坐在地上的人，问他：“你还好吗？”他还是没有回话。我再凑近点看着他，还是没有发现他有受伤的迹象。看来没有必要冒险移动他，否则可能要干上一架。没有什么管路在漏油，也没有电线在打火花。现场现在是安稳的，这是我现在唯一能希求的事了。

我一动不动地站在那里，呼吸着夜晚凉爽的空气，想着下一步该怎么办。

砰！金属和金属之间的轻微撞击声可能不是太大，但在黎明前的寂静中，听起来却像枪声一样响亮。我抬脚转身面对声音传来的方向，随着一阵轻微的咔嗒咔嗒的响声找到了它的来源，原来是一只本来按在轮毂上的轮爪螺母掉了下来，正落在躺在地上的一块轮毂盖上，位置正好靠近前保险杠。当我望着它在轮毂盖盘子上转来转去时，不禁思忖在这暗夜之中难以看清的某个地方会不会有什么怪物正在蜿蜒游走？

“万事大吉。”我告诉自己，但仍然感到毛骨悚然，脖子上的汗毛都竖了起来。我感到此时夜色特别浓重，好像正在把我包裹起来，我知道是该采取一点措施了。

但我又能怎么办呢？有一瞬间我想到了离开此地，但害怕被警察当肇事逃逸犯抓起来。最好还是喊警察吧。我沿着道路向离这里最近的住家走去，大概在100码之外。可是这栋房子和下一栋房子，都没人应门。到第三家，有位头发斑白的老人穿着睡袍，手里拿着一根棒球棒，带着一股浓重的酒味打开了房门。

住在霍利奥克市的不少居民因其好斗的性格而广为人知，看来这个老人也不例外。好在由于刚睡醒，他的动作还有些迟缓。“请呼叫一下警察，”我告诉他，“那边发生了一起事故，有人死了。”他看看我，又顺着公路望望，一言未发，直接当着我的面把门关上了。

一个办事更较真的人可能会继续敲别家的门，另外找人再次提出这个请求。但是我会从他的眼睛来判断这个人，这是我祖父教的，现在我就相信这位老人会去帮我打电话的。再说了，我敲过的门已经不少了。我走回到自己的汽车上，坐等警察到来，期待着这位老人能够如我所愿。10分钟过去了，我的信心开始有些动摇了。就在这时，我看到有一道蓝光移动过来，我爬出车门，走到公路的另一边去。在深夜时分，警察也会草木皆兵。你得从容行动，站在显眼的地方。罪犯才会跑。守法良民和背景清白的人就该妥妥地站稳了。等到巡逻车停稳，我举手向他们发出问候的信号，并且也表明我没有持枪。车里就一位警官，他下了车，充满警惕地向我走过来。我向他解释了这里的情形。

这名警官走过去查看情况。他俯下身去，在死者的一条腿上触摸了一下，可能是想看看这到底是不是条真人的腿。对我来说，情况已经很明显了，而且我当警长的堂兄还告诉过我，绝不要触动可能是犯罪现场的任何东西。这位警官很快站起来，向坐在马路上的那位走过去。他也没有比我问出哪怕更多一点点东西。“你在这里等着。”他一边对我说，一边走向他的警车。车里传出呼叫声和静电噪音的声响，几分钟后，许多警车开始从四面八方向这里靠近。一辆救护车也来了，救护人员把坐在马路上的那位搬到车上后开走了。又有一辆救护车开过来，等着清障车把这辆肇事的都灵轿车从这人身上吊离。

没有人理会我，但我知道最好还是待在这里别走。现在我是一个目击证人，但要是溜走的话，就变成了嫌疑人了，那可要麻烦得多。在我看来事情很明显，就是千斤顶倒了，把人砸了。但事情是如何发生的还是个谜团。兴许另外那个幸存者正在操作千斤顶，而他的伙计正在车底下。可他爬到车底去干啥？换轮胎没必要爬到车底下去啊。当然这都是我的推测，而警察需要做调查。

半小时过去了，我有点觉得也许当初我就不该停下来。这里出的事故和我一点关系也没有。但有些时候，如果有人施以援手，情况就会大不相同。几年前，我开摩托车出了事故，如果不是一个陌生人停下来帮忙，情况就会大不妙。是他封锁了道路，要不我会被后面的车辆来回碾压。

第一位来到现场的警察和另一位看起来级别更高点的警官过来向我问话。我把情况说了一遍，并向他们出示了我的证件，其实也真没有太多可说的。然后我就提到千斤顶、轮胎和我估计事情是如何发生的。“你有没有触摸或者移动什么东西？”那位老警察问我。“没有，”我回答说，“我没有碰任何东西。我试着和那位坐在马路上的人讲话，但他没有回答我。从我的汽车大灯照到他开始，他一句话也没说，也没走动，直到你们的人把他拉走。”

另一名警察一直在记个不停。

“你怎么会来到这里？”我们现在处于这个城镇荒凉的边缘地带，这个老警察一定觉得我有几分可疑。“下班回家，”我回答说，“我在俱乐部安装音响和灯光设备，我有的晚上需要干到很晚。今天我是在一千零一夜俱乐部干活，安装一个新的发光舞池。”他看看我的车—— 一辆蓝色的凯迪拉克敞篷车，没说什么。他能看出我没有喝酒，我的举止也没有什么攻击性。

这座城市里那些最大的俱乐部的老板，要么是那些手眼通天的家伙们，要么就是黑道上的兄弟。这样的娱乐场所自然是纸醉金迷，而且有很多现金。但我不是道上的，我自己也没开俱乐部。我只是在那里打工而已。

我并没住在他们这个城镇。我的家住在河对岸的南哈德利。在霍利奥克，开我这样车的人不是个皮条客就是个毒贩子。而在我们那里，保险经纪人和医生才爱开这种车。可能看起来，我和这些人都不太像。最主要的，那时我累了，而且这也很容易看出来。“你留个电话号码吧，我们可能需要联系你。”我把号码留给他们，但我再没接到过他们的来电。

作为一个年轻人，我的生活就是这么个样子。人们总是拿我呆板木讷的为人处世开玩笑，不管是书呆子一样的谈吐，还是与他人不合群都是他们的笑料。我看不出自己错在哪里，我只是有自己的逻辑而已。但那些认识我的人从没把这当成我的过人天资，这让我感到悲哀。但是当我卷入不利境地时，我觉得自己讲逻辑的性格倾向仍然是一种自我保护。当我在酒吧和歌厅工作时，这样的情况发生过许多次。清晨时分，当绝大多数像我这个年纪的人正在大学宿舍里酣睡时，我却独自一人在夜店里忙活着。在这样的场所，周围尽是美女、美酒和仙药。如果我够灵光，能知道怎么上手，我肯定会多多益善，尽情享受。但绝大多数夜晚，我带回家的都是损坏了的音响器材，那天晚上我带的就是一台雅马哈功率放大器。我不知道在酒吧里该如何与人搭讪，虽然我看见过好多人干这活貌似不费吹灰之力。

这对我产生的影响很有意思。我早就知道我的与众不同。我的这种特殊兴趣和迷恋，常常引来孩子们的捉弄。音乐家们和夜店老板自然会为我在音响和灯光方面的专长付费，可不幸的是，好处也就到此为止。精通技术让我拥有了卡迪拉克和漂亮衣服，但没有为我带来很多友情。

我怎么就成了这个样子？那时我真不知道。有些人喊我机器人，还有人说我是“断线了”或者木头人。为什么在事故现场我能冷静得像块石头，而连新入职警察的眼神中都会流露出恐惧。

我只知道在危急情况下，我会表现得很优秀，因为我的逻辑思考会主导局面。现在我知道了，这是因为我是一个自闭症患者，而这个毛病让我既产生了身心障碍，也因祸得福地获得了一种天赋能力。对别人的情感端倪视而不见固然很要命，但是我的逻辑感和秩序感也给了我很大优势。

我走过自己生活中的场景，就好像是一个置身局外的旁观者，总是小心翼翼地走过碎石瓦砾，不惹麻烦上身。在我的世界里没有太多欢喜。幸运的是，我在理解机械原理方面很有天赋，总能玩得转。但人对我来说却完全是神秘之物。我很想交朋友，也很想成为受欢迎的人，但我和人交往所能达到的最深程度不过就是和他们一起完成一项工作。但就算在这样的场合，我也像是一头孤狼。

这让我总是处于社会的边缘，我寥寥无几的朋友也都是些不入主流的“怪物”。那些年我为之打工服务的人包括夜总会的黑帮老板和疯狂的音乐家。我的梦想是有个真正的工作，我可以穿着体面的衣服，在洁净的办公空间工作，但看起来我和这样的工作之间有着很多光年的距离。

从小到大，我也不是个招人待见的孩子。我的朋友寥寥无几，有时，我甚至连一个朋友也没有。我的童年时光很孤寂，但兴许这也不错。现在回头看，也许正是这种对外界漠不关心的性格保护了我。别的孩子骂我、侮辱我，绝大多数被我当成了耳旁风。我能把他们说的词语听清楚，但真正的意思我不明白。今天，当我回忆起他们说过的那些毒言恶语，我意识到（靠着成年人的后见之明）一定还有海量的这类词语，根本就没有进入我的意识当中。我有限的快乐来自阅读或者手工制作。我的玩具有万能工匠、林肯积木，最后还有了一套真正的建造模型，从这些玩具里我收获了最初的成功。按说我很有可能成为社会的弃儿，但实际上却成了一名非凡的少年工匠——至少我自己是这么认为的。

不幸的是，我的这些技能未能转化成学业上的成功。老师说我机灵，但是有点懒惰。我虽然功课不太入门，但在理解机械方面越来越好，后来发现我在电子学方面更有特长，这成了我走向成功的门票。16 岁时，我离开家，并找到了第一份工作。学校没有给我什么出路，家庭生活也变得越来越不堪忍受。当我十几岁时，妈妈得了精神疾病，而且频繁复发。我的父亲酗酒成瘾，经常在夜间暴躁起来。这雪上加霜的情形，足够把任何人推出家门。

有的人会记得他们童年时遇到的一个女孩。对我来说，能记住的却是一辆梅西•弗格森牌 135 拖拉机，它教会我日后谋生的窍门。发动机和其他机械装置是我最初的挚爱，也是我的救命稻草。从此，我认识到我在技术方面的天赋还是很独特的。普通人站在一辆发动起来的摩托车后面，除了噪音什么也听不见。他们想的就是赶快熄火，因为这太吵得慌。可我却不同，我能听得出汽油每次燃烧发出的气爆声，以及发动机发出的其他杂音，这一切在我的耳中汇成了一首交响乐。

与发动机打交道所得到的快乐又把我引向了下一个很赞的兴趣点——电子学和音乐。那时我二十多岁，已经在音乐演出这行打拼出一块天地。我琢磨出的那些古怪的技术性的东西，别人都弄不了，这让我活得很好。我服务的第一次演唱会是和一个本地的乐队合作的，这成了我为更大规模的演唱会服务的一个跳板。到了 20 世纪 70 年代中期，我在父母亲担任教职的马萨诸塞大学完成了很多大制作。在那里我遇到了不列颠尼亚音频公司（Britannia Row Audio）的工作人员，他们从英国远道而来，刚刚下船。平克 • 弗洛伊德（Pink Floyd）乐队音响公司的人就雇我替他们维修在运往美国过程中损坏的堆成小山一样的音响设备。当我把这些活成功做完之后，他们给了我一个为他们做些真正牛的特技效果的机会。几年以后，我继续设计一些能口吐火焰和发射火箭的吉他，并且做成了 KISS 这个品牌。我的技术才能帮我赚了不少钱，但我仍然孤独，这种感受让我刻骨铭心。这将我置于一个奇怪的境地。我的技术成就有目共睹，无数年轻人都梦想拥有我这样的工作，能为著名音乐家打造设备，能看到自己设计的东西在麦迪逊广场花园这样的音乐会场地上大放异彩，真是荣耀。大家会说："伙计，真希望能成你这样的人！"我觉得他们说的这些都是瞎扯，因为这些对我一点也不重要，我愿意把这些都拿来换取受人欢迎和被人喜爱。

这实际都是自闭症给我造成的暗疾，虽然当时我对此一无所知。结果是：我退出了音乐行业，还觉得自己是个失败者，因为我搞不清楚别人对我和我的那些发明创造的感觉如何。其实，我和第一次合作的乐队中的那些音乐家们已经有了一种亲密的感觉，但当我开始和那些更大牌、更耀眼的乐队合作后，这种好感就消失了。当演出进行时，我或者是在工作，或者独自待在我的房间里。当不工作时，我就独自待在工作间设计和制作设备。这个当我十几岁时就对我表示欢迎的音乐家和艺术家的圈子，在我 20 岁时，反而抛弃了我。

于是我到一家公司里做了一段时间，是为布雷德利玩具公司设计电子玩具和电子游戏，后来又做了一家政府承包商的顾问，还为一家激光制造商管理过动力系统工程。做技术工作让人很快乐，但其中涉及的人际关系内容却让人快乐不起来。人们告诉我，我总是会说出一些让人想不到的话，还经常把事情搅乱，我不止一次因为没说好话给自己惹来麻烦。我很愿意别人把我称作“优秀的工程师”，但“怪才”却是他们对我更普遍的称呼，即使我设计的电路堪称是超级巨星般的创造。我的老板们告诉我，我总是很快就认定别人无能并排斥人家，这不算是一个好的团队成员。当我在公司的世界里探索时，我发现事情越来越明朗，那些能够走到顶峰的人和我完全相反。人际关系技能让你站上一个山头，只有在情感上八面玲珑才能让你长盛不衰。言不由衷对经理来说就是个好的品格，巧妙地掩饰自己的真实需求同样也是。可我对这些都不擅长。

在经历了两次裁员和不止一次地解雇威胁之后，我决定辞职自己干。我远离了电子学，又返回到汽车修理行业，还是这些车子让我感觉更安全。我为自己打工，再没谁能解雇我，也没有办公室政治需要我去小心揣摩，这里只有我和这些四轮朋友们。我当然还得应付顾客们，但即使其中有一个人愤怒离去，其他顾客还在。这可比只有一个老板，而我又搞不懂他的心思风险要小得多。

我开始在我的私人车道上修理奔驰和路虎汽车，生意日见起色，最后还变得相当兴旺，能支撑我把厂子搬到斯普林菲尔德去，把一个大的民用车库做了新厂址。车行的业务增长很快，我雇了技工来帮忙。突然之间，我自己成了老板！

在快到25岁时，我和高中时代的心上人玛丽·李·特罗姆克（Mary Lee Trompke）结婚了。我称呼她小熊，因为她娇小、好斗，是我最好的、常常也是唯一的朋友。我们两个经常吵架，但是感情纽带很牢固，因为我们都有一个忍受身体机能障碍的童年，至少在刚开始的时候，这足以支撑我们一起度过艰难岁月。几年后，我们有了一个儿子，为纪念我的祖父，我给他起名杰克。但对我来说，他始终是我的熊仔——卡比。

再没有比看着儿子茁壮成长更好的事情了，我见人就说，他可比我好太多了。这是真的，但操场上和学习上不能这么说。看着他在玩沙箱时接二连三地失误，并且和身边的小孩子们也很疏远，这勾起了我童年时的痛苦回忆。我尽最大努力辅导他，用我自己的体会来给他做参照。这看起来起了一点作用，因为在小学时他开始交朋友了——这一技能我儿时从来没有真正掌握过。

功课是另外一个难题。卡比激烈地抗拒阅读和完成作业。我和他妈妈努力帮助他，但也没起到多大作用。这很显然是出问题了，但我们不知道问题出在哪里。

事情的水落石出还要从我得知自己得了阿斯伯格综合征说起。有一位医学专家成了我汽修业务的客户，我从他那里得知我得了这种病，也了解到了这种病在自闭症谱系里的位置。“这是心理健康领域人们正在谈论的一个新话题，你可能就是患有这个疾病的一个典型案例。”他走时留给我一本《阿斯伯格综合征》，作者是一位澳大利亚的心理学家托尼·阿特伍德（Tony Attwood）。当从他给我带来的震动中缓过神来，我开始读这本书。读过 10 页之后，我从内心认定，这位顾客说的是对的。不管阿斯伯格综合征是咋回事，反正我是得了这种病。

看着我儿子，我发现了同样的征兆。但我仍然宁愿相信他比我好得多，我对这个情况的第一个反应就是，这对他不是个好事。我固执地告诉自己，他不会像我这样的，虽然我内心深处知道，他其实就是这样了。在拿到对他的正式诊断之前，我感觉有一个世纪的时间过去了，但是他一直有一些与病症表现不一致的地方。就像我也一直有不一致的地方一样。

现在我有时会遇到一些家长，他们说真的难以面对孩子患有自闭症的诊断结果。他们的话总是把我带回那段难堪的日子，我承认自己患有这病，但却不愿承认这些症状在我儿子身上表现得更为明显。尽管现在我把自己得到的病情诊断看成了一个大解脱和一种力量之源，但形成这样的认识，可用去我不少时间。

我不停地读书自学，恶补阿斯伯格综合征和自闭症的历史。有一些医生也把我这种症状称为“小教授综合征”，因为患有这种疾病的孩子能够非常准确、详细地描述他们所感兴趣的事情，而且经常对此如痴如醉。读着书中的语句，我被作者准确的描述所震惊，我根本就不知道此时自己心中是什么样的感觉。

我应该感到欢喜，还是应该感到悲哀？还是应该感到解脱？这些感觉都有，而且还不止于此。了解自闭症和阿斯伯格综合征的情况对我是一件大事，因为对我为什么与他人不一样这个问题，它给出了一个合理的解释。听到他们说我只是与众不同，而不是有缺陷，当然让我很受鼓舞，虽然我又花了很多年才真正理解了其中的含义。读到“阿斯伯格综合征患者的典型行为”这部分内容时，我对自己的一些行为有了一个新的观察角度。懂得了这个道理，我就明白了为什么人们会对我说的一些话和做的一些事做出负面的反应。

对自己的状况有了一个神经学上的解释，并没改变我经常行事悖谬的事实。只不过我对这个问题的自我意识越来越强了。现在我会花更多的时间反思自己说过的话和做过的事，甚至会感觉羞惭得想找条地缝钻进去。

到了 20 世纪 90 年代早期，我已经把全部时间都花在斯普林菲尔德了，努力争取我的汽修业务能够取得成功。但是，商业上的起起落落经常冲击我的事业和我的信心。修车看起来简单，我又擅长此道，但是仅有技术技能是不够的。一家成功的车行应该是既能修好汽车，又能结交好司机，但后一点却是我难以迅速领悟的。同时，我的妻子小熊正越来越沉浸在科幻和研究生院的世界里。夜里，我经常发现她阅读奇幻和科幻小说，直到深夜才停下来。她白天的时间又被中美洲文化研究占满了，因为她正在攻读人类学的博士学位。我们开始觉得除了共同的儿子外，很少有共同之处了。后来，在卡比上三年级那年，我们离婚了。这段婚姻走到尽头，让我感觉很悲哀，但失败感对我是个更大的冲击。结婚似乎是走向正常男人的一大步，婚姻的失败让我觉得自己是彻底的失败者和不合常情的人。每当我感觉人生境况有些好转时，好像就会发生什么事情把我打回原形。

阿特伍德博士关于阿斯伯格综合征的书支撑着我挺过了这一切。我反复阅读，直到书页都要散开了。我决心变成一个“正常”的人。作为一个受到自闭症困扰的人，我错过了许多事情，比如其他人之间互相传递的非语言信号。我只是从书本上得知自己错过了这些信号，这并无助于让我学会接收这些信号，但是光知道有这回事，也足以让我改变自己的行为了。我教自己去模仿那些别人出自本能就能学会的社会行为。逐渐取得的进步，让我对自己感到满意，但是我日渐增强的自信心还是经常会夹杂上一丝悲哀，因为我现在知道我就是这个样子，而且我的行为是难以彻底改变的。我可以学会更得体地行动以及更好地适应，但我永远是与别人不一样的那个，在社交上总是会笨得像块木头。

又是几年过去，但事情最终看起来又开始向好的方向转变了。我有了新的女朋友马莎（Martha），我们待在一起的时间越来越多。马莎和我前妻正相反——她更安静而小熊更闹，她更整洁而小熊更乱一些。她其实也是在自我雇佣的环境下长大的，就是给她父亲打工。现在她热情地向我伸出援手，让罗比森车行在刚刚变得无所不在的互联网上也占有了一席之地。幸运的是，她和我儿子很合得来，当我们搬到一起住时，生活看起来又进入了新常态。卡比一半时间和我们在一起，另一半时间和他妈妈在一起。

2003 年，马莎和我结婚了，我们在阿默斯特市安了新家，这样卡比就能上我当年上过的当地高中了。“这是全州最好的学校。”人们对我说。30 年前，我上九年级时被学校赶了出来，现在我把这段记忆抛到了一边。卡比比我强得多，我对自己重复着这句话，他应该在我失败过的地方取得成功。

同时，我的生意也变得更兴隆。我学会了很多人际关系技巧，能拢住回头客，公司得以稳步发展。同时，得益于阿特伍德博士的书中所教授的技巧，我也开始交了更多的朋友。但无论如何，我始终成不了聚会的中心人物，虽然我改进了自己的行为，知道如何更好地回应他人，如何谈论正确的事情，如何按照符合别人期待的方式行动。这让我比童年时代的自己受欢迎的程度提高了 1000 倍。我把发生在自己身上的这些可喜变化，都归功于我新获得的对自我的认知及其实际应用。原来感觉很神秘的东西最终能够理解了。现在人们再看我会觉得只是有点古怪，而在以前，他们都认为我看起来像个疯子，甚至更糟。

我感到现在是对某些事情拨乱反正的时候了，我开始探访像“光明村”这样的地方，这是专为从恶劣、危险的家庭环境解救出的孩子而设立的集体家庭。和那些“不同常人”的十几岁的孩子说话，看起来对他们很有效，我也感到很有意义。不论去到哪里，我都得到一个同样的信息，人们总是怀有一点希望。他们希望看到那些曾经在泥潭中挣扎，但最终成功爬出来的人，当然所谓的泥潭是什么，要看我们怎样定义。我意识到，我的故事可能对和我类似的年轻人们是有用的，他们也想找条出路，但有些茫然无措。这就是我决定写一本书的原因，而这本书把所有事情都改变了。

了解了自闭症，和外部世界分享我自己的故事，是我人生中走出的重要一步。也许这次在 TMS 上的冒险，将会是下一步。

第 3 章

SWITCHED ON
A Memoir of Brain Change and Emotional Awakening

电磁疗法

“设想你的大脑是一架电子琴。我们的建议其实就是通过增加微弱的电量，来对它进行细微的调整和平衡。”当我们第一次见面时，坐在桌子对面的阿尔瓦罗·帕斯卡-利昂博士这样对我解释。当几周前，林赛博士在艾尔姆斯学院主动和我联系时，就建议大家见上一面。他们同意地点就选在我最中意的大波士顿区餐厅。

阿尔瓦罗博士大致就我这个年纪，中等体型，穿一件花呢运动外套，很像一名大学教授。当然，他的确是，而且还是一名执业的神经科医生和从事研究的神经系统科学家。

我的朋友理查德曾经警告过我神经学家有多恐怖。“他们是最残忍、冷酷的医生，”他这样说，“他们最大的兴趣就是拿你的脑袋做实验，他们才不管以后你身上会发生什么状况。”听到他的警告，我皱了皱眉。一些无言的信息，比如我烦了、我很激动、请你快从这里滚出去等想法在我大脑中是能够进行正常思考的。尽管我社交淡漠，但对自我保护还是有着得体的自我认识的。实际上，我感知危险、识别危险人物的能力还是不错的，但这件事没有引发我心中的雷达开机监视。这只是让我疑惑，理查德的这种观念算是基于现实生活，还是来自过时的恐怖影片。

从我们见面的那一刻起，阿尔瓦罗博士就给我留下了热情而友好的印象。他对我说，他本人有个亲戚，自闭症的障碍症状比我要重得多。即使靠着自己有限的识人能力，我也能看得很清楚，他是一个慈悲为怀的人，对自己所进行的研究是倾情投入的。我一下子就对他产生了信任感。

阿尔瓦罗博士从西班牙来哈佛大学学习，是医学和哲学双料博士，拥有在世界顶尖大学的教学医院 20 年以上的工作经验，他当然可以说是这个领域的专家。我原以为像他这个层次的专家，多少会有那么一股半冷不热的劲头吧，可能会端出帕斯卡-利昂博士的架子危言耸听地说上两句，但还真没有。从我们一见面，他就显得友善近人。他甚至同意到这个海鲜大排档来吃饭，兴许他和我一样喜欢蒸煮的贝壳类海鲜。要是不说他骄人的文凭，对我来说他真的就像我的哥们儿，这就像奥伯曼博士在我眼里就是一个女孩。他们两个轮流回答我的问题，以阿尔瓦罗为主。他有点口音，但讲话很清晰，足以吸引我认真倾听。

他一边吃着剑鱼和对虾，一边向我描述 TMS 以及它是如何运作的，自己是如何进入这个领域的，以及这可能如何影响我对别人明显的情感暗示视而不见这个问题。

他解释说，大脑就是个通电的交叉结构，每个脑细胞和神经元都通过迷宫一样的微观“线缆”和“接头”与其他数不清的神经元联系起来。熟悉电子学的人，可以把计算机电路板上的线迹、门与大脑的轴突、树突和突触等同起来。但是大脑的电路系统比计算机更复杂。我们所能制造的最大容量的电子芯片，只能容纳几百万个晶体管，而人脑包括有 860 亿个神经元，每个又都有成百上千的联系。要数清楚这些联系，就像要数清漫天的星星……它们真是无穷无尽。

为了对这个规模有点感觉，可以想象一下你所能看见的最小的东西—— 一粒盐。典型的一粒盐直径是千分之四英寸。250 个盐粒在一把尺子的边缘排成一行，仅仅能延伸到 1 英寸。而一般的神经元大小也就是一粒盐的 1/10，这意味着你脑内 1 立方英寸[①]的体积内能容纳至少百万个神经元。按照三维空间堆放，1 立方英寸的脑内空间能容纳 100 万个神经元，每个神经元都能在一定程度上进行思考。这第三个维度

① 1 立方英寸≈ 16.4 立方厘米。——译者注

把人脑和计算机区别开来。计算机芯片本质上是以三维封装的二维器件，计算机里的大部分空间里只有空气。而你大脑的空间里充满了数量多得超过人类想象力的脑细胞。

轴突和树突是能导电的线缆，把神经元连接在一起，连接的点就叫突触。我们大脑内这种有生命的连线，能把思维从一个区域传到另外一个区域。即使当它们完成这个任务时，我们大脑内的这种生物电线也还能通过电磁感应过程，从外界获得电能。你可能还记得在科学课上学过感应原理，当老师在线圈后面挥动一块磁铁，那么磁铁的运动就会在线圈内引发足够的能量，能够让电表的指针转动，我们都能在课堂上亲眼看到这些。我们大脑内有长达数千英里的微观的“电线”，都系在神经元之间，都有可能接收电磁辐射。

在靠近你头部的地方，放一块强劲的电磁体释放脉冲，我们就可以在你的大脑内部引发类似活动，”阿尔瓦罗向我解释道，“我们能够在这些微小的‘电线’上感应生成微量的电流。根据它们的极性和模式，这股电流可以强化或者抑制我们意图影响的神经元的功能。我们发射的磁场越聚焦，效果就越集中。”

他的解释让我记起了以前听到过的对 TMS 的解释，出现在 2003 年《纽约时报》发表的一篇题为《萨万特的一天》（*Savant for a Day*）的报道中。在这篇文章中，作者劳伦斯 • 奥斯本（Lawrence Osborne）透露说，自从在澳大利亚悉尼艾伦 • 斯奈德（Allan Snyder）博士的实验室接受了 TMS 刺激以后，自己就成了一名更好的艺术家。在走进实验室之前，他只会画简单的线条人物画，但经过过程简短的 TMS 刺激之后，他画出的作品就像出自艺术行家之手。他写道：“感觉短短几分钟的过程之后，也没有受到额外的指导，我就从一个水平很差的绘图员变成了一个精于描虎画猫，并且水准令人惊叹的艺术家。”

可随后，他的才华逐渐开始消失，最后又变得泯然如故。这样的好事谁不想试试？后来，又有一些作者描述了他们接受 TMS 刺激之后所发生的故事——这如何改变了他们的言语、视力、创造性，甚至情绪，但那时候我还从来没读过类似的文章。这个方法在短短几个小时内就能把一名报纸记者转变成一位才华惊人的艺术家，这让人深受震撼，可是对我这样的人来说，这又意味着什么呢？奥斯本的经历听起来像一个医疗方面的客厅戏法，而不是真正的人生改变。TMS 真的能像阿尔瓦罗和林赛说的那样，缓解我的自闭症障碍吗？如果真管用的话，能够持久吗？

阿尔瓦罗介绍说，大脑的每个区域机能都不同，而头部外表面的任何一个区域都可以用聚焦的TMS进行精准刺激。对头后部视觉皮层的刺激可能会让我看到星星，而刺激其前部可能对抑郁症有治疗作用。他说，他们这次邀请我参加的是针对大脑额叶五个小区域的 TMS 刺激，其中任何一个都可能影响语言和情绪。“我们认为自闭症患者这五个区域的机能是各不相同的。”他说。当我询问关于目标区域的更多信息时，阿尔瓦罗说，那得等到研究完成后才能知道。

大脑的很多功能都涉及大脑额叶，比如语言、推理、决策和我们许多深层的思维过程。“刺激部位如果差上 1 英寸，就会有完全不同的效果，”他解释道，“TMS 的效果是多方面的，因为对一个部位进行刺激，作用也会散发到关联区域，而且其效果很难预测。”阿尔瓦罗说我们的大脑内部四通八达，因此对左边的某个部位所进行的刺激，可能对右边的某个相应区域产生影响，至少这是他和其他一些研究者的推测。TMS 能刺激到小至整个脑体积百分之一的区域。“目前还没有其他技术能做到这一点。”阿尔瓦罗告诉我。

该说正题了。

“对用这种技术来帮助像我这样的自闭症患者，你有什么建议呢？”

他的回答很简单，也让我很吃惊。“自闭症患者在理解别人发出的非语言信号方面会有问题。传统观点认为，在他们的大脑中，根本就缺失了负责这个功能的‘电路’。也有研究者认为，患有自闭症的人，头脑中的联结太多了，而且乱了套。还有一些人认为是他们的一些联结出了故障，导致‘电路’不在那里了。我们认为‘电路’还在那里，只是不能正常运转了。我希望我们能够运用 TMS 来激活这条情感的‘电路’，并让他们在生活中能够获得这种情感感受能力。我们认为这个‘电路’的网络就位于人们的大脑额叶上，我们也已经在这上面选择了一些部分作为研究对象。”

如果我的理解正确的话，阿尔瓦罗的意思就是我可能本来就有这种朝思暮想的体悟能力，它一直就存在于我的大脑中，等待着逃出生天。我迫不及待地想要探索自己了。

“你不需要等待太长时间，”林赛对我说，“用不了几个星期，我们的项目就会启动了。”

他们曾邀请我一起吃饭，希望我能把他们研究项目的情况再向其他人宣传一下，这有助于他们找到其他志愿者。我同意为他们宣传，因为我的好奇心已经被激发起来了。等到吃完甜点后，我不但已经认定他们的项目故事值得与他人分享，我自己也决定亲自参与这个项目。

第 4 章

SWITCHED ON
A Memoir of Brain
Change and
Emotional Awakening

为什么改变

“你现在觉得怎么样，没啥事吧？”当我沉浸于有关 TMS 的资料时，马莎和卡比都过来问我。“你只是在自己的天地里孤芳自赏。”我意识到了我对自身形象的认知与外界对我的认知之间存在着巨大差距：我觉得自己是个隔膜的、迟钝的而且意识不到自己傲慢做派的社会弃儿，而在别人眼中我是个成功的企业老板、汽车爱好者、顾家好男人，还是个会写书的作者。

甚至还有人把我看成一名摄影家、一位创意十足的艺术杂家。当我儿子还小时，我把摄影当作自己的一项爱好，看来我跨入这方面还有一点天赋。那些表演者对我的摄影技术情有独钟，在某种意义上，摄影成了我跨入音乐和娱乐业中的另一个机会。当我儿子长到十几岁时，那些音乐家、马戏杂技演员，甚至一些大规模的州办集市都开始使用我的照片。有时候，卡比也成了我的助手。坐拥这么多显眼的成功，我能够理解为什么人们对我把自己看成一个失败者感到难以置信，但的确就是如此。

那是在我的第一本书出版，且有一些认识我的人读了我的书之后，我第一次意识到了这种认知上的差异。鲍勃•杰夫（Bob Jeff）是我真正的老朋友之一。我们早在 20 世纪 70 年代晚期就已经相识了，那时我们都在布雷德利玩具公司设计电子游戏，由于共同的兴趣和怪脾气，那些年我们一直走得很近。鲍勃的妻子塞莱斯特（Celeste）对这本书的反应令人难忘。“哎哟，约翰，”她说道，“我们都认识你 30 年了，我们还真不知道你对自己的感觉像书里写的那样。我们觉得你看起来总那么自信、淡定啊……”后来鲍勃告诉我，在小时候，他也挨过欺负。就算现在想起来，也要掉眼泪。但是看着今天的他，你难以想象他还会有这样令人伤心的童年往事。我感到，我们每个人其实都不知道别人真实的生活风景。

“要是他们的机器把你改变了，你不再喜欢我们了，那可怎么办？”这是马莎的担心。我第二任妻子马莎患有慢性抑郁，她总能看到事情悲观的一面。我对此已经习惯了，经常暗自思忖，这些情绪抑郁的人有没有可能学会认识事情的本来面目，而不是按照自己的一厢情愿去钻牛角尖。我问自己，她所担心的事是否会不幸成真？但我不知道对脑部的刺激怎么就会让我喜欢上原来讨厌的事情，或者让我毫无征兆地对朋友进行攻击。

像很多十几岁的孩子一样，卡比看起来对此基本无动于衷。他已 18 岁了，他正沉浸在与女朋友的缠绵和自己化学专业的学习中，对我言行动态的关注，远不如对最近所学的有机化合物的关注。马莎和我主要是他的钱袋子、车夫和手机充值服务员。但是在我的人生中，我遇到过很多次，别人看着我说“你不关心别人”或者“你完全是个无动于衷的木头人”，其实，我很关心他们。我了解到的自闭症的影响之一就是，它让你在明明对某事抱有强烈情感时，却表现得漠不关心。我不禁怀疑，卡比在这方面是不是和我一样？也许他是真没把我放在心上，要不就是我没看出来。

还有我的前妻小熊。卡比在和她见面时，已经把我参与研究的事情告诉她了，这意味着他其实是把这件事情都听进心里去了！小熊仍然在怀疑我的自闭症诊断结论，说这只是我为自己的恶劣行为所找的借口。我的那些测试结果在她眼里根本说明不了什么问题，阿尔瓦罗及其团队的理论就更不靠谱。我一和她说起自闭症的事情，她就会变得既恼怒又不屑一顾。一个感情直觉更敏锐一点的人一定会把这看成一个线索，应该意识到对她来说，我说的话已经非常接近要害。但我知道的就是她只会对我大喊大叫，我只好退避三舍。谁知道五年之后，命运兜转造化弄人，她将发现自己其实也在自闭症的谱系里。只不过，得到这个认识和她最终接受这些事情，还有待来日。

此时，我和卡比的妈妈离婚已经有一段时间了，但我们之间仍然吵吵闹闹。一部分是因为，我已经开始和马莎约会，而前妻小熊和我仍然住在同一个屋檐下。我没被她绊住腿，随后就与马莎结婚，并到阿默斯特市安了家。卡比最终选择全部时间都与我们待在一起。他到阿默斯特入学，但最后还是在 11 年级时失学了，和我 30 年前的经历如出一辙。他几乎每晚都与我和马莎在一起，他妈妈对此有点意见。

当我和卡比一般大时，我全神贯注地喜爱电子学，我儿子最入迷的是有机化学。在他 6 岁时，我担心他永远学不会阅读。在他 10 岁时，学校的心理教师来和我谈他遇到的主要学习困难。现在，在开始走向成年的阶段，他克服了大部分学习障碍，并培养出了对科学的迷恋。

他对化学的兴趣如此浓厚，以致在家里造成了不和。喜欢有机化学的孩子，总是会探索这两件事情之一——药品或者爆炸物。卡比选择了爆炸物。她妈妈自己就对火箭模型感兴趣，这给了他最初的启蒙。等到 17 岁时，卡比在我们的车库里堆满了试管和化学药剂。

他妈妈很恼怒，埋怨我把她儿子从她身边引诱走了，但其实并非如此。事实上，我和卡比因为他那些疯狂的科学实验吵得很厉害，他扬言要把自己的实验室搬到他妈妈那里去，虽然几年前实际上是他自己放弃了与妈妈一起住。我们为这争吵了多次，而 TMS 这项研究正是能把我们从无休止的口舌之争中转移出来的好话题。

小熊（我仍然这么喊她）对我所做的任何事情都满腹狐疑，TMS 也不例外。“我看没啥意义。”她对我说。

家里人对这个项目明显缺乏热情，也不禁促使我重新审视打算参加这个项目是否明智，但这只是瞬间的犹豫。我的自我改善愿望非常强烈。我已经听了一辈子“你就是这个样子了”。后来我得知自己这是患了自闭症，人们的说法又变成了“自闭症无可救药”。我必须尽力利用这次机会，因为这是我唯一的救命稻草。我甚至有点相信，我的与众不同其实是一种上天赐予的大礼，而那些社交障碍只是我是谁这个问题的一个侧面而已。

马莎说我对人生遭遇自闭症这个现实，已经有了一种“悲哀的接受”心理。我接受了自闭症，就像她接受了抑郁症这个现实。她感觉自己世界里所有的事情都是可悲的，也可能就是这种同病相怜让我们走到了一起。她试用了十多种药来帮助自己走出抑郁的困扰，但仅仅是把面纱掀起了一点点。我在文章中和演讲中都谈到，我已经把自闭症当成了一种生存方式，是我之所以成为我的一部分。这不算是一种病，也没必要进行治疗。现在我仍然这么认为，但我也相信应该尽我所能变得更好，尤其是想把在人生中给我带来最多痛苦的社交失明（social blindness）问题解决掉，让我能更好地感知他人。

因此，我准备接受治疗，马莎对此感到很担忧，卡比看上去无所谓，小熊对整件事情公然表示怀疑。但是当我一想到那些可能的改变和改善，我冒险试一试的愿望就变得势不可挡。

第 5 章

SWITCHED ON
A Memoir of Brain
Change and
Emotional Awakening

发射强度

在等待 TMS 项目正式实施前的那段时间，我沉迷于根据自己的电子学知识以及阿尔瓦罗和林赛向我介绍的那些信息来研究 TMS 的作用原理。和他们用完餐后，我是带着长长的推荐阅读清单离开的，他们还欢迎我在遇到问题时发邮件或者打电话进行探讨。从他们的角度，就有关大脑的问题向我提供免费技术支持是个很明智的提议，这让我对实验的整个前景的兴趣愈加浓厚。

得益于电子学方面的知识背景，我对 TMS 感觉很熟悉，也不像其他人那样可能会感到很恐怖。不过，我还是个容易焦虑的人，所以我尽量通过对该研究项目技术方面的东西进行专心研究，以及通过预想对他们的研究工作做出真正有意义的贡献，来排遣我对实验可能带来的负面影响的担忧。我从来就没有考虑过，这些研究者是不是真的那么需要我的协助——作为一个自闭症患者，我根本就没有往那方面想上哪怕一分钟。

我的朋友戴夫·里夫金（Dave Rifken）是当地医院的放射科医生，对这项研究很感兴趣。我们两人，一个是社区的台柱子，一个是社会弃儿，是一对看起来很不搭调的人，但出于对路虎汽车和越野运动的共同喜爱，我们成了友谊深厚的朋友。

我们已经交往了将近 10 年，现在头一次有了一个医疗话题来共同探讨，而不是一直挂在嘴边的路虎、吉普和野外驾驶。

我与医疗研究的第一次接触，正好就是戴夫擅长的领域。“很有趣，这些家伙到底想干什么，”他对我说，“他们和你说过想刺激哪个部位吗？”

阿尔瓦罗曾说他们在大脑额叶上有几个可能的目标点位，其中某一个或者全部点位都有可能帮助我释放被禁锢的情感顿悟能力。这一切也有可能都没啥作用。科学研究的特点就是如此，他有言在先。不过我对此缺乏了解的主要原因还是他们有意为之的结果。阿尔瓦罗告诉我：“我不想向你回避关于确切定位的问题，但我不敢告诉你太多，我担心如果告诉你太多这方面的知识，你对 TMS 的反应就有受到这些东西影响的风险。我们必须尽最大的努力，确保你对 TMS 的反应就取决于 TMS 本身，而不受到其他暗示力量的影响。人脑在改变自身方面能力卓著，我不想因为告诉你的一些事情，而把你的思维引向某种途径，进而导致我们的研究结果发生变化。”

有一次我们在一起吃饭时，他给我举了个例子，介绍这种情况是如何发生的。在某个研究项目中，有一组学生被告知，他们都天资聪慧，而另一组学生被告知他们就是平常人。即使两组学生在开始时其实旗鼓相当，这些被视为“聪慧”的学生却表现得好过那些被评价为“平常”的学生。

真实的差异实际上就只是他们心理上的变化，但结果的差异却是实实在在的。听他这么一说，我觉得阿尔瓦罗决定不让我知道一些具体事情是说得过去的，我也同意在完成刺激实验之前，不打听他们选择进行刺激的确切位置，或者向其他任何人透露我所知道的关于刺激位置的相关信息。“事后我们会很高兴把这些问题都向你说清楚。”他的话让我感到很安心，我开始憧憬这个时刻的到来。

当我把这些话讲给戴夫听时，他说：“你最好开始研究一下大脑，这样当他们向你解释这些事情时，你才能听得明白。”我同意他的意见，同时也为 TMS 的另一面所着迷——这里面所包含的电子技术。戴夫对我的强烈兴趣有些怀疑，他问我：“一张机器原理图又能让你在治疗方面知道点什么呢？弄清楚刺激器的原理并不能让你搞明白它会如何作用于你的大脑，难道你拆卸一台 X 光机就能弄明白如何接上病人骨折的腿？”

虽然有些懊恼，但我知道他是对的，可这并没有打消我思考的念头。对这个项目来说，我可不愿意只发挥一只小白鼠那样的作用，何况这项技术看起来前途一片光明。

为了找到一个更默契的知音，我又转向我的朋友鲍勃·杰夫。作为一名工程师，他的观点完全不同，更加富有冒险精神。“技术当然重要，还是要搞清楚它的工作原理。也许我们还能设计一个家庭版，自己亲手试试。这连大夫都省了。”

鲍勃的想象力极其丰富，按他想出的办法一套又酷又有趣的价值百万美元的电子系统能够被分解成价格只有 39.95 美元的主要部件组件，在玩具反斗城就能买到。我们在布雷德利玩具公司工作时，就一起拆解过这样的机器，并且组装了一个会讲话的电子玩具。从那时起，他一直热衷于独自捣鼓这类东西。

虽然这事想想都觉得好玩，我还是觉得不必如此自力更生。林赛已经在实验室中给我提供了免费搭车的机会。“也许以后我们可以这么办。”我这么跟鲍勃说，随后，我还是转回头去探索 TMS 是如何释放出这种能够真正改变大脑的电磁脉冲的。

通过一些计算和阅读一些资料，我意识到他们需要用很大的功率才能完成计划中的工作。这基于两个方面的考虑。一是脑细胞之间的连线是极小的，而在一个特别小的目标上感应出很大的电荷是非常困难的，要产生电磁能量需要很大的铜线圈，产生微小的能量束来传导至脑组织。另一个复杂之处是 TMS 线圈及其研究者们想要传输能量的脑细胞之间的距离。所有辐射能，不论是光、声还是磁力，从能量源射出以后都会很快消散。一个小手电筒的光亮如果直接照向眼睛，简直能亮瞎眼，但如果照向一个大仓库，就仅能穿透黑暗罢了。

每当距离翻倍，照度就减到原来的四分之一，这是我在从事音乐和戏剧工作时所应用的经验法则，我觉得这同样适用于 TMS。使用一只专业摄影师和舞台设计师最常用的测光表，就能很清晰地观察到这个原理的表现。当你站到光源 10 英尺之外，表的读数为 100 时，那么当你再往后退十几英尺，读数就会变为 25。在磁场内也是如此，能量会随着距离消散，就像池塘里的涟漪一样。

虽然TMS中的距离非常小，只有1英寸的若干分之一，但我感觉原理是一样的，而且变化结果还要更显著。当我在音乐厅测扬声器磁体的强度时，是在距其表面1毫米的地方。在这个距离下，它的强度是惊人的。但是仅仅移动到2毫米外，强度就仅仅有原来的四分之一了。到4毫米时，强度就下降到了十六分之一。等到了25毫米，同样是1英寸，磁力最强的喇叭的磁场也会几乎降到零。

这就是为什么高性能音响系统中使用的磁体体积必须很大。喇叭中的线圈必须非常接近磁体，也是这个原因。一场大型音乐会的音响系统大约要用几百个扬声器，要有几千磅重的高性能的磁铁安装在其核心部位，而且这里每样东西都要安装得非常紧凑，以便处于这个非常集中的磁场之内。

TMS要想成功运行会更加困难，因为它的磁场需要穿透头发、皮肤和头盖骨。这个距离至少有半英寸——比任何扬声器系统距离都远得多。如果你把一只扬声器的线圈放得离它的磁体太远，它根本就不会发声了。这让我认识到，TMS所用磁体的功率必须比我在音乐厅用的那些大上好几个数量级。

我们要让放大器里充满能量，但是要让电磁能穿过半英寸宽的罅隙，你还必须把其功率提升到原来的一百倍之多。这是很危险的能量是真正的瓶中闪电，让我怀疑这个设想是不是有安全隐患。这台TMS机当然要达到几千伏的高压，以产生所需的高能量。但是我提醒自己，当设计医用设备时，用电安全是最重要的。我要相信TMS设备的设计者确实尽到了应尽的责任，所有的设备都是安全无虞的。我决定对这台设备给予充分的“尊重”。

当我努力想象这个实际刺激过程的情况时，我的思想开了小差。功率级一定要足够高，这样当线圈放电时就会发出“砰”的一声爆响。这个声音会不会影响我的反应？发出的热量如何？这个磁场会让我的脑细胞变暖到一定程度。这和微波炉的工作原理类似，只是能量形式更加集中，不过他们应该不打算在TMS实验室里烹了我。我有太多的理由说服自己放弃参与这项研究了；但相反的是，我几乎没有片刻犹豫，还是一门心思地往前冲。阿尔瓦罗是哈佛大学教授，也是这个国家顶级医院的脑学科中心负责人，他和林赛很明显都是聪明并且有事业心的学者。如果说有人能够有幸占有资源来得到和使用安全、顶尖的实验室设备的话，那一定就是他们这些人。正如阿尔瓦罗在饭桌上对我说过的那样，他研究 TMS 几乎已经 20 年了。

最重要的是，他们追求的目标对我来说弥足珍贵。我决定选择信任并把自己的希望托付给他们。他们不会把我或我的大脑给炒熟了。我们将一起往前走——他们是实验人员，而我就是小白鼠——我们将共同见证，当这样的能量流射入我的大脑中，将会发生什么情况。

第 6 章

知情同意

当我们在餐馆吃饭时，阿尔瓦罗和林赛就邀请我在实验开始之前，先去参观一下他们的实验室。我当然欣然接受了他们的邀请。我已经在网上查过 TMS 设备的图片，研究过它的工作原理。下一步就是“深入虎穴”，到实验室去看看这些科学家们是如何工作的。在这次聚餐一周之后，我驾车从阿默斯特来到了波士顿。当我驶出了公路收费站时，出现在眼前的是公路两边一字排开的商店和汽车停车场围成的一条“峡谷”，我只能在“谷底”小心驾驶，生怕打错方向盘。车最终开出了“峡谷”，路两旁变成了树木稀疏、视野开阔的草地，前方远处能望见高楼耸立。接着，在驶过一片气势恢宏的医学院校园之后，我看到了贝斯以色列医院的入口并拐了进去。

在一位接待人员的引导下，我找到了脑科中心，走了大约半英里之后，最终达到了此行的目的地——贝伦森-艾伦无创脑电刺激中心。在安静的等候区墙壁上，挂了一排宣传画框，展示都是关于这里的科学家们所取得的科研成就、赢得的荣誉、被授予的专利等内容的杂志文章。

没人注意到我的到来，于是我就沿着过道走下去，盯着敞开的大门里面，希望能有所发现。

"往这边看！"我一转身，看见林赛正快步走过来，后边还跟着两个人。我克制住拔腿就跑的念头。她指着身后的黑头发同事对我说："这是雪莉 • 费克图（Shirley Fecteau），也是这里的博士后。这边这位是林，是我们的实验助手。"我用苹果手机对着她们的胸牌拍了照，因为我记人名很困难，要想记住他们姓甚名谁，这似乎是最好的方法。她们有点疑惑地看看我，然后带我走向走廊另一端的一间屋子。在屋内，我们都坐下来，她们把期待的目光投向我。

"阿尔瓦罗还在路上。"林赛说。我还以为自己神不知鬼不觉进了他们的办公地，她的话让我意识到，这个接待员一定早向她们通报了。

我从未在一个医生办公室被给予过这般尊重和礼遇，我估计这种接待规格通常可能是给予那些远道而来的著名外科专家的吧。当我正想着自己有何功劳该享受如此礼遇时，林赛提到了我的书。我不仅是第一个参与到这项研究中的成人自闭症患者，更是他们每个人都头次见到的专门著书描写过自闭症体验的自闭症患者。

研究人员们都很年轻，截至目前，他们的主要项目还是针对自闭症儿童以及青年人的。他们还没有遇到过太多事业成功的成年自闭症患者，而且在2008年春天，我的书可以说是非常新颖的。因此，我揣摩她们是不是正等着我对她们说点什么或者为她们做点什么。我想起20世纪60年代的灵魂歌手阿奇 • 贝尔（Archie Bell）在舞台上演出的情景，他嘶喊着唱出："我们不只会唱，我们舞更跳得随心所欲地好！"[①] 可惜，我既不会唱歌，也不会跳舞。

几年前，我的老祖母教导我，当自己实在没什么可说的时，可以问问别人有关他们的情况。这一招挺有用。我问口音浓重的雪莉从哪里来。她说自己是法裔加拿大人。我此前已经知道林赛在加利福尼亚大学圣迭戈分校读过书，现在又知道了雪莉是从魁北克来到阿尔瓦罗的实验室的。我问林赛和雪莉，有这么多科学家不远万里来投奔阿尔瓦罗，他是如何做到的。

① 这段歌词来自流行歌曲《牢固》（*Tighten Up*），由阿奇 • 贝尔和比利 • 布提尔（Billy Buttier）创作。在1968年，这首歌被阿奇 • 贝尔和休斯敦的德尔斯（Drells）唱红。在20世纪70年代，我服务过的好几个乐队都唱过这首歌。

我从她们这儿得知，并没有太多人加入无创脑电刺激领域的研究，阿尔瓦罗是该领域的带头人。在接下来的几年，我将在 TMS 实验室的过道里遇到来自很多其他国家的访问者。

她们都有自己最感兴趣的独特领域。雪莉对脑电刺激感兴趣，恰好当下进行的有关自闭症的研究就会采用这个方法。她也对应用 TMS 治疗成瘾症和她所谓“脑电刺激在军事领域的应用”感兴趣——也不知道这是什么意思。而林赛则专门想研究自闭症和 TMS 这两件事情。林助手是当地大学的一名学生，正在为研究生阶段选择什么研究方向积累经验。

这时，阿尔瓦罗出现在走廊的另一端。“欢迎来中心做客，”他一边对我说，一边笑着伸出手，“加入我们吧，先各处转转。”顺着走廊走了一小段，他示意我们走进一个比刚才那间办公室大不少的房间，这里有一张看着很舒服的大椅子和一堆医用电子设备。

“这就是 TMS 机。”他一边说，一边拍打这个大盒子，在其一侧，用英文大写字母印着 MAGSTIM[①] 字样。接着他拿起一条分量很重的绝缘线，末端接着一个 8 字形塑料叉，大约有我的手这么大。“这就是线圈。”他告诉我。

他继续向我介绍实验室内的其他设备，包括脑波监视仪，或者简称为EEG系统，另外一台更小型的TMS机，几个形状更奇怪的线圈——“他们的刺激模式各不相同。”他解释道，还有一个监视摄像头和两台电脑。唯一能说明这里是医学场所的标志是给皂机和水槽边的医疗废物筐。

我花了几分钟消化接收到的信息，然后开始发问。他们告诉我说 TMS 机可用在许多研究项目中，已经在医院进行临床使用，对抑郁和中风病人进行治疗，也可用于其他实验性程序。阿尔瓦罗的研究中心研究自闭症、染色体脆弱症、抑郁和阿尔茨海默病，以及其他许多病症。这个地方非常忙碌。

“阿尔瓦罗不只是个研究人员，他也是执业神经学家，”林赛以自豪的口吻向我

① 经颅磁刺激器。——译者注

介绍，“他在医院巡视，也在门诊看病。他虽然特别重视 TMS，但实际上也为病人诊治各类神经问题。”在他的诊所里除了搞研究的科学家，还有其他几位神经学家坐诊。这个实验室比我预想的更令人钦佩——这里整洁而高效，还有这么多积极进取的研究人员在热火朝天地工作。

我感到有些望而生畏，同时又对能参与其中感到非常自豪，就算我只是一只荣耀的小白鼠也没什么关系。与小白鼠不同的是，我的确是欣然同意参与其事，愿意把自己的性命交给他们，就算是以东施效颦的方式追随他们吧。我还得接受检验，以确定我是不是符合研究的要求。两周后，我再次造访这里，就是来做这件事情。

林赛在贝斯以色列医院的大堂接上我，把我领到阿尔瓦罗在贝伦森–艾伦无创脑电刺激中心的检查室。她拿出一个大文件夹，我看里面装的好像是一英寸厚的一沓文件纸。“这就是所谓的知情同意书表格。”当我拿起第一份包含好几页纸的文件时，她这样告诉我。我的习惯是要实际阅读这些文字，甚至遇到不明白的还要提问。后来，林赛告诉我，我比她遇到的任何一个研究参与者提的问题都多。但她是笑着说的，所以我知道，这么做并无不妥。

快速阅读了一遍材料以后，我明白了这些材料的主旨是说：

- 我们（医院的研究人员）将在你身上做某种实验；
- 这可能会让你病情好转，也可能难以如愿；
- 你理解其中可能包含的风险，并且同意可以继续进行实验。

我想，这听起来可有点不吉利。也许这就是为什么他们要用五页纸来说本来三句话就能说明白的问题——就是为了让一般人感到不知所云吧。但最主要的是，我感到了一点小小的失望。科学家们在此谈论的是“补救自闭症造成的不足之处”。开始时他们让我浮想联翩的是导致命运转折的大变化，但在这些纸头里，他们实际上什么也没有承诺。

“我们至少要做六次刺激，”林赛解释说，“在进行 TMS 刺激之前及之后，我们还要让你在计算机上进行测试，这样我们就可以评价实验结果。”

“至少六次？”这听起来有点太不明确了，但她很快就澄清了她想表达的意思，“在进行刺激的过程中，可能会出现一些小失误。如果有些事情没有达到目的，我们还可以进行弥补。”我不知道她所说的“失误”意味着什么，但我想这是有所指的，毕竟这是个研究性项目。

“阿尔瓦罗以前做过类似的事情吗？”我问。

“这个实验完全是从头开始，”她解释说，“但是这建立在他以前对大脑其他部位进行 TMS 刺激的基础之上，也建立了动物模型。”听到我可能成为一号小白鼠，我有一点害怕，但也感到一点激动。

当我于 2008 年 3 月来到 TMS 实验室，我被告知这次实验已经有五名志愿者了。其中两名比我早来医院，已经签订了《知情同意书》，但都还没有实际开始接受刺激。在接下来的几周中，还会有三个以上的人加入这场首次进行的哈佛–贝斯以色列 TMS 自闭症研究项目中来，实验将在这个夏天持续进行。我们互相之间都不认识，没有例外。

迈克尔 • 威尔克特斯（Michael Wilcox）年龄比我稍长一点，人很精明。他以前是名财务分析师，因为在公司干够了，所以退休去了伯克郡的一家农场。快 60 岁时，他才意识到自己是个自闭症患者。他后来读到了有关我的书的信息，发现我就住在当地。于是给我发电子邮件，询问在哪里能买到我的书，但当时这本书还没有上架销售。“你可以先在 eBay 买本审阅样本。”我答复他，他也就照办了。读了这本书后，他来约我吃了顿午餐，从那时起，我们定期边吃边聊成了一个习惯，并一直持续至今。我们都加入了本地的阿斯伯格症患者后援会，互相之间的友情也快速升温。早几个星期——在和阿尔瓦罗以及林赛一起用餐后，我在后援会上宣布了自己加入实验的消息，他对我说：“我也想去和他们谈谈。”

一周后，他已经这么做了，并且和我分享说，他觉得阿尔瓦罗、林赛以及他们的想法非常了不起。我意识到，对此他和我一样激动。迈克尔和我决定在不同的时间加入研究中去，而且在实验过程中我们决定互不通气，因为我们不想人为影响研究结果。

后来的情况不完全是这样，但是我们算尽了自己的最大努力。

《知情同意书》上对研究的描述给我跃跃欲试的心泼了盆冷水。按照这些表格的说法，他们将测试我们识别通用对象的能力。他们会测试我们对诗歌韵律的感觉——节奏、重读以及我表达感情时的声音范围，要看看 TMS 是不是在这几方面对我们有所改变。

这不是最激动人心的建议，但我告诉自己他们也必须先一步一步走，然后才能跨出一大步。我真正有疑问的是，他们是不是真的相信 TMS 会产生比这张表格上列出的更多的效果。后来，我向林赛求证我的疑问，询问他们的真正目标到底是什么。“我想依靠自己在自闭症研究方面的发现获得诺贝尔奖！”她的热情让我笑起来，我希望她能美梦成真。

条款中列出的潜在风险看起来倒没那么恐怖，这些表格中也写着：“以前的研究表明 TMS 效果持续的时间长度是刺激持续时间的一半。”这意味着半小时的刺激，才能影响 15 分钟的效果。

虽然实验效果持续时间短促这件事让我有点心安，但又让我生出另外一个担心。实验最终的益处在哪里？后来和阿尔瓦罗见面时我就问他，如果刺激效果这么短暂的话，那么 TMS 治疗还有多大意义？“我们相信它的效果是累积性的，”他解释说，“我们的理解是，TMS 等于在你心中打开了一条通道，在使用的过程中，它会变得越来越宽。我们也相信持续的刺激，会对其产生强化作用。想想当你小的时候踩着雪橇下山的经验，在没人踩过的雪上，你随便就能开出一条道。但一段时间后，一条条新道可能就在众人的雪橇下踩实了，这时你就只能顺着这条或者那条路往山下滑。我们认为 TMS 就能开出这样一条新道，也能帮助你踩实这条道路，这样你就能让它通畅无阻。参与我们抑郁症 TMS 项目的一些患者在接受刺激后，效果能持续六周到两个月。”他们的 TMS 治疗抑郁症项目已经离获得 FDA 的批准不远了，他们对这一疗法的前景感到欢欣鼓舞。

“我们在西班牙用 TMS 来知治疗抑郁症已经有好几年了，在加拿大和欧洲的其他一些地方也有人这么做。这个效果不是一劳永逸的，但会持续相当长的时间。对有效果的人来说，这是日常药物治疗方法之外另一个很好的选择。”

“对自闭症和抑郁的治疗方法很相似吗？”我又问。青霉素可以治疗耳朵发炎，也可以治疗脚趾头发炎，而你只需要服用一片药就完事了。我想 TMS 能不能也这么方便——哪里需要就治疗哪里。

“它们之间毫无相似之处，”林赛告诉我，“要记住，TMS 只能到达大脑上一个很小的区域。这不像药片，疗效会传遍全身。治疗抑郁时所刺激的点完全不同于我们在进行自闭症研究时所刺激的位置。”

她的一席话让我认识到我拿青霉素来做类比是错误的，因为青霉素是药片。更准确地类比应该是和抗生素药膏相比——你可以把它抹到脸上或者臀部，抹到哪里就治疗哪里的炎症。但是在这个部位用药，决不会对其他部位的炎症发挥作用。

“这么看倒是很准确。”当我提出这个比较时，林赛很赞成我的观点。我很欣慰她有这份耐心，愿意听我试着把有关神经科学的复杂问题转化成一个像我这样的门外汉也能听懂的简单类比。然后我开始考虑我们将开始参与的这个实验有没有可能最终成为 FDA 认可的常规疗法。她告诉我：“我们肯定还有很长的路要走。首先，我们要在实验中拿出实际的治疗效果。其次，我们还需要实施几项后续研究项目来优化这个治疗方法。最后，我们还需要再做一个有更多人参与的实验项目。目前我们要做的才只是一个参与者数量有限的研究。从实验室研究走向 FDA 认可的疗法，这是一个非常缓慢的过程。”

事实就是这样，用 TMS 治疗抑郁即将得到 FDA 的批准，而同样方法用于治疗自闭症尚处于实验阶段。当得知前边的消息，实验室里充满了欢乐之情，因为大家觉得自己的研究终于要修成正果。现在，阿尔瓦罗的实验室已设有门诊正在利用 TMS 来治疗源源不断的病人。他的名声很响，有许多病人会从数百英里之外赶来找他看病。

他们有关 TMS 在治疗抑郁方面取得成功的谈话让我觉得安心。即便如此，其他人的反应还是让我有点担心。有一次我和一个人谈起 TMS，他觉得这听起来就像另外一种电休克疗法（ECT），这种电疗的方法经常出现在牵涉医疗的恐怖影片中。

“我觉得不是那样。”我的回答有些犹豫，但我并没掌握多少知识，能足够确切地解释清楚其中的差别。后来，林赛让我明白了其中的不同之处。“ECT 是把足量的电能输入大脑内，可能会诱发惊厥。如果你愿意，这会在很大程度上重置你的大脑。ECT 的能量也很弥散，而 TMS 的能量非常集聚。即使在今天，ECT 也是一个剧烈的过程，因此应该在麻醉状态下施行。TMS 完全是两码事，它的效果很温和。这两样技术都要把能量射入大脑，但 TMS 所用的能量只是 ETC 所用能量的一小部分，而且只瞄准需要的地方，不会扩散到其他地方。”

当我阅读有关 ECT 的资料时，我关注到了其能量级问题，我意识到这可能是“烧毁”了我们大脑内的一些精巧“电路”，这真是个让人细思极恐的问题。从一开始，ECT 就背上了会把病人的思维抹掉的恶名。TMS 和 ETC 都是电疗法，但一个电量是五号电池的水平，就跟袖珍手电筒用的一样，而另一个就像是从胡佛大坝的水电站直接接出来的高压线一样。

这就是两种疗法的恰当对比，没多长时间，阿尔瓦罗又强化了林赛的说法：“我们已经采取了一切措施，确保其安全性。当我们进行 TMS 治疗时，总会有一位神经学家负责。在我们的实验室中，还没有患者因此而产生惊厥现象。相比 ECT，TMS 的电量是极小的，只相当于 20 年前进行的 ECT 直接刺激的一小部分。我们正在进行的是抑制性刺激，而非激发性的 TMS 刺激，这要安全得多。把功率降下来总比升上去更安全吧。”

正如他们所解释的那样，这中间的差别是，抑制性的刺激意味着在大脑的特定区域催生逐渐减弱或者说下降的脑部活动，而激发性的 TMS 意味着加速目标区域的大脑活动。可是如果他们在我们脑部施行的都是这种抑制性刺激的话，又如何能真正提高什么功能呢？毕竟音乐家只有兴奋袭来时才能把摇滚乐演奏得更精彩，而赛车手也只有兴奋起来才能冲得更猛，而把活动性降下来看起来是一条哪里都到不了的道路。但阿尔瓦罗有问题的答案。

“大脑内有一个很大的网状电路称作胼胝体，是它把大脑的两个半球连接起来，并维持平衡。如果结合 TMS 来看问题的话，我们可以把它想象成一个跷跷板。我们要想让一边翘起来，可以直接往上抬，也可以让另一半降下去。我们认为 TMS 的作用方式与此类似，因此可以用抑制性刺激来抬起或者压下。通过把一边压下去，我们认为另一边的相应区域就会升起来。这比直接抬起来要安全得多，我们现在就是这么做的。”并且作为给我的额外安慰，林赛又补充道：“审查委员会对我们提议的研究项目的每个细节都进行详细的审查，他们对自己要批准的东西会非常慎重。”

这个审查委员会是一个全称为“人体被试保护办公室”的古怪组织的一部分。光这个名字就会让人担忧，但我还是选择信赖这些科学家。我当然知道这里有风险；这类研究总是需要人有出于信任而临渊一跃的勇气，不论是研究者还是研究对象都如此。科学就是这样向前发展的。那么谁会比那些感觉自己能从中受益的人更适合去尝试这一跳呢？当然是那些被研究者称为“深受其苦的人”。

回头看看，我有可能是离“知情”最远的人，就掌握了一点医生告诉我的知识和自己阅读有关书籍得来的知识。我们都不知道，这究竟会带来什么结果，也无从知道 TMS 究竟会不会让我变好一点。让事情更加复杂的是，我意识到，如果医院有人问我什么叫“更好”的话，甚至我自己也不知道应该如何确切定义。这几乎就是在黑暗中射击。但如果这确实能起到一些帮助作用的话，那我可算是抢上了头班车，会比任何人都更早享受到这种疗法带来的福祉。我深深地吸了口气，郑重地在文件的虚线上签下我的名字。

第 7 章

SWITCHED ON
A Memoir of Brain Change and Emotional Awakening

对脑部进行电磁刺激的历史

虽然这趟参访经历让我感到震撼，对这件事变得非常认同，已经准备把我的大脑托付给这个由睿智的研究专家组成的团队，但我认为自己还存有一丝丝疑问。他们的设计是确实无懈可击，还是有可能让我遭受比电流痛苦一击更糟糕的厄运？

说到电子学领域，我自己还有一点被称为“傲慢的自信”的心理。不管怎么说，我和变压器、电感器和电磁脉冲打了这么多年交道，对 TMS 如何传输能量这件事，我比他们懂得更多一点。当我参观他们的实验室时，他们在这个领域并没能给出所有问题的答案。当时我曾问他们，他们的装置使用的是晶体管还是晶闸管，可是没一个人答得上来。我问他们峰值电压是多少，虽然他们知道这会很高，但也不能确定。而当时，他们已凭着在这方面所掌握的知识和他们的学术水平，给我吃了许多宽心丸。因此，现在发现在某个领域他们的知识和我顶多打了个平手，我感到特别失望。

如果说存在这么一个领域的话，那无疑就是 TMS 的电气工程方面。尽管我可以爽快承认我绝对不懂具体应该刺激哪个大脑部位，应该发射多大电量，但我知道的就是那些通用的电气技术参数。我知道，如果能量太小，那什么作用也起不到；如果能量太大，那些细微的大脑内部“电路”就会在瞬间过载。我告诉自己，实验时可要盯紧自己的耳朵。如果从耳洞中散出小股的白烟，那一定就是个警告，而冒大烟的话就说明脑子中的“线路”肯定被烧坏了。

我静下心来，开始认真考虑他们正在做的事情。我回想起20世纪80年代时的往事，那时我正从事电力系统方面的工作，它们就能发出阿尔瓦罗现在想用于TMS的这种脉冲。我们那时用这种脉冲来让激光管发光，或者让我们“秘密武器系统”中的“别的东西”发光。阿尔瓦罗和林赛曾谈到过他们医疗器械中的大功率脉冲，其实我本人以前在工作中就与此打过交道。当我在坎德拉工作时，我们用能量打出激光，让光线直接射向月球，它在微妙的瞬间就能汽化用铀制成的坩埚。当我在埃索来格工作时，我曾经设计过能经得起原子弹爆炸能量的功率调节器，你再不可能得到比这更高的能量了。我曾经很精通电磁能的工作原理，不过这些都是20多年前的事情了。现在我要努力把这些知识再回忆起来。

电和电磁这两样东西你永远也看不见。你只能想象它们，并观察它们的作用效果。我们可以用一根绳子把两个物体绑起来，很显然我们完全能够看到绳子和被绑的物体。可是当这两个物体中一件是磁铁，另一件是铁片时，你也能看到它们紧紧地吸在一起，但你看不到任何有形的东西把它们“绑在”一起。当这块磁铁的吸力足够大时，如果你想把它们掰开，可要小心别扭了腰。

在两辆汽车之间拴根绳子，你就能把其中一辆车从泥坑或者雪堆里拉出来。用一条电线把发电机和一幢大楼的配电盘接起来，你就能把光明送给楼内的住户。这个绳子和这条电线哪个输送的能量更多？很明显，还是电线更强大。

我总是感到强大的自然力量对我很有吸引力。电磁感应是现代科学的基础支柱之一，全世界的电厂都运用这个原理生产电力。它还是玩具、电力机车、搅拌器和洗衣机中电动马达的工作原理，也是电击枪能放电、电吉他能弹出声音的原因。

电磁学最初的理论大概是迈克尔•法拉第（Michael Faraday）最伟大的成就，他是19世纪早期一位自学成才而又勤奋多产的科学家。在1831年秋天，法拉第拿来一个软铁环，并在其外面包上铜线，他把这称为螺旋A。然后他又把另外一根线缠在这同一个铁环上，并称之为螺旋B。他把螺旋B接到测量仪表上，并把从螺旋A引出的线头接到一节电池上。

你可能会问，法拉第这是中了哪门子邪，怎么会去做这么一件前所未有的事情？他希望什么样的实验结果发生呢？有时候一些最卓越的发明，就起源于大脑中看似莫名其妙、异想天开的灵光乍现。

法拉第可能会说："我们必须从某个起点出发。"并且他也就这么干了。当他一接触这根从螺旋 A 接到电池的线，检测仪表的指针突然跳了一下。他把这根线拿下来，指针又抖动了一下，不过这次是朝着相反的方向。这是电磁感应现象第一次被揭示出来——这个过程就是把电能转化为磁能的过程。对一名工程师而言，法拉第的成就类似于发明了回形针或者是车轮。这是一项震惊世人的巨大科技成果。

在其后的 160 年间，这基本没有什么变化。如果由你拿着法拉第发明的螺旋体靠近阿尔法罗实验室中的 TMS 线圈，那么相似性马上就会表现出来。最让人满意的是，它仍将按相同的规律变化。这就是我为什么喜欢工程学的原因。当你发现了一个原理，它就总是能让你信赖。当我十几岁时，我在自家位于地下室的实验室里不断重复法拉第的实验，我同样体验到了新发现本身所带来的激动之情。

法拉第发现，他也可以把电线绕到一块铁芯上，并用一个独立的线圈靠近它，这样就能感应出磁能。这证明能量可以在空间内传输，而不是只能通过金属线传输。TMS 这种想法今天之所以有可能，也是基于这个原理。

使用 TMS 设备进行刺激时，有一块绕着金属线圈的铁芯正对着你的头部。这个"接受"线圈（如果你能这么称呼它）就是你大脑中一堆我们看不到的生物"电线"，正是这些"电线"把放置 TMS 线圈的那块头皮下方的神经元连接起来。当科学家们把电脉冲"放到"TMS 线圈里就能产生磁场，并在大脑中的"电线"上感应出电流。

那么我们现在可能想问的问题是："这些电流要从这里去往哪里？"

电磁学原理告诉我，我们大脑中"电线"的物理定向可能会影响它们对于 TMS 的敏感性。对于这些边对边的大脑"电线"来说，强度很高的电流，却让那些位于这一区域之上或之下的"电线"可能接收不到任何信号，反过来同样如此。那么我大脑中的"电线"是怎样"走线"的呢？你可以拿块电脑线路板看一看，看看里边的线迹是怎么走的。大脑不能这么方便地查看，其复杂程度也难以估量。每个人都是独一无二的，但我想大脑里的电路还是会有一些统一的模式，就像我们的身体也会以某种形式体现出相似性。我想从文学方面找个答案来表述一下这种情况，但没找到合意的。

包括阿尔瓦罗在内的很多科学家认为，电脑中的“电路”会向四面八方延伸，他们指望依靠这种随机性来确保无论被放置在我们头部的哪个位置，这些能量都能够传输到“线圈”之下。另一位研究者——路易斯维尔大学的曼尼·卡萨诺瓦（Manny Casanova）博士曾发表过一篇文章，认为大脑皮层由一种被称为小柱体的结构所主导，实际上是堆叠起来的神经元构成了大脑的外层。看起来，他认为这些小柱体以兴奋性神经元为核，外面是一个由抑制性的“马尾”神经元组成的护鞘。由其结构决定，当脉冲速度比较慢时，这些抑制性的神经元对于放在头皮上的 TMS 线圈的作用更加敏感。卡萨诺瓦认为，更强的敏感性从本质上决定了绝大多数 TMS 是抑制性的。他相信高频率的刺激会穿过这个抑制性的帘幕，刺激到那些位于小柱体核心的兴奋性神经元。这就解释了另外一种 TMS 的工作原理。不过，其他科学家们不同意这种观点；一个更确定的答案还是有赖于脑成像技术的进展。

研究者们都认同的一件事是其中一些神经元“电线”比较短，而另外一些比较长——甚至延伸出脑部进入到身体的神经系统。因此，TMS 能把能量传输到大脑的前方，但是这些很长的“电线”可以把这些能量输送到其他很多部位。谁知道这是祸是福？这是用“头”等大事来撞大运，也让我们意识到大脑是多么不可思议的复杂，我们对其结构的理解又是何其有限。即使到了今天，那些把几十亿的神经元连接在一起的线路也只能很宽泛、很粗略地描绘出来，个别连接的细节在很大程度上还不为人知。

我尝试去读的研究论文满篇都是技术名词，我只好不断查阅词典，还是难以全部搞懂。问题是我对大脑的构造懂得不够多，因此难以看出名堂。卡萨诺瓦博士把小柱体结构间的“电路”描述得一清二楚，但是当我查看他文章中关于实际脑组织的图示时，却发现这些线到处游走，密密麻麻。我觉得，在我眼中这很难描述，只能用一片乱麻来形容。

然后是关于自闭症的问题。多年来，我一直听到“自闭症患者的大脑‘布线’

和正常人不一样”这样的说法，我真不知道这句话的真正含义是什么。是不是说在我这样的人的脑子中，电路“走线”的路径就是和人家不一样？“由上至下”和“边到边”的大脑“电路”会存在个体差异吗？我了解到，我们目前针对脑组织所开展的有限的研究，还没有发现很大的差异，但这肯定不是故事的全部。关于这些连接有许多说法，似乎也形成了几个学派。有一些研究者认为，自闭症患者的大脑里面存在太多的连接。而另一派学者认为，他们大脑中的连接不是太多而是太少了。由匹兹堡大学的南希•明瑟（Nancy Minshew）和卡耐基梅隆大学的马塞尔•亚当•贾斯特组成的团队提出，我们同时处于一个既复杂又迷人的理论中。贾斯特和明瑟使用脑部扫描仪画出了大脑中主要的连接通路，他们假定自闭症患者的脑部通路中出现了失衡现象。但有趣的是，他们发现这种平衡会随着年龄而变化。我们这种“不同的联通性”可能会导致头脑混乱，但它也有可能帮助我们中的一些人，在那些主要依靠大脑的某个集中区域完成的逻辑推理性工作上超出常人。他们的见解非常有趣，但我发现要把微观脑部结构的差异和真实的、可观察到的行为联系起来，并做出符合逻辑的解释，的确是非常困难的思维跃进。

卡萨诺瓦博士认为，自闭症患者构成大脑皮质的小柱体结构也异于常人，但是他对此所做的解释对我来说有点太过专业、难以理解。在用网上阅读得来的知识武装大脑以后，我给他写了封信，问了几个问题，让我惊喜的是，很快就收到了他的回信。

曼尼已经持续研究自闭症 10 多年了。他的研究始于病理学，是从死者的脑部提取脑组织并进行观察。在通过这种方法了解到相关知识以后，他又进入实验室，以活人为对象开展研究，向新的研究路线开拓。在绝大部分研究时间里，他都在运用 TMS 技术。他有自己的理论，但在 TMS 的工作机理方面他知道的并不比阿尔瓦罗更确切，而且两个人在看法上多有抵牾之处。他们真正有共识的地方就是医学成像这一点，虽说已经足够好，但尚未达到能在活人身体的细胞水平上观察到 TMS 引发的效果那种程度。在这种情况能有所变化之前，我们还只能针对比较宏观层次的脑功能和那些最有价值的假说开展观察。

我问戴夫，我努力想把阅读到的资料都搞清楚，对这件事他怎么看。他笑着回答我：“我只是个乡村放射科医生！读了这些东西，兴许你懂的比我都多了。”可能真是这样，但我距离把这件事情搞清楚还有太远的路要走。

科学家们在理论上的差异正好能用以说明，虽然大家在“TMS的能量如何获得”这个问题上没有异议，但是对“这股能量进入人脑中会触发什么变化”这个问题，意见就大相径庭了。TMS脉冲会压过在中间神经元电路中传输的其他信号吗？TMS能量会不会让神经元因电流过载而关闭或者瘫痪？或者反过来，这会不会让它们变得更加活跃。所有这些理论以及更多的新理论都已经提出来了。我认识到这可能比仅存在一种理论要好。大脑有不同种类的神经元，它们对TMS信号的反应模式可能都各不相同。如果说我这次对脑科学理论的初次涉猎让我有点收获的话，那就是我们对大脑内部所进行的过程知之甚少。

这就使得放置TMS线圈的理想位置更增加了一点不确定性，正像我很快就发现的那样。阿尔瓦罗和他的团队曾经建议我改变一下自己的思维方法，但推理和认知是头脑中运行的两个最无定形和最难琢磨的事情。虽然拥有最先进的成像工具，但我们要想知道某个想法来源于大脑何处、大脑是如何对其进行处理的，还是需要大费周章地努力思考。阿尔瓦罗告诉我，在目前的研究中，他们已经确定了几处目标区域。之所以选了这么多，就是因为不知道究竟哪个点是他们真正想选的那个点。你很容易就能确定从你的眼睛和耳朵出来的神经纤维是从哪里进入大脑，我们也知道手和脚的神经出现在哪里，但是像“我爱狗狗”这样的想法是在大脑的哪个部位形成的呢？我们不敢肯定。但是要“合成”这样一种由四个字所代表的感情，可能大脑的许多区域都会牵涉其中。

一段时间以来，核磁共振成像技术已经能够让我们看到大脑内部的状况。最新的功能成像技术能够让我们看到在思考或者完成任务时，大脑中所进行的活动，但其分辨率还有待提高。面对一个每立方英寸都含有亿万神经元的大脑，即使那些神乎其技的先进工具也只能让我们在非常肤浅的层面上观察大脑活动的情况。

我们知道大脑是如何与肌肉连接的，也知道这个系统是如何运作的。但是我现在想移动手臂的想法是从哪里来的呢？我们怎么就会想说话了，或者想眨眼了？这些都是彼此非常不同的事情。对于抽象的想法是如何形成的，以及这是在什么时候、以什么方式转变成行动的，我们更是知之甚少。但是你要知道，拥有抽象思想的能力正是决定人之所以为人的根本原因之一。

我对此有点欲罢不能，把探究再向前推进了一步。如果说思想存在于大脑中，那么思想中有没有灵魂存在呢？有没有这么一个实实在在的地方，我们可以指着它说：“这就是决定约翰之所以是约翰的根本之处？”如果阿尔瓦罗及其团队能把这个问题搞清楚，他们一定不会和我分享。

这就使 TMS 以及其他类似实验成了如此之大的一个信念跃进。我们不可能真正理解任何特定刺激的影响，除非我们亲自试验过。如果事情进展理想，那就万事大吉。可是如果情况不是这样的，如果产生了不好的影响，那我们有后悔药可吃吗？我们有梦想和理论，但是我们并没有斩钉截铁的答案。

为给自己已经自愿参加的实验找到一个合情合理的根本理由，我开始阅读这些关于大脑电路如何“布线”的书。但是，不读还好，一读更添糊涂，最后剩下的就一个想法，还是相信阿尔瓦罗的经验和直觉吧。

我们有的就是一台 TMS 机、一些想法、几个志愿者和很多希望。不知是什么原因，这些看起来倒也足矣。

第 8 章

SWITCHED ON
A Memoir of Brain Change and Emotional Awakening

大脑绘图

一周以后，我在《知情同意书》上签下了自己的名字，到该开始的时候了。“我们先对你的大脑做几个基本的测试和核磁共振成像，”阿尔瓦罗向我解释说，“这能帮助我们确认你是否适合参加实验，并在我们想解决问题的大脑区域进行准确定位。”我想他们没有说出口的话是：“我们也想确认，你的大脑是不是长了脑瘤或者其他的东西导致了你的病症。”

心怀一丝恐惧，我在这条现在已经很熟悉的通往贝斯以色列医院的公路上开着车，我的核磁共振就约在这天下午。我首先到 TMS 实验室去找林赛和雪莉，做了一些测试。她们让我在电脑前坐定。

“你将会看到屏幕上出现一个人，他会和你说一些事情，”雪莉说，“如果你觉得他们说得有道理就按前边的按键，如果感觉是废话就按后边的按键。我们先来实验一次。”

“天是绿色的。”屏幕上的这张脸说。当我考虑该按哪个键时，我感觉他们在观察我怎样做。不管在哪里，天通常都不会是绿色的。我按了后边的按键，然后第二个问题就来了。

“吃蛋糕。”这是有意义的话。

“喝高速公路。”废话。

“好了，”雪莉说，“做得不错。”但这之后的问题就有些奇怪了。过了几分钟，我开始疑惑……也许在雪莉说的那个世界里，他们真的会喝高速公路吧。我想起了自己和摇滚乐队厮混的那些日子，突然之间所有的问题都变得非常模棱两可。

“和我掐。”好吧，我想。我就要说它讲得通；想掐我就陪你掐。我按下了前面的按键。

“道理很颠簸。”还是按前边键。

“狗是蓝色的。”这让我想起自己曾经看见过的那些养尊处优的狗们。我是影片《爱犬大赛》(*Best in Show*)的粉丝，但我想不起在巡游中有蓝色的狗狗。不管怎样，这是一部好片子。当我把它推荐给雪莉时，她让我把注意力集中在测试上。语句不断从屏幕上倾泻出来，有的很奇怪，有的挺正常。

“把我从窗户丢出去。”我迟疑了几秒钟。以前我们在布雷德利玩具公司，每当要给管理层做演示时，经常会把这句话编到游戏程序里。此外，我们还喜欢“你揍扁我吧！”和“你真是个傻瓜！”这类话。想起当时即使我们最高明的伎俩也没有逃脱技术经理的火眼金睛，我的脸上绽出一点笑意，但随即又把注意力收回到手头的工作上，按下了前边的按键。

提问终于结束了。我肯定这里面大有深意，并希望自己能够通过。如果这是个智力测试，那它显然很奇怪。我非常希望 TMS 能起作用，我恐怕自己的作答让我失去志愿者资格。

任何人都未置一词，于是我问他们我做得怎么样。“不错。”雪莉告诉我，就好像这些问题和回答是世上最平常、最自然的会话。

六个月后，我才能知道这些奇怪问题的真正目的。这些废话一样的问题只是转移人注意力的东西。他们实际上想知道我究竟能反应出多少自己用耳朵听到的东西。按照他们的理论，像“拍拍猫咪”这样的提示语会牵涉伸出手去，因此听到这句话，我就会快速把胳膊移到前边的按键上。对比起来，“梳梳头发”涉及的是拉回再向上的动作，因此他们想就此观察在向前边的按键伸出手臂前，我是不是需要稍长一点时间来克服做“向回拉”这个动作的冲动。

如果仅仅表现为看到他人微笑，就会以微笑回应的话，那么反应听起来就是个有些简单的概念。然而当参加过这样的测试以后，我意识到其实这是一种非常微妙、复杂的反应。至于这次测试得了什么样的分数，我至今也不知道；我只是很高兴自己参加 TMS 实验的机遇没有胎死腹中。

他们没有一个人察觉到，我已经开始感觉自己是多么虚弱，而这只是缘于他们提出了这样一个改变我大脑的可能性。我意识到，直到现在，我之所以能够接受自己的现状，主要是基于对这样一个想法没有其他选择。你可以把我比作一名想拼命从周边的环境中寻找逃脱机会的囚徒，一旦房门没关好，我马上就会抬脚往前冲。

再下一站是在一间屋子中进行脑部刺激。雪莉指了指一张椅子，示意我坐上去。我看见椅子右边是一个白色的大盒子放在一辆手推车上——这就是 TMS 机。我尽量表现得规规矩矩，克服住伸手去转转机器把手、动动车上的其他附件，或者戴在自己身上先试试的冲动；相反，我温顺地坐下来，等着他们发出下一个指令。

“今天我们想测试一下你对 TMS 的反应。每个人在这方面的表现都不尽相同。我们将要做的是用单次功率非常低的脉冲刺激你的运动皮质区。我们选择这个区域是因为它是大脑中最容易进行测量的区域。我们一刺激这个部位，你的肌肉就会动作，我们选择的是让你的食指动作的这个点。我们会逐渐降低刺激水平，直到的你的食指再没有任何抽动。在这个过程中，我们会记录下所有的参数设置。这将有助于我们调整实际进行刺激实验时的各项参数。这对你如何感觉和思考将不会有任何影响，因为今天的刺激不针对你大脑中负责这些功能的部位。我们今天所做的工作类似于对设备预先做一下校正。通过用这个简单实验来测试你的敏感性，我们就能搞清楚在实际进行刺激实验时，需要用多大的电量。”

“为什么选食指呢？”我问她。没想到这个问题引出了一个有趣的回答。原来大脑运动皮质层的一些神经元有一些很微小的须状物，一直通到食指上。而我们身体的绝大多数附属器都通过一些神经细胞串联起来的，就像脊髓里的“继电器电路”。

因此，他们选择食指就是因为它的“电路”是直通的。

拿出片刻时间思考一下那些微小的神经元是什么样的，然后再想象一下其中一些神经元带着伸展出来长度能达到 3 英尺的微小纤维……这简直匪夷所思，但林赛说，事实正是如此。“确实有一些很长的带状神经元遍布在我们的身体，”她告诉我，“它们特别细微，甚至比带状的分子还要小，能把化学和电信号传送到我们全身各处。”

她的话让我的心思闪回到童年时代，那时小熊和我正一起成长。我们有一些很有“极客”色彩的共同爱好：我向她介绍电子学知识，她带我走进科幻王国。我突然记起她当年送给我的一本书，是拉里 • 尼文（Larry Niven）写的《环形世界》（*Ringworld*）。在这本书里，他描述了一种被称作“辛克莱分子链”的东西，这是一种虚构的“电线”，由强度高到不可思议的分子索构成。我想象这些大脑中的“电线”也许就是这么细微，现代医学的现实和科幻小说之间的相似性实在令人惊叹。

《环形世界》的类比在某种程度上让我有了一点安慰，而林赛的解释，听起来也没有那么可怕。但随即就有一位我一直没有注意到的技师，带着一些电线和酒精棉球不知从哪里冒了出来。我知道这意味着什么！酒精和棉球是医生亮出剪子和小刀的前奏，这可不在我的预想之中。我一定看起来很警觉，因为她接着说道：“别紧张，艾丽卡就是清洁一下你的皮肤。接下来她会在你的手上绑三个电极。这样我们就能通过监视器读到你的肌肉活动的信号了。”我又放松下来，让她把电极绑在我手上。这不怎么疼，但当她靠近我时，我禁不住想轻轻地咆哮，想向她龇牙。但我克制住了。

说实话，我应该算是好行为的榜样。

林赛拿起线圈，放到我的头上，我感到头皮一阵发凉。

“你怎么知道该放到什么位置？”我感觉自己有点像一个不停饶舌的死囚，只不过是想拖延一下执刑的过程，可我还是想问。

“每个人的运动皮质层都大致位于同一个区域。”她回答我。然后她用手指在我头上画了个圈。“大致就是这个位置。一看你我就能判断放线圈的大致位置，然后再通过测试来加以精确调整。你会看见的。好了，你准备好没？”

我点头表示同意，准备接受这台“激光炮”的轰击。砰！我听到机器发出声响，同时感受到能量的冲击。如果你曾经把手指插进过墙上的电插座，你就能准确地体会这种滋味——虽然还有一个重要的不同之处。把手指插进电插座里，如果不赶快拔出来，这个被电击的滋味会持续下去。TMS 机的电击刺激只持续千分之几秒的时间，而且电能的释放是明确无误的。你能感觉到能量水平上升，也能感觉它的降落。这个感觉就好像在你的大脑中拨动了竖琴的琴弦。林赛说她听到有人把这种感觉描述为好像有一只啄木鸟在轻啄头皮，我想我认同这种说法。然后，林赛又扭动开关，TMS 机又“嗵嗵”快速射出两次脉冲。“连发。”我大喊一声，林赛很惊讶：“你还在数数？”

“对，”我说，“一共两次。”

林赛告诉她研究过的绝大多数被试都分辨不出这是两次疾速的脉冲，都混成一次了。她又试了一次，连续多次发出脉冲，我都把次数数对了。“这真让人吃惊，”她说，“这两次脉冲之间的间隔只有千分之三秒。”她的反应令我遐想，我是在这方面有特异功能，还是只不过第一个把这件事情说了出来。数脉冲次数对我而言很自然，这就像我在音乐演出中，数小军鼓的鼓声一样。然后，我又想到“只有疯子才数鼓声”这句俗语，觉得自己也还是闭嘴吧。

林赛搞不懂为什么我会有把这么快的脉冲分清楚的能力，也不知道这有没有什么特殊意义。而对我来说，在一个奇怪的新环境中，我也说不上什么会是重要的事情，因此对每件事情都密切关注着。

稍后我们就会知道我的这种特异之处实际上正是患有自闭症的表现。有些像我这样的自闭症患者能够数清楚当声音快速发出时的节拍；而其他绝大多数人会把屋顶上的荧光灯管发出的光都看成连续的光流，而实际上，这是以每秒 120 次发出的间隔性闪光。很多自闭症患者就能识别出来，这就能够解释，为什么有些自闭症患者会对此类光源感到惴惴不安。

然后就要说到 TMS 刺激的感受。让我感到惊讶的是我能感觉到实施刺激时产生的任何感受，因为他们向我再三保证过的一件事就是大脑没有疼痛接收器。果然，刚才我坐在椅子上体验到的感觉的确说不上是疼痛——更多的是当能量发射到我大脑时所引起的一种感受。“在我们的头皮上和头盖骨上有很多神经。”阿尔瓦罗解释说，而我也的确感觉到我正是通过这些神经体验到了 TMS 脉冲。但是我还有体会更深的事情——当能量被输入我的大脑时，我感到了一阵激动。

“对此我不知道该怎么说，”林赛告诉我，“我觉得绝大多数人感觉不到大脑内部的这种触动。我自己也接受过这种刺激，我感觉不到大脑内部有任何事情发生。”

但是大脑内部的这种感觉和后来发生的情况比起来，就算不上什么事了。她把机器的能量调高，并再次发射。脉冲让我的胳膊像袋鼠一样弹跳起来，但她只是轻轻点点头，并把电量调低一点。第二次脉冲让我的中指动了一下，就好像它们正在使我受到某种遥控。按照林赛说的，第三次脉冲正打在目标位置。当 TMS 线圈放电时，我的食指轻微地抽搐了一下。他们找到这个点了。“72。”雪莉把数字读给实验室的技师听，同时调整了一下电量水平。下一次脉冲电量是 65，然后又调到了 60。

“弗兰肯斯坦。”我说，她也点点头，努力显得很郑重。

这真是一件最让人感到奇怪的事情。我能听到每一次发出的脉冲，还能感到自己大脑内发生的痉挛。但是当调到 25% 的电量时，我指尖上佩戴的电极没有任何反应，虽然我能感到大脑中的震击；在 40% 时，还是没有什么作用；我们慢慢地调高，60%、70%，然后调到了 72%，突然我的指尖有了一点感觉；75%，我的手指啪的一下跳起来，就像一只青蛙腿从盘子里弹出来。

这让人感到好奇。休息时，我给戴夫打了个电话。他说：“真棒！现在你可以用你的脑袋重新磁化我信用卡上的磁条了。”我一时忘记了，他是爱挖苦人的家伙。

后来我们又去了核磁共振成像中心。那天我一早就给戴夫打了电话，以平复对接下来要做的事情所怀有的焦虑，但是他忘了告诉我会有一个奇妙的小装置稳稳地支住我的头部，它的形状像一个橄榄球头盔，分量很重，以便在桌子上能固定住。里边还有衬垫，能防止我的头部移动。他警告我说，有的人可能有幽闭恐惧症，但当他们把我滑到机器里时，我还是决定一动不动、安安静静躺好。“如果闭上眼感觉可能更好。”操作技师对我说，我照做了。

“在里边感觉怎么样？”这位正在操作的技师先给了我一个按钮，如果感觉不好，我就可以马上按。我动动脚给自己壮胆，告诉自己没被五花大绑，如果我想，马上就可以松脱出去。孩童时代，我经常钻进下水道玩，和下水道比起来，这里又温暖、又干爽，又没有吓人的蛇和各种小动物。我相信自己能挺住。

“好，要开始了。”我听到这名技师离开了这间屋了，片刻之后，这台机器开始嗡嗡作响。它发出的美妙旋律有点不同寻常，有刺耳的吱吱声，有沉闷的嗡嗡声，还有滴答滴答的声音。从声音判断，一块质量很大的物体正在绕着我移动，但是当我睁开眼睛，看到的只有光滑的白色塑料。

“基本完成了。”有一个声音响起，然后我就听到开门的声音。几秒钟之后，他们把我滑出了这台设备。

他们一共给我的大脑拍了 168 张照片，这位技师递给我一张计算机硬盘，我把这些照片带回了家。“医生会研究分析这些数据，几天后就会找你谈话。”他告诉我。在家干等着算不上太激动人心，但是除了自己看这些图像，我也没啥事好做。那就这样将就吧。

这些脑扫描图像分横竖两种。这些垂直方向的图像显示的是从头顶到颈部的起点这部分的切片。水平方向的图像显示的是从左到右的切片，从左耳开始到右耳结束。以这样的精细程度来观察自己脑袋里面的状况，感觉有点怪异。看起来就像他们已经把我的头部切开，并对里边的状况仔细查看了一番。这些图像的清晰程度让人咋舌。

在我颈部的顶端有一个明亮的像圆珍珠一样的东西，而在我的太阳穴后面有一团阴影。我盯着这个“珍珠”看的时间越长，它看起来就越显得明亮。这会是个什么东西？再从顶上看我的大脑，一边很明显比另一边大。这就是人们所说的“左脑型”吗？我该去问问专家了。

“把磁盘带过来，”戴夫说，“我们两个一起看看。”颇感焦虑的我赶紧驱车前往。到了他家，我们把磁盘插进电脑中，我把自己感到疑惑的地方指给他看。他笑着说：

“这可不是什么珍珠。这是血液。核磁成像的图像切面显示它又白又亮是因为这是一股不饱和的新鲜血液，正从你的颈部涌进被扫描的脑部区域。”我们转到另一片图像，就是有形状奇怪的阴影的那一幅。他说：“这是你的耳朵。”

“看这个，”他指着我的大脑两半球在大小上差异很明显的部分，“这说明你的头部在机器里没有伸直。因为切面是倾斜的，所以显得一边比另一边大。”

行医多年，做了上千次扫描之后，他已经很有医生的腔调了。听了他的话，我拿不准是该松口气还是应该感到失望。

我回到家后，卡比看到了这张磁盘，他把这些核磁共振成像的数据输入到 YouTube 上的动画大脑中。在他们叫我回到实验室之前，我最主要也就干了这些事。

“一切正常，”阿尔瓦罗说，“你想什么时候开始刺激实验？”

一周以后，我又回到实验室，看看他们对这些核磁共振图像做了哪些工作。一台很大的显示器摆在桌面上，就在 TMS 机的旁边。屏幕被分成了四部分。左上角的这块屏幕显示了一个中间画着红十字瞄准线的圆圈。右上角的部分显示的是我的大脑，占据了整个画面，孤零零地漂浮在空间中，细节栩栩如生。稍靠右一点，在大脑的图像下边，我看到四个红点。“这些是参考点——有鼻梁、鼻尖和耳屏。”林赛指着我耳朵最靠近头部小软骨的部分对我说。我抬起手，摸着耳朵的这个部位。“耳穴？”我问道。她点点头。

“看见这些摄像头了？”林赛指着两个摄像头对我说，这两个家伙正从天花板和顶角的地方朝下盯着我。她拿起一个类似激光笔的东西指着说：“当你坐在椅子上时，我们用这个标出你头上的这些点，每次一个。这样计算机就会把你坐在椅子上时头部标出的位置和屏幕上的模型对应起来。”

墙上的灯箱正在显示我的核磁共振图像切片，一张是从上面看，另一张是从侧面看。在每一片上，都能看到一组红色的十字准线。“这将是我们的第一个目标。”

他们给我绑上了一条头带，有三个灰色的球从一个两寸长的杆子上伸出来。“摄像头能看到这些灰色球，这样计算机就能判断出你的头部就在周边的环境中。现在我们就来做校准的工作。”她走到电脑面前，启动了校准的常规程序。第一个点是我的鼻子。她把这个圆点放在我鼻尖的位置上，然后又去查看计算机是不是已经记录下来。一阵轻柔的嘟嘟声响起，说明取得了成功。继续进行，她触到了我鼻子上的第二个点，然后是左右耳屏上的两个点。

我想起了儿子小时候需要理发时，我曾这么对他说：“卡比，我要带你去理发师那里，让他把你的耳朵剪出个好看的尖角来，就像电影《星际迷航》（*Star Trek*）里面的人物斯波克（Spock）一样。”结果，卡比为此抵制理发好几年。现在我自己的耳尖却真被画上记号了！

在使用这套系统对我的头部测量完毕以后，他们的准备工作完全就绪。“在你到来之前，我们已经测量过 TMS 线圈了。”我抬眼望过去，发现线圈上也安装了三个球，和我头带上的球有些类似。不过模式有些不同，这三个球用于帮助电脑从我的头上把 TMS 线圈分辨出来。

“看！”林赛说道。我转过身对着屏幕，她拿着线圈顶着我的头部。她移动着线圈，我感觉到线圈在我的头皮上滑动。当她这么做的时候，屏幕上三个显示我脑部信息的窗口上，红十字线在不断移动，还有一个蓝点在绕着左上方的窗口移动，但是在目标十字环的最外边。然后她把这个线圈放到位，我看到这个小蓝点朝着十字线的中心准确地滑了过去。

“这有多准确？”我问道。作为回答，她稍微移动了一下这个线圈，我看到蓝点移开了十字线。“准确度能达到大约 1 毫米。”她解释道，这让我感到很吃惊。

每一幅核磁共振图像，不管是垂直方向的还是水平方向的，尺寸都是相同的，显示的区域也比我整个头部略大一点。当你看这些片子时，你能看到脑壳、头皮和耳朵、鼻子、嘴巴的模糊轮廓。他们研究了每一份图像档案，并且一一标记了参考点，就是耳朵上和鼻尖上的点。这能让计算机把信息汇总在一起，并形成一个很详细的关于我大脑的三维模型。而我的头部却好像消失不见了。这就是我在屏幕上看到的图像，标有第一次刺激需要对准的目标点位。

此刻我头脑非常清醒。听到别人对你说“我们将刺激你大脑前额叶的某些区域”

这样抽象的语句是一回事，而实实在在接受刺激则完全是另外一回事。坐在实验室里，看着计算机屏幕上我大脑的图像，看着这个用蓝色小点标出的首先接受刺激的目标区域，事情陡然变得严肃起来。

我觉得林赛和雪莉根本意识不到此时我心中海沸波翻、五味杂陈的复杂感受，我自己甚至都不知道能不能把这种心情描述出来。惊叹、好奇……还有一丝恐惧，真是难以名状。但推动着我走下去的是心中的希望。

“我们能够瞄准你大脑外面的任何一个点，这能为我们指示出放置线圈的位置。”雪莉自豪地说。完全可以肯定，为我的大脑建模花费了他们大量的劳动。我希望在他们开始后，自己别添乱，别让他们失望。看起来，到目前为止，我已经通过了他们的测试。我的核磁共振影像显示我的大脑既没什么缺损也没什么增生物。既然对大脑的测绘已经结束，那么就该来真的了。我第一阶段的实验刺激预定在下一周，我对此已经迫不及待了。

第 9 章

SWITCHED ON
A Memoir of Brain Change and Emotional Awakening

音乐“活起来”的夜晚

我进行第一阶段 TMS 实验的那一天就像往常的日子一样开始了。那天我早晨上班，下午出发去波士顿。路上我有足够的时间进行思考，我尝试着设想实验之后会发生什么情况，短短几个小时后，我的人生会有什么不同。

等到了医院，我感觉自己整个人都淹没在汹涌的感情激流之中，但结果却是有惊无险，接下来还是由雪莉和她的助手带着我坐在电脑前测试。“你接下来会看到很多面孔闪过屏幕。按照你看到的表情，按下相应的表情描述按钮。”雪莉对我说。左边的按钮代表高兴，右边的按钮代表悲伤，第三种居于两者之间的感情按钮位于中间。这听起来很简单，但是当面孔画面以目前这个速度闪过时，我却辨认不出来。这让人很泄气，我估计一定会有人被这个测试搞蒙——要不，他们为啥要搞这个玩意呢？意识到这一点，让我有点悲哀；我感觉实验还没有真正开始，自己已经成了一个失败者，内心的焦虑压过了兴奋。

他们又对我进行了另一次测试。这次雪莉把一个麦克风放在我面前，并启动了一个新的计算机程序。在这个测试中，我会看到一些物体，并要说出那是些什么东西，要尽可能地快。狗、房子、汽车、小镊子……都是些熟悉的物体，但是排列顺序让这些词看起来有些诡异。我们平常谈话时，剪刀、猫、飞机这几个词不大可能出现在一起。测试持续了好一会儿，我猛然意识到他们测试的是我把自己看到的东西清晰地表述出来的能力。我很想知道因 TMS 而发生的这种能力上的变化会怎样影响我的生活。

“不要担忧，这只是基线测试。你完成得不错。”当我灰溜溜地坐在那里胡思乱想时，她这样告诉我。我一下就明白了——在没做实验前先做个测试，然后他们才会对我进行 TMS 刺激，然后再做一次测试。我们自然都希望后一次的表现会比前边的更好。对他们来说这具有学术意义，而对我来说却是与个人命运息息相关。他们的测试和我作为新手的忐忑让我确信，自己就是一个失败者。他们要是把我踢出去可怎么办？那可彻底丢脸了。如果这是因为一些微不足道的事情（如难以足够快速地分清鸟和斧头），那就更让人说不出口。

我们终于面临实际的 TMS 实验了。上一次来的时候，我已经接受过一次脉冲刺激，所以没感到特别紧张。但这次他们给了我耳塞和护口器，让我有点小吃惊，担心这是不是预示着刺激过程中会有一些不舒服。我已经读过一些资料，知道脉冲有可能引起面部肌肉抽搐，我估计这是戴护口器的原因。我拒绝了护口器，接受了耳塞，因为给 TMS 机降温的电扇声音实在是太大了。

很快我就准备好了，线圈也已就位。我想起阿尔瓦罗解释过 TMS 机如何配置以增强或者抑制接受脉冲的目标区域。虽然他们实施的 TMS 都是抑制性的，他也用大脑两半球之间的平衡打过比方，指出抑制右半球就会刺激左边球。但我真正感觉到的将会是什么样的情感呢？激动、沮丧，还是其他什么感受？

雪莉踩上启动按钮。机器嗡嗡响了起来，开始流畅、稳定地以每秒一次的节奏输出脉冲，整个过程将持续 30 分钟。

随着第一次脉冲的到来，我一开始的恐惧散去了，并没有什么可怕的事情发生。砰砰的声响让我回忆起以前在坎德拉工作时发射激光的情景。随着每一次脉冲发出，我都感到有一股电流传来——当然不足以伤害我，但足够让我非常确定地感受到这是什么。任何一个受过电击的人都熟悉这个感觉——这可不会和别的感觉弄混。

这就是电磁感应吗？这个念头闪过我的脑海，但稍纵即逝。唯一剩下的好像就是时光流逝的感觉，是被我头上这个线圈定义的。砰、砰、砰。每一次脉冲都会让我的脑袋抽搐一下。但也真够怪的，这并没让人感到不舒服。说实在的，根本就不算什么事。

奇怪，我感觉……自由了。一开始降温风扇的噪音听着真大，可过了一会，这声音好像消失在背景中。机器持续发出的咔嗒声提醒我一切还在进行中，虽然我自己感觉不到。事实上，我能感觉到的只有自己面部的抽搐。我的焦虑已经化解，但是取而代之的这种思绪走得更远。大脑似乎已经停止运转，时间仿佛已经静止。我的脑袋似乎“挂在空挡上”；除了懒懒地盯着墙上的钟表，我不想做任何事情。我甚至对刚刚意识到的这份平和宁静也不愿多想，即使这对我纷杂的内心来说是个很不平常的状态。当钟表上秒针的移动和我大脑中接受的脉冲达到同步，我的世界正缩得越来越小。

我保持思想意识清醒的能力已经溜走了，大脑似乎处于待机状态。

不止一次，我努力想数清楚接收到的脉冲，可我数不了几下。一、二、三、四，就这些了。我不是有意识地停下来不数了，就像是数字跑丢了，自己停下来了。我自己内心对话的能力——也就是当我们清醒时，在我们内心深处进行谈话的那种能力——好像被抑制住了。

又过了几分钟，随着最后“砰”的一声响过，整个过程结束了。半个小时过去了。除了挂在墙上的时钟，我几乎什么也不知道。

我看看四周，摇摇头，慢慢回过神来。林赛和雪莉都在近前望着我。一分钟后，雪莉说：“很好，再做一些测验题吧。”

这次表上列的东西不像头一次那么多，说出它们的名字也变得轻而易举。一分钟后，我意识到，他们出示给我的东西可能都有不止一个答案。这是只狗狗、一只哺乳动物，还是一条德国牧羊犬？是只有一个正确答案还是更多？然而，虽然我已经尽力了，但并不敢说比头一次做得好还是做得差。我能说的就是，我几乎和以前一样，只是稍微有点不知所措。我原来是怎么想的？是不是真的期待过当坐上这把椅子后再站起来，就能变得判若两人？

不过，我慢慢开始感觉到还是有点异样。要让我的洞察力重新归位需要一点时间，因为我感觉自己正慢慢穿过一片浓重的精神迷惘云雾。我的思维是清楚的，但是我要费点力气才能让它们更成形，遣词造句也需要更仔细一点。这不是说我现在的思维变得磕磕绊绊——我认为不是这样的，而是我比以前感受更加丰富了，我需要更仔细地梳理，这就像当你酒后驾车被警察逮住时一样，或者像是在粗粝碎石路上赤脚走路以锻炼意志一样。

科学家们可能觉得我是不是哪里不对劲了。“感觉还好吗？”雪莉有点吃惊地盯着我问。她又把以前说过的话重复了一遍——她预计刺激的即刻效果会持续大约 15 分钟，在这段时间里，她要对我进行密切观察。我不太清楚这是出于什么理由，因为在这段时间里我有些迷瞪。慢慢地，精神的迷雾散去了。

在半小时后，我想自己又回到了常态。这意味着神经学家们要来给我做“毕业考试”了。这是每次刺激实验以后他们都需要做的工作是要确认我是不是还适合回到外边的世界。不过要是经过测试表明我回不去了，他们还能有什么应变之策吗？我脑海中出现了地下室里一只上锁的鸟笼，也许这就是答案之一，不过也许还是不知道为好。

“今天是星期几？”他问我，同时仔细地观察我有没有什么地方抽搐或者发抖。

“星期一。”我回答，带着点不耐烦。他们会觉得我失去理智了吗？

这就有问题了，因为那其实是星期二的晚上，这是他一分钟后告诉我的。“呵呵呵。”这算是我的回答。他看着我，我看着他。以往，我不大能看懂别人眼神中的含义，但我还是从他的眼睛中读懂了他的心思，可能是想把我送到位于地下室的病房去“观察观察”吧。又过去片刻。他放下原来的念头，又问我一遍今天的日期。

“这个王八羔子，”我暗想，“这个家伙今晚问得挺刁钻。”我使劲猜了一下，对他说：“是八号？”我想，我对这些事情天生就不太在意。这跟 TMS 无关。但我保证能够记清楚我们下次见面约在几号星期几。我可不想因为这么简单的问题最终被他们弄到观察室去。

“我们现在在哪里？”

“这是在哪个县？”

“我们在第几层楼？”

“现在是什么季节？”

这位神经学家的问题像是要“飞”过去了，直到我们之间的问答结束时，我深信我对测试的作答要比对他面部表情的识别成功得多，虽然在日期问题上可能表现不佳。我不知道和我相比，别的病人表现如何。我是中等、愚蠢，还是优秀？至少这位神经学家觉得我还够机灵，可以放我回去。我上了自己的车，从医院车库把车移出来，然后一踩油门驶上了漫长的回家之路。

我首先给戴夫打了个电话，他正迫切地想知道我这边都发生了什么事情。不过当下，除了所经历的技术过程之外，我还没有太多可谈的。我很满意自己能全须全尾地走出实验室，不确定这会有什么影响，不过看起来也还不错。但随着谈话的进行，我突然意识到自己听起来似乎与以往有所不同了。

任何一个在生日晚会玩吸氦气球里的氦气变声的人都能体会到这种感觉——这不会搞错。你以为自己理所当然会发出这样的声音，直到发出声来以后，才发现这话听起来像是其他人的口吻。我的这个变化倒不像吸进氦气那么剧烈，但也非常明显，纵然我不能用指头指着说究竟是哪里有变化了。当我说话时，我努力尝试解开这个谜团，我好像渐渐地悟出来了。居然有这种可能！现在我的话音里所包含的感情幅度增大了一点，在句子末尾，我会抬高或者压低声调来传递自己的感情了。

就是这样。我意识到我正在更多地按照那种语言治疗师所称的韵律来修饰我所说出的语句。但是当我一想到居然会发生这种情况，就感觉这个想法有些疯狂。“这会是真的？”我问自己。这意味着什么？我是感受更丰富了但还在用原来的方式表达，还是感觉和原来差不多？或是向外表达得更多？或者这统统都是我的臆想？我感到非常迷茫，只好挂上电话，独自体味自己的想法。

科学家们没有对我声音上的任何变化给出评论，我也不知道他们究竟有没有意识到这种变化。但是，片刻之后我就把这些所谓语言韵律的事情搁下了，给 iPod 插上电，选了一些老歌开始听。就在此时，我意识到了变化，一种很缥缈的体验似乎从此开启了。

当播放二十几年前塔瓦雷斯现场演出的录音时，第一次启示降临到我的身上。这是一张古老的私制唱片，是在一次小型演唱会现场的调音台上录制的。它不可能有音乐工作室制作的声音效果，但这些老歌还是把我带到昨日的记忆之中。

这很有意思……我在音乐这一行出名是因为我能为像 KISS 这样气场强大的摇滚乐队创作出狂野的音效，但我本人从来不是这类音乐的粉丝。我还记得很久以前的一个夜晚，我和彼得 • 佛来普顿（Peter Frampton）以及他的贝斯手约翰 • 里根（John Regan）坐在后台。虽然约翰和唱《吻》（*KISS*）的艾斯 • 佛莱利（Ace Frehley）以及其他摇滚歌手都合作过，但他同意我对重金属音乐的感受。他告诉我说：“我更喜欢柔美一点、编排更精致一点的音乐。”我从来没有忘记他的话，因为我觉得我俩算是知音。

回到 20 世纪 70 年代，灵魂组合就是优美、流畅音乐的代表乐队，并且他们在台上表演时的编舞真是赏心悦目。在我服务过的所有演出中，对他们的表演我情有独钟。

塔瓦雷斯的歌曲我以前已经放过千百遍，听的就只是这盘老旧的私制录音带。这次，所有的事情都不同了。歌曲录音中的每一个细微的差别，在我听来都变得有意义了。我对声音的理解幅度转眼扩大了 1000 倍。不管神经科学家们通过大脑刺激器引发了什么样的变化，这种变化都在欣赏音乐方面为我解锁了某种非常强大的潜在能力。

以前，我在这盘歌曲录音带中只能听到一种轻微的嘶嘶声，且听起来没什么感觉。但现在我能听出，这是歌手在舞台上走动时，粗粗的麦克风电缆被拖曳发出的声音。我能听到塔瓦雷斯的弟兄们轮流演唱，当听到他们合唱时旋律配合非常优美，即使最复杂的和声也非常默契时，我的脸上露出了微笑。在 30 年前，听音乐还算是我工作上的分内事，我也只是用心听听他们有没有跑调，每个人是不是都唱对了。但现在我只欣赏歌曲和它所激起的回忆，我很快就意识到今天晚上某些事情发生了根本性的变化。我不仅在听更多的细节，我也感觉到了更多的东西。虽然在音乐圈工作多年，但我从来没有想到去体味、去分享歌手的情感。现在，感谢 TMS，我能够做到了。是不是那些没有受自闭症困扰的人都是这样感受音乐的？我不知道，但对我来说，这真是难忘的体验。

也许这种欣赏音乐的新途径对我昭示着更多的意义，因为我有自闭症，因为我一生都感到难以透彻理解别人所说的话。

塔瓦雷斯的音乐放完了，下一首歌开始，我的记忆继续随之流淌。前尘往事像放电影一样历历在目。

1978 年，加拿大歌曲作者丹 • 希尔（Dan Hill）有一首排名第一的热曲——《当我们相遇时》（*Sometimes When We Touch*），当他和菲比 • 斯诺（Phoebe Snow）进行北美巡演时，使用了我们的音响设备。他是位更大牌的歌星，从热曲《诗意男人》（*Poetry Man*）的成功开始走红。现在，我感觉自己又回到了他们当年演出的舞台上，就在波士顿古老的奥芬剧院。站在幕布的褶皱里，藏在舞台的左侧，我看到丹 • 希尔独自站在那里，射灯照出他的体型轮廓。他演奏的旋律像水晶一样纯净，我还记得我们当晚舞台布置的每一个细节。奥芬剧院、国会大厦剧院、瓦萨学院……我带着他们用的设施在东北部漫游，对他们的声音能通过我的放大器播放给成千上万的歌迷们而感到非常自豪。

当录音机放出下一首歌曲时，音乐家和演出场地都改变了。我听到戴安娜 • 罗斯（Diana Ross）在打一块三角铁。当声音突然想起时，她浮现在我的脑海。站在另一个舞台的前部，把三角铁举到麦克风前。金属乐器发出的响声美妙而纯净，我从她的声音中听出了欢乐和活力。在那些演出中，她穿着最令人眼花缭乱的亮片衣服。

我的心又漫游到另一个往昔的时刻，那时戴安娜正和吉恩 • 西蒙斯（Gene Simmons）约会，后者是《吻》这首歌的贝斯手。在后台，戴安娜静静地站在我的边上，我们一块看吉恩在大扬声器箱子的阴影里演奏。站在那里，我好像能看到音乐的声波，我的大脑里好像有一台示波器。歌声变成了很有形的东西。我能进入其中，能够把握住音乐的每一个独特的细节——它的旋律、节奏、乐器、唱功，这些都在我意念的掌心之上。

所有这些现在都回到了我的心中，就像是年轻时所经历的那些重要时刻裹着一层崭新的情感外衣重现在我的眼前。

我仿佛听到艾迪·霍尔曼（Eddie Holman）正在发布他的歌曲《嘿，那个孤独的女孩！》（*Hey There Lonely Girl*），看到他站在一些久违的舞台上。最后，当他大喊“谢谢主”时，我听出了他内心的欢喜。

当乐队的成员们在唱歌的过程中交流时，我想起了我的朋友鲍比·菲尔德（Bobby Hartsfield）和海风（Seabreeze），他们是蓝调音乐家塔杰·马哈（Taj Mahal）的兄弟——就在我的店铺外面，跨在他们的哈雷·戴维森大摩托车上。当我听着歌唱家们的录音时，我仿佛能看到这些老朋友各自的表情，能够理解他们那一刻的感受。他们的声音华美而且温暖。我以前其实只能说是听到了，现在才算是真正感受到了。

我们可以把自闭症造成的失能视为一个漏斗，如果说以往是这个漏斗漏掉了我的情感，那么现在看起来这个漏斗已经消失了。我能在声音中听出笑意，当我看到朋友脸上的笑容时，也能在心中感受到这笑容的纯真。甜美的音乐一直播放着。我想，要是能永远这样播下去就好了。突然我想起雪莉说过的话，TMS 的效果就只会持续 15 分钟。我现在远远超出这个标准了。这是什么缘故？这是实验的真正目标，还是它歪打正着的副作用？或者更差的情况，这只是我过于天马行空的想象。不管怎么说，现在我能深刻地理解别人的言语，而且感到这种情况非常真实。

当我听到麦克法丹（McFadden）和怀特海德（Whitehead）唱他们为马文·盖伊（Marvin Gaye）所写的歌时，我把心思全部集中在他们的表演上，逐个去听各种乐器的演奏，就像很久以前我当音响工程师时一样。背景旋律逐渐变成了从键盘上敲击出的音符。当我全神贯注时，我意识到，有几张键盘正在同时演奏，每一张的声音都与众不同。我的心思越集中，就越能把各个正在发声的乐器和它们在舞台上的布置分辨清楚，有三张堆叠式键盘，边上还有一架钢琴。它们发出的声音是如此清晰，以至于我感觉自己甚至能触摸到。我能听出那时键盘手的一只手正在柯肯合成器上游走着，而另一只手正弹奏着哈蒙德电子琴。听着他的旋律和复调，我会心一笑，我非常崇拜他演奏高难段落时的大师范儿。

我这是在回忆很久之前的演出，还是正在以新的方式聆听、认识各种乐器，并在心中形成新的意像？我自己并不清楚，但我相信自己在听不同乐器时的识别能力，细微的声音线索就足以让我判断演奏者正站在舞台的哪个位置。在我二十多岁时，我不但分得出吉普森贝斯和芬达贝斯的音色不同，而且还能把两把芬达贝斯区分开，甚至能听出它们用的是什么弦。我听不出音乐中潜藏的感情，但是我能听出音乐的全部细节，并且知道乐声是如何形成的。

对很多交响乐音乐家说，他们能做到同样的事情。绝大多数人听不到如此细致入微的程度，但正是这种精确性让我跻身于音响工程这一行的顶尖人物之列。当这种想法涌现在我的脑海时，我意识到我睽违已久的这种能力，又回到了我的身上，而且还另外得到了感知情感的能力。

在我所著的《看着我的眼睛》一书中，对丢失这种天赋能力，我写得不动声色，还告诉读者这是一笔挺上算的交易，是成长过程的一部分。并且，当我丢失了这种对音乐深刻的理解能力，我也从那种场景走了出来。作为交换，我认为自己形成了与人交往的能力、谈话能力和交朋友的能力。对那种场面是何种情形，我大部分已经忘掉了。可现在它回来了，我感到情难自抑。许多年以后，我突然深刻地认识到我丢失的那些东西的珍贵价值，对这种失而复得的能力，我视若珍宝。

我真是喜出望外。

我一下高速公路，就给鲍勃和塞莱斯特打电话。我已经被音乐的力量深深打动了，我迫切想告诉他们我如何又重获了这种能力，我想向他们倾诉这一切。我迫切地说："你们一定要过来聊聊。"我们商定在阿默斯特市的一家餐馆见面，我将在那里讲述我的奇遇，但当我想尽力用语言表达这一切时，却禁不住喜极而泣。

回到家中以后，我又放了更多老唱片，一直到深夜时分。保罗•斯坦利（Paul Stanley）咆哮着为 KISS 乐队的《大声喊出来》（*Shout It Out Loud*）做介绍，米利萨•曼彻斯特（Melissa Manchester）多年前在科德角湾附近举行的演唱会上唱着《太多人了》（*Just Too Many People*）。倾注着感情的歌声像夏日暖雨一样浸润着我，我继续含泪笑着。但随着夜色越来越深，音乐神奇的锋刃开始变钝。研究专家们告诉我，TMS 刺激的影响是临时的，但我多想让这神奇的力量能永在我身。到早晨 5 点钟，缤纷的烟花熄灭了，我也沉沉睡去。

我的家人对这一切都大梦不觉。次日，当我从梦中醒来，我的听觉已经一如往常。昨天夜里那升华的感知虽然当时清晰得犹如水晶，但现在已经了无痕迹。声音已不再像前一天那神奇的几个小时一样，成为我理解身边诸事潜运暗行的门径。我在自己说话声音中感受到的那种格外的起伏范围也不见了。可我仍然被这段经历深深地感动着。我现在的“正常”也和两天之前那种“正常”不尽相同了。对这段经历的惊鸿一现，我感受到一种混合着悲哀和惊叹的情感。

林赛、阿尔瓦罗和雪莉对我描述自己体会的电子邮件没有做过多的回应。阿尔瓦罗写给的我的回信不过就是“很有趣，真没想到”。但我问他有没有更多的看法，阿尔瓦罗说他们完全搞不明白 TMS 为什么会激活对音乐的想象力。这不在他们的计划之内。

我开始怀疑他们可能也不知道对头脑进行这种实验性刺激的长期影响会怎样。在我们开始实验之前，我曾以为对将在我身上实验的东西，此前已经在其他人身上实验过多次了，因此我这次只算得上是在一个新的场景内实验已经熟悉的事情。现在我发现，不是这么一回事。如果他们说的是对的，那么我经历的结果不但在预期之外，而且神秘难解。

次日，我给戴夫打了电话，也向他大大倾诉了一番。听完我讲的故事，他开始给出他作为医生的专业观点：“他们有一个想法，有一个治疗计划，还有一个实验想看看自己的想法是否奏效。你帮助他们做了这些，而你刚才告诉我的这些事情都是无意之得。所以你真正得到的体验，是来自实验的副作用。你甚至不知道他们的实验达到他们目的没有。因为没有人告诉过你，他们的预期效果是什么。他们不可能预计到后来发生的这些事情，因为如果他们预计到了，就会把你留在医院，以便对此进行观察和测量。他们让你回家，而对之后会发生什么根本没有想到。”我意识到他是对的，而这种说法又让我很是不安。“我感觉这有点妙手偶得。”他告诉我。

在挂上电话之前，我向他保证，我的惊人超能仍然在发展中，乃至说不定我真能把他信用卡上的金额显现在脑海里。要知道这才是第一阶段！到第三阶段做完，我估计只要那么想上一想，说不定就真能把他的银行账户给打扫干净。他对此表示怀疑，我告诉他：“兄弟，咱们走着瞧吧。”

在随后的几天，我确信所有的效果都烟消云散了，我不免有点失落。但又过了几个星期，我开始认识到当初的判断不太成熟。现在当我听音乐时，歌声当然不像刚做完 TMS 刺激当晚那么华美动人，但仍然比这些年来我耳中听到的歌声更饱满、细腻。那些小细节，比如铜钹轻唰一声，在接受 TMS 刺激之前我是注意不到的，而现在我可以清晰地听出来。我不知道是这个能力原本就存在，而我在接受 TMS 刺激之后发现了它，还是 TMS 刺激的确帮助我看到了多少年来视而不见的东西？我不知道，但不管是哪种情况，这都是一件很奇妙的事情。

情感方面变化的残余影响也萦绕在侧，我的倾听能力也比以往更深刻、更丰富、更感情充沛。我不只能听出更宽的乐声范围，也能把听到的声音和更广阔的感受联系起来。TMS 刺激的部分影响今天仍然在。我能描述它的最好方法就是通过类比了。

想想终其一生，眼中的世界就是黑白两色。同时，听着周边的每个人都赞叹各种色彩的艳丽缤纷，用不了多大一会儿，他们对色彩的谈论，就会令你心塞。你相信哪个？是他们的话还是你眼前的明证？

你对自己说：“颜色就是扯鬼的事情。他们看见的其实和我看到的一个样，他们口中的‘颜色’其实也就是一种灰度而已。他们不过是在和我开玩笑。”

现在尝试设想一下，当你知道真相后的感受如何。假设你走进了一间实验室，在这几个小时内，科学家为你打开了看到世界各种生动色彩的能力。你认识到人们一直以来讲的都是真的，欺骗你的就是你自己的感觉。

然后，色彩褪去了，你的世界又变成了黑白两色。但你却已经永久地改变了。以前，“颜色”对你就是个名词而已。现在，它是一个记忆，而且是那么栩栩如生、夺人耳目的记忆。你努力想让它变得更真实，现在对看到的任何事物，你都会猜想它到底是记忆中的哪种色彩。

也许某一天，色彩可能会永久性地回到你的世界。直到那时，尽管你想象色彩的能力仍然有，但你再也看不到那个黑白两色的世界。

当我后来向朋友们介绍自己的经历时，有些朋友问我，有没有感觉自己被欺骗了——得到了这种洞察力，可又眼睁睁地看着它消失掉。我只是笑了笑。我不是一个经常上教堂做礼拜的人，但是我觉得自己的经历的确有点不可思议，很像是宗教幻象。在不那么长的时间里，我感受到了更深刻的现实，即使在这种时候，我也知道我对这种经历的记忆永远不会离我而去。

此后不久，阿尔瓦罗在他的实验室里和我讨论了对色盲的这个比拟。我感受到的也许是一种出人意料的副作用，但是他很愿意也已经准备好探讨这种副作用的最终影响。“如果我们把色盲作为一个例子，在长大过程中，对周围的人所说的颜色和感情这些问题，你终究也想有个解释。因为我们总是倾向于相信自己的感觉，你可能会错误地认为别人都是错的。更糟的是，你还可能会觉得人家在骗你。这就是人们常说的‘适应不良性行为’”。

“所以你应该听听人们的交谈，他们会在言辞之间表达自己的情绪，但是你所听到的只是其逻辑意义。如果老是听不懂他们的真实想法，你最后就会生气。”

“对我来说，TMS 项目所揭示的道理是，你看到声音的能力从来没有真正丢掉。年轻时，你会在自己的头脑里划下痕迹，然后转而去做别的事情，却丢掉了再找回它们的能力。但它们一直就留在那里。令人莫名其妙的是，TMS 又帮你把它们找回来了。也许 TMS 还能在短时间内把它们带到一个更高的水平上去。人的头脑是很复杂的事情。”

“我的音乐才华还会再回到我身上吗？”我问。

他沉思了一会儿，我坐在那里，静静地等待。最后所能给出的全部回答就是：“我不知道。”

在接下来的几天中，我一直在思考我们的谈话和我当时的感受。一开始，我以为这个实验的价值是在对音乐的深刻理解能力方面获得了短暂的回报。但我慢慢地领悟到，还有更多的事情——我“旧有”的音乐想象能力得到了部分修复，而且它现在和我以前从没达到过的情绪理解这一新层次联系起来了。虽然在那个难忘之夜如水晶一般清澈的“音乐听觉”褪去了，但这个音乐想象力仍然在。

第 10 章

SWITCHED ON
A Memoir of Brain
Change and
Emotional Awakening

情绪

又过了些日子，我感到自己关于色盲的这个比拟比刚体悟到时还要更贴切。得知还有一个属于感情的完整世界藏在每一首歌曲中，能让人以一种不同的方法来欣赏它，这种感觉在参加实验七年之后的现在，即当我写这本书时，依然真切如昨天发生的一样。虽然我今天听到和感觉到的，与那天晚上在车上听到的歌曲一点也不一样，我仍然还有接受 TMS 之前未曾感受过的那种情感。一首以前即使听过千百遍也没什么触动的歌曲，在接受 TMS 以后，我忽然体会到了歌曲的内涵，有时候还十分强烈。

在车中让我哭起来的那种情感并非悲哀，最好的解释应该是紧张，甚至稍有一点害怕。我以往听音乐时，总是为音乐制作的精良技术赞叹，或者给录音上的小失误挑挑刺。我可能喜欢音乐的旋律、节奏或者歌词的隽永，但是歌曲的感情信息对我来说如同无物。我现在发现自己在听到一首动人的歌曲时，会突然哭起来。

对一个始终像斯波克一样有逻辑的人来说，这是一种令人感到不安的情况，我一开始想依靠逻辑把它搞明白。这件事我和朋友说不清楚，因为我觉得自己这样听歌落泪好像有点蠢，只好还是让自己静思默想好了。

我想起了这些年来自己所结识的那些作曲家和演奏家，思考他们是如何以不同方式阐释自己创作或者演奏的那些歌曲的。歌曲作者吉米·韦布（Jimmy Webb）曾说过，他觉得《加尔维斯顿》（*Galveston*）是一首反战歌曲，但是把这首歌曲唱红的格伦·坎贝尔（Glen Campbell）说这是一首“行军曲”。这让我思忖是不是每个人对歌曲都有和我一样的反应，还是每个人都各不相同。会不会有一首歌我觉得很快乐，而你觉得很悲伤？当我想尽力准确地描述自己的感受时，我才意识到我根本无法用语言来描述自己在听歌时，内心所涌上来的那种情感。那只是一种……很原初的情感。无关悲喜，但却十分强烈。这正是东方唯心论者所说的“昆达里尼能量”。

如果这还不足以说明问题的话，那么还有我在阅读时也感觉自己被读到的一些事情深深打动了。当我在早餐桌旁阅读《纽约时报》上的报道时，经常会被感情之箭突然射中，心情动荡地再也无法读下去。这些新感觉非常奇怪。因为它们难以置信地强烈，而且看起来总是由一些事件所触发——或者是由一首歌曲，或者是由一则新闻报道，以往这在我心中可激不起丝毫涟漪。事实上，以往我瞧不起那些为发生在地球另一端的大客车相撞事故而一掬同情之泪的人。“他们根本就和事故车上的人素不相识，”我会有点鄙夷地说，“在这个国家甚至连一个人都不认识。这只不过是表演关心罢了。”但现在这种事发生在我自己身上了。

我的第一反应是惊奇。后来我开始当着他人的面表现自己的多愁善感，这让我觉得自己很丢脸。被关于陌生人的新闻报道所困扰，并没有什么非常确实的原因，可我的确感到自己心绪难平。这足以让我丢掉报纸，不再读下去了。

马莎会一半疑惑一半嘲弄地看着我，问我这是怎么了，我只好耸耸肩，好像什么事情都没有发生过。对新近降临在我身上的这种多愁善感的性情，我还不知道怎么说才好。而她已经在担心 TMS 会不会把我变成另一个人，即使我还讲不清其中的缘由，但我感觉过多谈论它可能只会让事情更糟。我告诉她：“我们有这么多共同记忆和经历，TMS 既改变不了，也不会抹掉。”但我的话还是让她难以安心，我也在怀疑这会不会也就是我单方面的胡思乱想。“你不知道将来会发生事情。”她说。但我看不到实验中有任何危险，而且对遇到实验的机会感到非常高兴。

我想我可以向阿尔瓦罗和实验室里的其他人咨询求助，但是当我尝试向他们描述自己的感受时，却发现找不到合适的词句来表达。一般情况下，我对任何事情都能说得严丝合缝，因为我是一个理性的、有逻辑的人。但现在这种感情很突兀地、没根没梢地出现了。“我能感受到这些事，但我不知道这是怎么回事。”话也只能说到这里了。

为把这种情况看清楚，我回想起了几年前父亲得病住院，后来去世的那段时间的情况。当我看着他时，我的心中有一个轻微的声音在说：“他即将撒手人寰。”一种非常悲伤的情绪笼罩着我，我开始哭泣。在我此前的人生经历中，这样的体验屈指可数。这个声音和这种感觉一直纠缠在一起，所以我能理解自己为什么会产生这样的感受。可是，现在的情况不一样。现在所体验到的这种情感，我很难明白地讲清楚它究竟因何而起。

现在当身边有其他人在场时，不管是阅读还是听音乐，都会让我很难为情，因为可能一些并不那么波澜起伏的桥段就会让我毫无来由地泪眼婆娑。作为一名作者，在公开讲话的场合，我以往都能用清晰、平静、稳定的语调大声演讲。可现在这似乎随时都可能让我泪奔失态，我以往雄辩无碍的言辞可能会顿失滔滔。我几乎怀疑自己还能不能当众演讲。

这项研究由罗伯特•威尔金斯（Robert Wilkins）出资赞助，他在自己的儿子阿尔佛雷德（Alfred）去世后，捐给医学院 1600 万美元。他的愿望就是发现治疗自闭症的方法，这也是我们现在希望做到的。

要背诵类似这么一段文字，会有多困难？美国的每家医学院在它们的教材里都会有类似这样一段文字。可是把这样一段文字读下来，现在对我来说，简直成了一件不可能的事情。读前边还好，每当读到“儿子阿尔佛雷德之死”，我就感觉自己的脏腑好像遭到了狠狠的一击，我能听到自己的声音开始颤抖，“找到治疗方法”。接着，当我恢复平静后就会想，我这该有多傻啊。威尔金斯先生于我完全是个陌生人，他的儿子我也闻所未闻。每天都有不计其数的人离开人世，这样的文字就能让我如此动容？

音乐旋律对我的影响与此类似。一开始我以为是歌词深深地打动了我，但是当欣赏没有歌词的经典音乐时，我感到随着旋律的跌宕起伏，我内心一样体会到了这种强烈的情感。在驾车从医院回家的路上，我体验着这种不可思议的感觉：这真是新奇而且精彩。一周以后，情况变得更可怕了——我就像是一座不用胶水而全由牙签搭成的城堡，只需轻轻一触，我整个人就会稀里哗啦地倒下来。

这一切都是由一次 TMS 实验引发的吗？我陷入深思。

这些研究人员曾经向我承诺 TMS 的影响是暂时的。他们都不止一次这么说过。不可能出现这回事，我的逻辑性思维也这样提示我："TMS 能量一定会随着时间的推移而消散，它不会自我保持。所有的事情都不过是你的想象而已。"但随着时日的推移，我在情感上却变得日益敏感。

"你觉得发生了什么状况，会让我变得如此情绪化？"当再一次和阿尔瓦罗在实验室会面时，我向他提出了这个问题。而阿尔瓦罗所做的暖心事之一就是，不论我的想法和感觉看起来有多奇怪，他都不会认为是荒诞不经的。每当我向他提出问题时，他总能尽自己的能力，给我一个有理有据的回答。

他的分析很有趣："我想在我们人类的大脑中存在一个机制，能够帮助我们读取他人的表情和身体语言，并能在自己的头脑中把这些事情演绎出来，这样我们就能感同身受。我们的所有知觉输入都能得到回应，包括声音和气味。你的反应系统肯定有一个调节机制，否则你就会无时不被感情的潮水所淹没。我们曾假定这个调节系统可能就实实在在地存在于大脑额叶的某些区域，而我们现在就是想用 TMS 来一一抑制这些可能的目标区域。"

"我们的理论是，所有人都具备这个电路，但正是在自闭症人群的头脑中，这个调节系统过于活跃了，阻滞了情感信息的通过。"我们在第一次见面时就谈过这个问题，但我现在能把阿尔瓦罗的理论与我的体会匹配起来，而且居然感觉相当契合。

"我明白了……因此当你抑制了我头脑中的这个网络，我便开始启用这些通路，我不断建立连接，甚至当 TMS 逐渐消逝后，仍然没继续建立连接。难道这就是当 TMS 的影响消失后，我仍然能感受到这些事情的原因吗？"

"正是如此，"他回答说，"至少这是我们所希望的。你之所以感到自己在情感浪潮前面很脆弱，也许是因为这种感受对你来说太过新鲜，你还没有学会如何调适自己。如果是这么个情况，那的确很棒。但我们也要仔细应对，因为如果事情的进展比你的预期好得太多，那说不定也会有突然峰回路转的可能。所以我们还要进行观察。”

他的字斟句酌以及峰回路转的可能，都有点令人不安，我也这么和他讲了。

“到目前为止，你报告的所有事情都已经令人称奇了。”他笑着回答我，“我们当然希望取得好的结果，但究竟什么是好的结果，我并不是十分清楚。”他的谨慎看起来很有道理，他认为我情感脆弱是由于这种感觉对我而言太新鲜，这个观点也说得通。也许这就像在牙医那里补牙。新补好的牙总是对冷热都很敏感，要过一周左右才能完全适应。林赛在大厅往前的一间办公室内办公，我溜达过去看看她是否同意我这个比喻。她的牙肯定比我的好，因为她对看牙的事情不熟悉，但她一定认同神经科学的解释。在加州大学圣迭戈分校学习时，反射网络确实是她博士论文的研究主题，而且这篇大作还在 2005 至 2006 年之间刊发并广受好评。“这肯定有助于我加入阿尔瓦罗的实验室。”她自豪地对我说。

我的这些感受真的可以称为反射吗？我在琢磨这个说法。对我来说反射就是立即反应。当你真正照镜子时，你感觉不到延迟。但是我现在感觉到的这种新感情看起来是有点延迟的。当听到一些事情，要间隔一两分钟之后才会有感觉。并且，要对我在读到或者听到这类事情后所产生的反应进行描述，“反射”这个词看起来也不算最精当的选择。反射意指一种景象的出现，或者是模仿其他人的情绪，但我现在产生反应的对象是印在纸上的文字，而不是一个在我面前说话的人。

患自闭症的人经常过于机械地抠字眼，我就需要在谈论某件事情的过程中提醒自己：“我们是想讲清楚这里发生了什么事情，而不是进行词语‘选美’。”我回想起在林赛的一篇文章中读到过的一段文字：“镜像神经元有没有牵涉对暗喻的理解能力？得了自闭症的人经常难以理解暗喻，经常按照字面意思机械地理解。研究者们认为，这可能也与镜像神经元系统的功能失调有关系。”

这种情况也正好发生在我身上。如果没有旋律和隐喻，音乐又算是什么呢？如果真是这么回事的话，那么我对音乐的理解能力无疑是被 TMS 强化了。镜像神经元是不是导致变化的根本因素还在两可之间。不管最后的解释是什么，我知道林赛、雪莉、阿尔瓦罗和他们的朋友们正走在干大事的路上。

我几乎刚这么一想，就感到热泪又上来了。我在想：“这是欢喜的泪水、激动的泪水，还是困惑的泪水？”我又一次不知道该怎么描述自己的这种情感。从感情的角度讲，我的体验系统已经超载了，在这个世界里，我辨不出山高水低。TMS 的确让我走上了一个新的旅途，但难以预测这条路通向何方。对一个被严谨的逻辑思维统领了 50 年的人，这种新的感知世界的方式是一个天翻地覆的大改变。

第 11 章

SWITCHED ON

A Memoir of Brain Change and Emotional Awakening

与救护车一起“歌唱”

一周以后，我回到实验室来完成剩下的两次刺激。就像雪莉解释的那样：“我们希望第一次刺激能让你在某些方面得到提升，第二次能再回调一些。”但她没有确切地告诉我应该提升什么，或者这可能给我带来什么样的影响。到目前为止，我听过他们讨论上升和下降，谈过在大脑中形成新的连接，以及打开被抑制的通路。我估计这都是为了把复杂的科学概念讲给我听而采取的比喻说法，但不断变化的解释的确让我感到更加困惑和茫然。尤其是有了上次的体验后，今天雪莉所说的神秘计划，更让我有点心神不定。上一次接受刺激之后，我获得的音乐想象力非常震撼，但是现在还在感受着的情绪上的不安，而且很难进行管控。

我不知道这次会发生什么情况。

这天的测试针对大脑中的一个新区域，这大大向前推进了一步，正在我的右眼和耳朵之间。这次我妻子也陪我来了，她会亲眼看着我完成整个刺激过程。这次我的感觉与上次还一样，感到时间停止了，进入了恍恍惚惚的冥想状态，但是因为 TMS 能量正在扭曲我的面部附近的肌肉，我感到有一点不舒服。后来，马莎说，她看到每当线圈砰的一声射出能量，我的脸就会抽搐一下，不过最让她担心的还是我奇怪的表情。“你看起来就像独自一人因为听到笑话而傻笑，我们都不在你的世界里。”我感到很吃惊，因为我自己一点也没感觉到，当然TMS刺激本身一点都不好笑。

她的话让我感到有点奇怪。她一直以来都很善于观察我和我身边的朋友。自从我们都知道我是个自闭症患者以来，她就自觉地充当起我的感情耳目，我也依赖于她的帮助。现在她正在向我描述的是连我自己都没有印象的脸上曾经出现过的表情。听她告诉我，那个正与我谈话的人“不是很真诚”是一回事；听她讲曾有一个完全出乎意料的戏剧化表情曾经出现在我自己的脸上，而我自己却茫然无知，那就完全是另外一回事了。

她的观察和我自己的回忆之间的对比，让我不禁想问，真正发生的是什么样的情形。既然我记忆中的经历和她的观察之间存在这么大的差距，那么我自己观察的可靠性又有几分?

我这个人非常神经质，当我走出实验室时，感到有些心慌意乱。直到在电脑上进行后续测试时，我内心还是一直在惴惴不安。我感觉这些问题都是很突然地向我蹦出来的，虽然电脑很安静，测试本身也和上一次完全一致。当我思索着为什么会带给我如此感受时，我想到了20世纪60年代那些服用迷幻剂的人所做的讲述。我在书上看到过他们的描述，说字从书页上跳下来紧紧抓住你的眼球，那时我还觉得这听起来既匪夷所思又滑稽可笑。现在，我亲身经历了这种感觉，我没有服用任何迷幻药，这的确匪夷所思。

TMS能量有没有可能改变的我的心情?这是一个好问题，我马上联想起阿尔瓦罗在抑郁症方面正在做的工作。我告诉自己，这当然有可能，但我今天的感受正和他们在治疗抑郁症方面希望实现的效果背道而驰。再次见到阿尔瓦罗时，我向他提出了这个问题。他的回答让我吃惊：

有这样的反应可真是有趣。如果我们在正常人身上实施针对抑郁病人的治疗方案，那就会产生与我们的希望截然相反的结果。这会让他郁郁寡欢、忧心忡忡。不过这和你接受刺激的脑部区域完全不同，而且施行TMS的模式也根本不同。

随着实验过程一步步往下进行，我心头不可思议的复杂感受越来越明显。一方面，我认为科学家们挑战极限的行动着实令人激动，尽管他们在这方面专业知识的不足多少有些令人担心，但也是可以理解的。可遗憾的是，这样的想法并未让我的不安情绪得以缓解。

就像那天晚上我在给他写的一封电子邮件里所说的："如果想在让我选一个词来准确表达此刻的感觉，那就是'被刺激到了'。我不知道这是 TMS 在我大脑中留下的能量带给我的感觉，还是右下颌肌肉在经历 1800 次收缩后所导致的结果。"

"几乎就跟被什么事情激怒了一样，但情况又并非如此。"

那天下午在实验室里，雪莉好像看出了什么苗头，她建议我去休息一下，让头脑安定下来。"在第一次和第二次刺激之间，我们需要有个时间间隔，"雪莉早就这么解释过，"你为啥不出去走走，放松一下，弄点美食吃吃。两小时以后再回来，好吗？"

马莎和我下楼来到一家星巴克咖啡馆，坐在外面喝了一会儿茶，我还吃了一块甜点。脑子还是和在实验室时一样汹涌澎湃，但我安静地坐着，看着身边熙熙攘攘的行人。这里的景象开始看起来很正常。然后，我就看到一辆救护车停在马路牙子边上，离我也就 20 英尺远的地方，警报器响了一小会儿。可是喘一口气的工夫不到，我却对着救护车扯开嗓子咆哮起来。马莎奇怪地望着我，我还不知道为啥。在这个时候，和着救护车的旋律吼上几声，看起来也蛮正常。如果让我来描述自己彼时的行为，我觉得自己如泣如诉、旋律优美。可其他泡咖啡馆的人貌似不同意，幸运的是也没有人喊保安来干涉我。我想起几个星期前，从艾尔姆斯学院自闭症项目的言语病理学教授凯西·戴尔（Kathy Dyer）那里学来的理论，他的说法可能很有说服力。我们那时正讨论该如何理解我那些由自闭症引发的古怪行为，那些古怪无常的行为让我一会儿像孩子，一会儿像大人。

"有一种理论叫作'能力-偏差假说'，"她解释道，"这种理论认为一个人的能力在其专业领域内越受认可，在他的圈子中就越受尊重，人们也就越能忍受他的古怪行为。"

“但是对年轻人来说恰恰相反，因为他们还没来得及做任何事情在自己的圈子中赢得尊重。因此当他们做了一些出格的事情，就会被视为洪水猛兽，会被人拼命赶回笼中。这有点不公平，因为圈子中那些上了年纪的、受人尊重的人即使做出更出格的一些事情，别人也就是摇摇头，对他们的悖谬之举一笑置之。”我几乎是从自己的书出版以后，才意识到要表现出一点负责任、受尊重的样子来。于是我开始穿扣角领的高档衬衣，并且勤刮胡子，经常冲澡。要是从衣着举止看，人们会觉得我是一名医生或者哈佛教授。如果我蓄上拉碴的胡子，穿上摩托党的皮夹克，脖子上挂根大金链子，那我的出版赞助人一定会觉得有点蒙圈。

几个小时以后，当马莎向阿尔瓦罗和雪莉讲这件事情时，我至少是这样解释的。这件事很快就过去了，整件事情也已经从我的记忆里消退了。如果不是我妻子马莎提起，我几乎想不到要提起它。“你也许是转眼就忘，但我相信当时坐在星巴克的那些人都会记得，”马莎很确定地对我说，“所有人都望着你——你这么大的一个人，头向后仰着，跟着救护车的叫声一起呜呜地叫。你就像是一头狼，正在呼朋引伴。”

听着她的描述，我心虚地笑了笑，马上就意识到这绝非恭维之语。我感觉自己应该向她献上膝盖了——当意识到自己的脑子真有毛病，而且根本没有机会挽救时，我就是这么想的。阿尔瓦罗和雪莉没有做太多回应。令我感到奇怪的地方是，当走出电梯离开这里时，对这次不得体的嚎叫，除了觉得自己又借用了一次自闭症这个“借口”外，并没感到有什么心理负担。我自己记不住看来是有道理的，这次如果不是马莎带着怀疑的眼光把事情抖搂出来，有谁知道我还干过这样丢人的事呢。

这就是当雪莉介绍这一天的两个刺激阶段时，所说过的升高影响吗？这听起来倒像是有吸引力的解释，因为这就意味着 TMS 中的某些事情引起了我的嚎叫行为，我自己并没发疯。

雪莉的提议是在附近的脑部区域再多做几次 TMS 刺激。这次我要使劲咬紧下巴，才能避免上下牙齿打架，因为这感觉让人不太舒服。我在刺激前后所做的测验，探究的是我的语言韵律问题——也就是刺激所引起的声音变化。

我反复地说了一下这样的句子：

“麦克住在阿尔弗雷德街 34 号的一栋绿色房子（green house）里。”

“约翰和露丝在奥康纳温室（green house）工作。”

可能仅凭我们语调中的轻快色彩，就有助于听者把一栋刷了绿漆的房子和里边草木扶疏的玻璃温室分开。虽然从字面来看说的都是“绿房子”。对于我在测试中表现得怎么样，我说不上来。在开车回家的路上，马莎非常留意我说话的声音。她觉得我的声音音调范围更广了，我也表示同意。但这和上 次不太一样。上次我感觉自己句子末尾的音调总要抬一下。这次的感觉是说出的整个句子语调都变化了。我儿子也注意到了。当我回到家，他说：“你的整个声音时而升高，时而又回到正常语调。”

听到他们的评论，我感觉有点奇怪。就好像我是笼中的一只小白鼠，而他们则像给我做实验的科学家一样，在对我进行密切观察。能对自己看起来升高了的音域范围发表评论，我自己也觉得蛮有意思，不过我没有再次被汹涌的感情潮水淹没。如果卡比也在现场的话，他会怎么评价？幸运的是，我再没无缘无故地吼过，也可能这么干过，但正好身边没人给我指出来。那天晚上，我躺在床上想着白天发生的事情，尤其是自顾自地和救护车一起“唱歌”。我怎么会这么做？这意味着什么？我感觉自己又成了一个小孩子，总想找个办法向周围的大人来显示自己的非同寻常。

在我的脑海中有一个声音在对我说：“你大脑中负责克制自己的知觉功能已经被抑制了。”这有可能是对的。我不知道自己这般“狼嚎”是不是反映这种抑制结果的一个例证。我决定第二天早晨研究一下这个事情，想着想着就沉沉睡去了。

次日，我又读了一些关于反应和镜像神经元的资料，这让我发现自己的想法有多站不住脚，至少按照已经发表的科学论著来看是这样的。人类的反应从一生下来看到妈妈脸庞那一刻就开始了，婴孩会从妈妈脸上读取信号，会以微笑回应，能学会理解妈妈的喜悦。常人不会对冷冰冰的机器——不管是救护车还是别的东西——发生反应。“你不正常。”脑海中的声音提醒我。我不知道这个声音说得对不对。兴许我的反应机制就和别人不一样，因为我是自闭症患者，我会为救护车而放歌。

这听起来非常古怪，我觉得古怪的背后一定有其原因。自从在猴子身上首先观察到反应现象以后，又在其他许多种动物，当然包括人类身上观察到同一现象。神经学家确认了专门负责这一功能的特殊脑细胞，但对它们和自闭症之间存在的关系还是众说纷纭。有的研究者认为，自闭症患者身上的镜像神经元缺失了，也有的认为是被阻断了。后来又出现第三种说法，这个阵营中的科学家们干脆认为整个反射理论就是错误的，自闭症患者这种社会性失明有其他更根本的原因。

试图把这件事搞清楚的努力最终遭遇的是令人沮丧的失败，因为专家们的观点本身就莫衷一是、互相抵触。有一些科学家认为，患有自闭症的人根本就缺乏情感和同理心。这当然不是我的写照！当我回忆童年时代的自己感到多么孤寂时，我很难相信还会有谁比我更孤单、悲凉。我不肯定持这些观点的研究者们究竟是不是真懂自闭症患者，知不知道自己究竟在讨论什么。我很难相信自己是个例外的自闭症患者，不认为其他的自闭症患者都像他们所说的那样像机器人一样感情冰冷。

而且另有一些科学家（这可能占大多数）认为，自闭症患者和其他人一样有情感，但是对发生在其身边的事物，他们没有常人该有的反应。这个道理在我的生活中能够得到印证，我也在其他人身上观察到了。

当我感到伤心不安时，我相信自己的痛苦和你的或者其他任何人的一样沉重。假设现在你和我正一起过马路，你不小心绊倒了并擦破了膝盖。一个没有自闭症的人可能会“感觉”到你的疼痛，即使他自己根本没受什么伤。对我来说，虽然不能和你一起共担痛苦，可是完全知道你跌倒了，我也准备好了要做出反应。一个常人可能会用同情的口吻安慰你，而我却只能给出特别实在的反应，比如“起来吧！”这听起来有点冷漠而不近人情，但其实不是这样的，任何人都应该做的最好的事情就是在你被汽车碾过之前，把你拖离马路。

所以当你跌倒时，我可能并没有你们所预期的反应，但当你给我打电话，告诉我糟糕的体检结果时，我可能会比别人更动感情。在这种情形之下，任何人都会意识到，这种感同身受的能力实际上深藏在我们内心深处，只不过触发反应的途径不一样。在我看来，其他很多自闭症患者也是这样的。问题为什么会是这样？

当我问林赛时，她说：“这是我硕士论文的主题。”我们研究了神经系统的反应，测量当见到别人受伤时，孩子的出汗程度，这是对同理心的一个测试。当我们把自闭症儿童和其他发育正常的孩子进行比较的时候，发现他们有同等的心理响应（在应激反应中他们的出汗程度是一样的），但是他们表现出来的行为响应却有着惊人的不同。

“因此他们的神经系统反应是一样的，但是仅凭外部观察，你辨别不出来。自闭症儿童对任何事情的感受都不会发出任何明显可见的信号。虽然他们流汗的皮肤说明，他们的确不是无动于衷。”

“我认为，视觉和情感中心之间的联系是完整的，但是在情感中心和负责对看到的情况做出反应的额叶区域之间出现了故障。因此，自闭症患者和正常人能产生同样的感受，但难以表现出来。这就是我为什么会把目光转向镜像神经元，并猜测他们可能就是自闭症患者在同理心方面产生故障的关键。

“顺便说一下，”她又补充道，“其实没有人在实验中真的受到伤害。我们给孩子们看一些录像片段，画面中的演员假装用针刺他们自己，并像真被刺到一样做出反应。”

我听懂了林赛的解释，但我对她所说的存在于自闭症患者中的大脑内部“电路差异”了解得越多，就对自己读到的东西越不喜欢。从大部分描述来看，我们似乎都没什么改变自身的希望，对于这种完全无能为力的结局，我实在不能接受。但最好的行动之路，当然还是要积极思考。万一我的镜像神经元系统的破坏程度不是那么令人绝望呢？阿尔瓦罗提到过这种可能性，林赛也乐观地认为 TMS 有可能会改变我的脑部电路。

也许我的镜像系统是好用的，但只反映了人的面容之外的事情。谁能说只有发生在两个人之间的才能算是反应呢？从我与电子学和机械学如此紧密的联系上看，一见到机械或者装置并在心里进行模仿，难道就没有什么意义吗？人们经常说我对机械有超常的领悟力。也许我把常人用来理解妈妈的脑部区域，用于理解捷豹 V12 汽车或者芬达 Twin 吉他放大器了。

当年我在音乐界工作时，总是感觉自己对这些音响设备很有感情，而其他人当然觉得还是歌曲能够打动心扉。情系电子设备，这听起来很奇怪，但我也只能这样来描述它们在我的身心间所唤起的感受。比如说，我们的扬声系统包含一百多个扬声器，根据不同的声区分成好几组。最大的扬声器播放重低音音符，而小的音圈压缩驱动器和号筒喇叭则用来播放最高的高音，也就是打镲的声音和小军鼓的声音，以及其他乐器发出的华丽高音。低音单元的声音一般震撼、深沉、宽广，而高音喇叭正好相反。当扩音器因为电流过载而发生消波时，号筒喇叭的音圈震动器所发出的声音会发生剧烈变化。当 100 个扬声器聚在一起，你很难分辨出单个喇叭的轰鸣，但是我自己无师自通地学会了这门技艺。

我只听见号筒喇叭在痛苦地嘶鸣。如果不管它，喇叭的振膜就要碎掉了。低音喇叭竭尽全力地呜咽不易察觉，但是如果不管它，后果一样严重。音盆可能会裂掉，扩音器也会烧掉。因此，我的任务是让喇叭顺利无阻地发出最好的音效和最清亮的声音。观众对此毫无所知，因为我能在任何问题即将出现的时候，就敏锐地察觉到，随即就会降低分频器，提高限幅器，这样就能保护音箱安然无恙。

有的时候，团队里的其他人会这么评价我：“好像你身心的一部分就住在电线里，就像是电影里的外星人。”其实他们话里有话，意思是我这个人也有一半像机器。那时，我还不知道什么自闭症，感觉任何玩音响的人都应该像我这样专注才对。现在我知道，大部分人做不到像我这样，并且认识到，这既是一种天赋，也是让我与其他人琴瑟难谐的原因。

有没有其他的自闭症患者也具有类似的能力，能把这种镜像系统运用到对动物心智的认知上，从而变成一个极端的动物权益保护者呢？如果这样的事情存在的话，那可真是我之残障，彼之福音了。我很喜欢这种想法。这让我想起我的朋友天宝 • 葛兰汀（Temple Grandin），她比我年长 10 岁，也是一个自闭症患者，曾经写过一些很成功的关于自己经历的作品，她经常描述自己像牛或者其他动物一样观察世界时眼前所展现的场景。

令我感到遗憾的是，阿尔瓦罗不同意我的理论。几天后，当我把这个见解说给他听时，他说：“我不认为这是一个正确的想法。”但是我听出在他的话音里带着一点怀疑，显然这个问题引发了他的思考。

同时，最新一轮的 TMS 刺激看起来没有产生什么新的持久效果。我还在等着另一只靴子落下来，但什么事情也没有发生。这让我非常想知道，这最后一次刺激的效果是太轻微以致难以察觉，还是要再等一段时间才会起效。“刺激对某些区域可能没什么效果。”雪莉在我们开始测试前就和我这么说过。随着时光的流逝，我情感脆弱的状况也慢慢减轻，但是对读到的和听说的事情，我仍会涌起诸多不同以往的新情感。

卡比和马莎觉得我已经恢复了以往的声调，虽然我希望他们是错误的。我现在遇到的这类我们在观察细微差别时出现的问题，是我们很快就会适应一种新常态，这会让我们对一些较小的变化视而不见。

刚接受刺激实验时，他们两人都会很迅速地向我指出：“听起来你说话的声音变了。”但是对我的声音到底有没有恢复到原来的状态，以及何时恢复到了原来的状态，他们就不易说清楚了。有趣的是，在对他人察言观色方面我并没有什么提高，至少我自己没有感觉到。也许这意味着这些科学家们没能改善我的状况，但是我并没有张口就这么讲，因为我觉得自己感受到了别的新变化，并且也不能说不明显。就算我处于这样一种以自我为中心的、对世事懵懂无知的状态，我也深知不能去打击他们。他们做这些实验的目的是想看看能否让我有所改变，而我的确体会到了这种变化。现在唯一的问题就是这种变化将把我带向何方。

这段时间，在阿尔瓦罗的实验室有好几项不同的TMS研究正在进行当中，参加实验的志愿者既有青少年也有成年人。但是当我向研究人员请教其他志愿者的情况时，他们都露出高深莫测的神秘微笑。“我们不能告诉你其他被试的情况。”雪莉操着清晰的法国口音这样告诉我。

第 12 章

SWITCHED ON
A Memoir of Brain Change and Emotional Awakening

家务事

对我发生的这些变化，我的家庭成员的反应是全方位的。马莎是担心，小熊是疑神疑鬼，我妈妈觉得很神奇，卡比的反应则是从漠不关心变成非常好奇。现在他也跃跃欲试要参加实验，决定也要成为实验对象。

家人们的不同反应体现了各自不同的个性。马莎是个性格悲观的人，因此对任何事情她总是想知道其中是不是暗藏陷阱。尽管如此，她对我还是信任的，愿意让我向前探索。但是在目前这件事上，她不支持我。不管我怎么说，她都对 TMS 刺激感到不安。“你希望有个好结果，”她告诉我，“但你其实也感觉吉凶难料。”

和许多各奔东西的夫妻一样，小熊和我之间的关系总是有点针锋相对。当我们年轻时，有许多共同爱好，就算现在也还是有一些。当我们刚离婚时，我可没这么看，但是过了这么长时间后，我算是看清了一点。我们共同的最大兴趣是儿子卡比。然而，我们曾经交织在一起的生活早已没有什么瓜葛，我们之间的隔阂所达到的那种严重程度，是导致我们离婚的根源。我们都是从暴力、疯狂的父母身边逃离出来的孩子，幼年时，我们都见过精神医学对挽救我们家庭的无能为力。这让我们对任何改变人的大脑的可能性都深感怀疑。她曾经看到我父母的精神疾病治疗遭遇失败。当我上高中时，父母被送进精神病院治疗；对由此带给我的恐惧，她也感同身受。

不论对还是不对，她都把 TMS 刺激看成和“用激素治疗精神疾病”类似的东西。

但我自己心知肚明的是，这次实验带给我的变化，比以往任何感觉都要真实得多。我把这种感觉告诉我的前妻，但她并不愿接受我的说法。不管我们如何尽力，我们都难以完全理解对方，对任何精神治疗方面的新消息她都报以怀疑的目光。

我儿子既不感到害怕，也没有疑虑。他生活在自己的世界里，物理和化学位于这个世界的中心和前沿。我曾经告诉他在脑科学的实验室里正在发生的事情，而他却用自己在科学方面的最新发现来回应我。他们的热情集体缺席这个事实，让我意识到在参加 TMS 实验这件事上，我真可谓孤家寡人。我曾经做过这类单打独斗的事情，比如搞家谱学研究，他们也算见识过我特立独行的风采了。我相信自己不会改弦更张。从林赛在艾尔姆斯学院与我接洽那天晚上算起，时间刚刚过去四个月，但感觉已经旷日持久，情况变化已经非常显著。虽然我的家人们不愿意认同我初步发生的变化，但他们肯定能够感觉到，有一些事情正在发生。

最终能把儿子吸引到研究项目中，还是因为他意识到了我身上所发生的变化，对他的加盟，我感到非常高兴。我们以前一直觉得卡比有点像我，当那个春天他被正式诊断为阿斯伯格综合征后，这个感觉算是从根本上坐实了。根据医生对他的病情所做的新的诊断，卡比符合参加这个实验的条件，于是他在 4 月底也加入了该项目。在此前的两个月，他遇到了一点麻烦，TMS 试验看起来是帮助他认识自我的一个好途径，因为这能给他一个机会，让他从目前的生活遭际中脱离出来。事实说明我儿子也正经历着与我相同的那种遭遇社会孤立的感觉，即使他在社交方面其实很成功。直到心理医生对他进行诊断时，我们一起与医生交流，我才真正意识到这一点。与我一样，为了让自己能与他人更好地沟通，他愿意尝试任何事情，即使他的首要关注点仍然是科学实验。

卡比对化学的痴迷始于对火箭模型的兴趣，从此他开始制作火箭引擎，又开始制作炸药这一高能材料，从而涉足理论化学。他会制作出实验性的混合物，并在家里房子后边的树林里或者本镇老垃圾填埋场的空地上进行引爆。在我看来，这全是有惊无险的事情。当我 20 岁刚出头在 KISS 乐队当工程师时，每年都要为一座中等规模城市庆祝独立日的活动设计和施放烟火。这显然是让人开心的活动，也是吸引观众的法门。没有人会因此受伤，观众喜爱这壮丽景象，我们也没被警察找过麻烦——至少没有因为摆弄爆炸物品而受到指控！这些事情都发生在卡比出生之前很久的时候，但他肯定听说过父亲丰富多彩的往事。我当然不是这个家庭中唯一和烟火工程打交道的人，我还给 KISS 乐队设计过火箭吉他，而孩子他妈小熊和我一起完成了装配工作。因此，他这算是继承了父母共同的爱好。

卡比还从我身上继承了对公立学校学习的不耐烦。对他在学习里的苦苦挣扎，我们都感到心灰意冷。他在阅读和条理性方面遇到了困难，但却被老师贬斥为懒惰，我当年就被扣过这样的帽子。前一年，在得出在阿默斯特市的高中化学课程上再也学不到什么高深的知识这一结论之后，他退学了，开始自己在家里继续钻研化学。

他在得到高中同等学历之后，马上进入附近的霍利约克社区学院继续学习，这让我感到安心很多。“这样我很快就能大学毕业。”他这样向我保证。现在，他学习数学和物理学的速度让我感到惊叹，因为他需要应用这些知识来理解自己正在狼吞虎咽的研究生水平的专业课本。到他过 18 岁生日时，他正在学习的知识已经让我望尘莫及了。这给了我希望，认为他已经找到了一条通往未来职业生涯的大道。我希望他能修完大学学业，取得比我更好的成就。

对于在学习中遇到的高难度化学和物理学问题，卡比找不到人一起探讨，于是他进军网络。他发现了一个论坛，瞬间发现了把遇到的所有的题目勾连起来的千丝万缕的线索。他也制作一些关于自己实验的视频，并在 2007 年秋季把其上传到了 YouTube 网站。结果这给他埋下了祸根。

没几个月时间，美国烟酒、枪炮及爆炸物管理局（ATF）的人找到了学校。经过短暂的协商，卡比带着两名联邦调查局探员和一名州警来到自己的实验室——他妈妈家的地下室。

很快有 50 多名同伴和助手赶来给这几位警察帮忙，接下来他们用了好几天才把这些化学品都从我儿子的实验室里搬出去。在他们刚到的那天晚上，一名 ATF 带队警官告诉我：“罗比森先生，我担保联邦政府没有任何兴趣指控你儿子犯罪。我们只是要把危险化学品清除掉。在美国，每年总有那么一个地方，我们会发现一个少年天才鼓捣出一些危险化学品；今年轮到你中彩了。”①

遗憾的是，虽然在联邦探员的眼里，这不过是一个天才少年鼓捣出了危险化学品，当地检察官看到的却是一个能够大肆吹嘘、为自己涂脂抹粉的好机会。她把我儿子描绘成了一名崭露头角的恐怖分子，而把自己打扮成了社区的拯救者。要知道，街坊邻居没有人埋怨过卡比，他从来没有捅什么篓子，他的行为没有造成过任何损害。

在搜查行动发生两个月之后，她以三项蓄意爆炸罪对我儿子提起了控告，这样的重罪本来是给那些使用汽车炸弹的暴徒或者当恶行暴露时往窗外丢手榴弹的罪犯们预备的。如果真这么判下来，我十几岁的儿子就要面临 60 年的牢狱之灾。

也是在突击搜查之后，卡比和我才意识到我们都低估了对他线上活动的响应。我知道他发布的这些视频，也有点担心观看者会错误理解他的行为动机，但我绝对想不到当地检察官会进行这样恶毒的指控，她在提起这样凶狠的重罪指控之前，甚至都没有和我儿子说一声。

这件事提醒了我，我们父子俩和外边的世界是多么缺乏联系。继而我也认识到，这可能都是拜自闭症所赐。也许一个更敏锐的父亲就能察觉到卡比所发的帖子可能会招惹潜在的麻烦。我对身边发生的事情总是有些心不在焉，当我知道自己也是个阿斯伯格综合征患者时，这一切算是有了答案。现在有个心理学家向我们确认，卡比和我都位于自闭症的谱系之内。

卡比这次惹的麻烦当然和自闭症脱不了干系，但我坚定地认为，他并没有真正做错什么。出于邪恶的动机而囤积爆炸品当然是非法的，但是为了实验需要在自己家的后院里存放化学品没对社会造成什么威胁，也不应该因此而锒铛入狱。世界历史上很多伟大的化学家都干过我儿子所干的这种事情，这位检察官疯狂地曲解我儿子的行为已经到了令人发指的程度。显然我们两人之中肯定有一人违背了社会共有的道德观念，也许只有时间和陪审团才能指出这个人是她还是我。

---

① 在 2012 年出版的我的回忆录《抚养卡比》一书里对这件事情有比较详细的介绍。

毋庸置疑，即将到来的庭审对我们来说都是压力之源。地下室突击搜查正好发生在我即将报名参加 TMS 项目前夕，而庭审日期一直到 2009 年春天才定下来，一年时间已经过去了。这个消息能够让我们暂时撇开 TMS 研究，不只我一个人对此抱欢迎的态度。

如果说 TMS 有唤醒我身心的潜力，能够改善我的生活，那么它也能帮助到卡比。他对我在音乐方面的体悟非常着迷，开始和我讨论他自己的一些感受。我们一起听音乐，都认为在对细节的感受方面，他达不到我的水准——至少他难以清楚地表达出来。这也许是因为他比我年轻，又没有在音乐界工作过。又或者，他甚至和我一样听到了音乐的细节，但只是不知道如何描绘出来。这是两个人在就认知进行比较时，经常会遇到的问题。

卡比像我一样填了《知情同意书》，像我一样把自己对生活的希望签在一张纸上，也像我一样经受了详细的评估。他花了好多时间来比较我们俩的核磁共振图像，以及在准入过程中所进行的智商测试这一部分的结果。

伦理审查委员会要求测试团队的科学家们，他们招募的每一个被试的智商评分都必须在 70 分以上。之所以设立这个门槛，是因为他们觉得这对被试能否准确描述他们的感受起到关键影响，而且他们认为 70 分的智商是确保他们具有这种描述能力的底线了。他们给每位被试一份测试智商的长表格，需要一位心理学家花上整整一个下午才能测试完毕。我们都被要求组合拼图、识别单词来证明自己的脑力。我们接受的测试当然是价值百元的正规测试，而不是敷衍了事的网上测评！最后，卡比坚持认为他已经知道了我俩的智商得分，从此以后，他经常自豪地吹嘘自己“比老爸聪明四个点”。

我以前老说他，要比盆栽植物聪明得多，现在这算是确证了。事实证明，每个自愿参加实验的被试的智商分数都在准入线之上。因为在接受研究的人群中有许多人都来自哈佛大学和麻省理工这类社区中的高学历人口，我们这个团体的平均智商得分是 122 分。阿尔瓦罗和我讨论过这个问题，想知道这个状况会对研究产生什么样的影响。他希望我们这些接受测试的聪明人能够把感受讲得更清晰，而且想证明使用电脑的能力就能揭示出完成好工作的能力。

卡比和我一样很踊跃地期待实际的 TMS 实验开始。像实验中的其他人一样，他也是以随机顺序接受了刺激，这意味着他最早接受的刺激和我的未必一样。他第一阶段接受的刺激看起来效果不彰。我们双方一边交谈，我一边仔细观察他，看起来是没什么不同。后来做了第三次实验刺激。这次做完后，我们走进一家星巴克，也就是我曾经随着救护车嘶吼的那家。

当我们往那里一坐，卡比好像有什么地方不一样了，他对事物的观察显得更加专注。过了一会，他说自己也察觉到了这一点："真妙！现在我能看清楚各种细节。"当我朝着他手指的地方看过去，只能看到一条挤满车辆的街道。我并不觉得这个现象很特殊。"嗯，不过我觉得很特殊，"他坚持说，"感觉就像有人调高了我眼睛的分辨率，从低清晰度调到了高清晰度。"停顿了一下，他又说道："我的听觉也更灵敏了，当这些汽车开过去时，我能分辨出每辆车发出的声响。"

有一些汽车的声响我听起来也格外突出，但我肯定不可能把每辆车都分辨出来。当我这么对儿子说时，他马上向我担保："我就行。"然后他就提醒我，别忘了他比我智商高出四个点。

他保持了这种高灵敏度好一段时间。"色彩丰富多了。"几天之后他这样对我说，而且不管我们去哪里，他都说了看到许多了许多新颖、有趣的新规律。他能记住过往车辆的车牌号和砖墙上墙缝的图案。当我给他放一些老的现场录音时，他现在能告诉我在舞台后面的合唱队中有多少合唱队员正在一起歌唱，而且舞台上的转场他也能分辨出来。以前，我从未在他身上观察到这么高的敏感性。

我们都觉得这很有趣，TMS 刺激扩大了我们的感知范围，只是在不同的方面罢了。我的听觉更加灵敏，而他的视觉更加敏锐。"但这又不像是戴了一副新眼镜，"他向我解释说，"而是能看到更多的东西了。"

但是他没有向我描述，有没有体验到我所体验过的那种剧烈的感情变化。我怀疑他是不是也感觉到了，只是没能表达出来。"我感觉更敏锐了。"他说，也就这么个感觉。当我年轻的时候，有时候也会这样说，因为我难以把自己的感受完整地描述出来。我怀疑现在刚刚 18 岁的卡比会不会也是如此呢？

第 13 章

SWITCHED ON
A Memoir of Brain Change and Emotional Awakening

明眼观人

那天晚上，我感觉音乐是那么动人心扉，那真是一种醍醐灌顶般的体验。即使到早晨时，心中汹涌的能量已经散去，但我仍然感觉自己久久地处在它强烈的影响之下。如果说我对 TMS 的威力原来还有疑虑的话，那天晚上的经历已经让我笃信无疑。

TMS 为我找回了一种我原以为已经永远失去了的能力，那就是对音乐的感悟能力，这是属于感情层面的领悟，我原来对此一无所知。感情层次的丰富让我变得神经兮兮起来，就连一段普普通通的新闻报道也会让我泪流满面，但这也让我体验到了艺术之美，这是一种完全陌生的体验。研究人员都认为我“看”音乐的能力简直与生俱来，很多年前我就用上了这种能力，并在自己写的书中对此有过描述，现在 TMS 可以说完全释放了我的这种能力。但是他们不知道这是怎样发生的，也不知道接下来会演变出什么样的结果。也许对这个结果，他们比我还要更吃惊得多。

阿尔瓦罗同意这种对音乐的感悟能力的确很棒，但他也说，这可能也是很可怕的事情。他在一开始就这么警告过我。对于 TMS 应该追求什么样的预期效果，阿尔瓦罗正非常谨慎地建立自己理论解释；但是对于当能量出现时，我的思绪会流向哪里，他也根本无从预测。

我问他“可怕”应该怎么理解。难道会看见什么妖魔鬼怪吗？我会不会从悬崖边上纵身一跳？“我不认为会发生如此惊心动魄的事情，”他又这样安慰我，“你会感到快乐和好奇。可是如果感到担心、恐惧和焦虑，那又该怎样呢？”

一想到TMS的后果居然有可能是一场噩梦，真让我有点忧心忡忡。他认为这种结果或喜或忧难以预料的看法更让人烦恼，因为我觉得他的论证很有道理。我在生活中易于强烈感受到的那些情感往往都是负面的，容易让人消沉。我以前总怀疑这会不会是一种进化特征：难以感受到那些令人开心的事情，最多是让我们错失那些短暂的快乐，但是对坏事毫无知觉却可能断送我们的性命。

我的头脑中会不会存在这样一个机制，它从有利于我的角度改变了命运的概率？我在更早时就想到过这个问题，那还是我从自己的职业命运中得到的启发。为什么我的职业生涯取得了成功，而其他在测试中表现比我还好些的自闭症患者却连找到一条谋生之道都需要苦苦挣扎？

让我开心的是，阿尔瓦罗没有把我的想法视为无稽之谈，他的回答让我惊喜。

“你在生活中做了很多事情。在大部分时间里，你都在训练自己，在努力走自己的路，而且取得了成功。我们绝大多数人对于能够做成一件事已经很开心，而你却在音乐、电子游戏、汽车机械、摄影等方面都收获颇丰，现在你又开始写书了。如果你仅仅靠撞大运，这些事可能会有一半，甚至全部都遭遇失败。那时候，你觉着自己一事无成，实际上根本不是这样。你的成功不是偶然的，这是因为你在技术方面、工程方面和写作方面都摸对了门路。虽然没有运用什么严谨、正式的思维方式，但你毕竟做对了。为什么你能把这么多事情做对？谁能说清楚？也许在你的大脑中就是有这么一种灵犀，能够指引你把那些能够取得成功的事情选出来。只不过我们对此难以知晓而已。”

当几个月后，我在一个自闭症医学论坛上和南希·明瑟博士说起这件事时，她的看法和阿尔瓦罗差不多。“有些人总是能够做出正确的选择。这可不是幸运，也没有人知道如何来定义。我们应该研究一下那些取得成功的自闭症患者的大脑，看看能不能找到问题的答案。”关于我取得了成功的说法不能算是阿谀之词，虽然我也说不上自己这是在无形中遵循了什么样的最佳路径。我所做的也就是尽量把手头的工作做到尽善尽美而已，有可能从中总结出什么规律吗？

很多人做了同样的事情，但阿尔瓦罗注意到的是，我在许多领域付出努力后取得了成功，而这些事情我起先并没有真正思考过。我也好奇在自己取得的这些成功中，是不是存在一些共性特点，是它指引我取得了成功。要是有此一说，那我年轻时如果去钻研一下专业的 21 点赌技和扑克就好了。我估计这些所谓的成功品质正是南希想发现的东西。

也有一些人分析说，也许我正好是被那些我所擅长的东西吸引过去了，在这些领域，我恰恰最有可能取得成功，但我自己并不这么看。我怎么想得到，当我在 KISS 乐队工作时，拿起一个晶体管饶有兴趣地东瞅西瞅，然后就会生出制作一把吉他的想法？阿尔瓦罗是对的——要说我连续多次成功靠的就是运气，这种可能性不大。

虽然有着令人鼓舞的想法，但是 TMS 存在的把事情搞砸的可能性也让我有些担忧。我已经在精神层面，把自己的音乐幻觉和吸毒体验之间画上了一个约等于号。对那些音乐家朋友的嗑药往事，我现在依然记忆犹新，他们最终都陷在痛苦的深渊里不能自拔了；那些充满恐惧的夜晚，让他们有些人身心伤痕累累。但我什么都没有说，我为这些念头而感到羞愧不安。在研究人员面前，我要扮出一副勇敢的样子；当第二次到实验室准备进行新的 TMS 刺激实验时，我就是这样做的。我几乎忘记了，这次还会有一个拍摄团队在这里录像，要把当天的实验过程全部拍摄下来。

几周之前，一位电视制作人代表诺尔曼 · 道伊奇博士来和我联系，我在和林赛第一次见面之前就已经读过诺尔曼 · 道伊奇博士的书了。道伊奇是一位来自加拿大的精神科医生，研究对象是人的脑力，对大脑的可塑性问题有着异乎寻常的兴趣。现在他正在拍摄一部电视片，目的是对他的专著进行补充。他想让阿尔瓦罗和我在片中出镜，谈谈大脑刺激这个问题。医学研究通常是在私密状态进行的，不过我的情况已经不同寻常，林赛找到我就是在一个公共场所，我也已经在网上谈论了我对这件事情的兴趣。这样的话，我就算是选择放弃自己的这部分隐私了，因为我希望公众能够见证这种在我看来能够改变人生的精神治疗方法的前景。

这就是当他们来接洽时，我同意参加拍摄的原因。我的朋友迈克尔·威尔克特斯也同意参与其中，他们计划录制这天我们俩接受 TMS 刺激的全过程。面对着加拿大广播公司的镜头进行实验，让事情变得有些复杂，但是我非常高兴能够遇见道伊奇博士并与其交谈。我发现他写的书既引人入胜，又鼓舞人心。这天，我和他深入交流了他的那些见解。他向我介绍了那些能够改变我们大脑的技术，以及发生在那些接受治疗的人们身上的神奇经历。当我和迈克尔接受 TMS 刺激时，拍摄团队把实况全都拍了下来，直到晚上 7:00 之后，拍摄才算结束。马莎和卡比在一边陪着我，等我们忙完，他俩也已经饥肠辘辘。当然我也饿了。林赛、雪莉和一同在实验室工作的艾丽卡决定和我们一起上街去吃比萨饼。

阿尔瓦罗回家去了，道伊奇博士和他的拍摄团队有其他安排。如果非要凑一起吃饭，大家难免感到陌生和拘束，因此这样倒也不错。

在餐厅里坐下后，我们剩下的六个人开始交谈起来，我通常是个小心谨慎的人，但算不上圣徒。在混迹摇滚圈时，和大部分圈中人一样，我同样酗过酒、嗑过药。但是在数十年前，我就已经金盆洗手了。现在的我很少会聊起那些比汽车引擎和越野赛更加前卫刺激的话题了。我总是会为其他人如何看我而感到不安，所以在开口讲话时总是小心翼翼。说不上是什么原因，这天晚上感觉事事都有些异样。我感觉自己通常保有的那种自我克制消失了，我莫名其妙地回忆起自己 20 世纪 70 年代时的那些如梦似幻的经历，这是多少年没有想起过的陈年旧事了。他们几个人一边嚼着比萨饼，一边吃惊地看着我。我兴致勃勃地向他们讲述，有一次詹姆斯·蒙哥马利（James Montgomery）蓝调乐队正在康涅狄格州威利镇曼蒂克的沙博酒店演出，演出过程中，我吃了一点致幻蘑菇，突然就感到强烈的冲动要开着朋友的车直奔加拿大而去，不为别的，就是想在加拿大的土地上撒泡尿。我一路憋着不尿，非到加拿大尿不可。有几个朋友也因为吃了致幻蘑菇而变嗨了，和我一起往北赶，他们一定和我一样头脑糊涂了，因为当我们接近魁北克的洛克岛边境后，又向前开进了 1 英里才从车上下来，排成一行在路边撒了这泡尿。

因为吃了致幻蘑菇，然后就兴高采烈地驱车到 275 英里之外撒泡尿，这样地往事对任何一个明智的成年人而言，都会不好意思讲出口吧，尤其是在几位受人尊重的科学工作者和自己心思敏感、年方十八的儿子面前，这显然更不妥当。在这天晚上之前，我其实从来没有想起过这件事，在我心里这根本已经是褪色的回忆了，就像一件老旧的扎染 T 恤。但是，不知怎么地，它一下就又跳到我的脑海里，而且让我禁不住在这间比萨饼店的大堂里当作一件很光荣的事迹讲了出来。

故事到此还没有结束。当我们小便完之后，我们捡了几块加拿大的石头当纪念品才觉得功德圆满，然后就回到我们的大众轿车上，掉转车头，打道回府。我们越过边境，刚安稳地行驶了大约 5 分钟，就看到四辆边境巡警车从黑暗中呼啸而来，把我们的车逼停，警察以我们在凌晨 4:00 开车回程越过边境时没有登记把我们都抓了起来，而我们则笃定地以为边境哨所还关着呢！

警察把我们带回检查站，对我们进行搜身检查，也搜查了我们的车辆。除了几块加拿大的石头，他们没有发现什么东西，他们允许我们带着这几块石头走，这对我们是个安慰。一开始他们把我们想象成了什么穷凶极恶之徒，但是后来意识到也就是几个玩疯了的孩子而已，于是放我们回家了。今天要是有人也像我们当年这样疯狂一番，估计就不会有我们这样幸运了。

卡比觉着这件事挺有意思，马莎低声说，这个时候讲这么个故事显得有点唐突，尤其是在不太熟悉的人面前说这样的事情，更显得不合适。但这再怪也怪不过跟着救护车一块嚎叫吧，因此她也只是坐在那里，静看从我这张嘴巴里还能蹦出点什么离奇的事情来。也许在某些时候，人人都会有到外国的领土上撒泡尿的冲动。但要是科学家这么想的话，大家就会觉得不太应该。

另外一天晚上的记忆也在我脑海中复活了，我详细、生动地向他们讲述了一番。那次是在阿默斯特北部离我家不远的一个朋友家里，我懒洋洋地躺卧在壁炉边上，吃了一些致幻蘑菇。服下的裸盖菇素发威了，倏忽间我感觉自己好像在寒冷的西部高原上空快速飞翔。天空是紫色的，很美，散布着明亮的星星和光波。很像是北极光，但是更朦胧，更有着极致的美丽。作为天空的精灵，我久久地飞翔着，吸收着黑暗中色彩的能量和光波涟漪的能量。在我下方的幽远之处，沙漠是一片黑暗的虚空。当我正优雅地向地面猛冲下去时，突然感觉自己砰的一声又掉入现实世界。这是现实生活世界，我正骑着自己老旧的本田 750，驶过一座锯木架的缺口，这里是佛蒙特州的圣约翰斯堡附近，是正在建设中的第 91 号州际公路的终点。我勉强在柏油路的尽头把车停下来，大约差个几百英尺，我就会一头栽进粗粝的砾石堆中。从阿默斯特云里雾里地开到这里，我居然没被撞个粉身碎骨，这可真是难解之谜。

这天晚上的早些时候，我自马萨诸塞州出发，到圣约翰斯堡结束骑行，这是三个小时的路程。开停之间这么长的路程，我完全没有印象；唯一知道的就是，我奇迹般地在一夜之间单枪匹马穿越了新墨西哥州的沙漠和佛蒙特州的高速公路。当摩托车滑行后停稳，我深深地吸了一口气，熄了火，又抬头望了一眼夜空。这时的佛蒙特州北部还没有城市的万家灯火点亮所有暗处，没有任何污染物弄脏空气，甚至也没有云。只有明亮的星星、飞机、龙族以及其他暗夜精灵。夜空中仿佛有千千万万的光点在对着我闪烁，这样美丽的紫色和光波，我此后再也没有遇到过。回家的路漫长而寒冷，直到早晨我才回到家中。

讲完这些经历后，我意识到，我一定给他们留下了自己年轻时曾经酗酒、嗑药、放荡不羁的印象。其实情况并非如此，我之所以这么说，不是把这当什么好事来炫耀的。我没吃过几次致幻蘑菇，更没试过其他更猛的药物。这为数不多的服用药物的经历让我感觉太怪异了，因此后来就永远离开了这类东西，虽然我也没算真正被毒魔折磨过。我知道在那个年代很多人都会嗑药喝啤酒，但是两者的后果都让人忧虑，也让人难堪。我感觉自己清醒时和人打交道都很困难，要是再醉酒或者嗑药磕嗨了，那可真不知道会弄出什么事来。

在做过 TMS 刺激实验后，这些陈旧记忆会泛滥而起，真是让我感到非常奇怪。这些景象不知是从心底的哪个角落里冒出来，而且还挨挨挤挤地拱到了我意识的前沿。照说这不是我生命中的精华时刻，也不是像音乐一样的那些我非常珍惜的记忆，这只是些几乎要彻底遗忘的经历。我只能说，是 TMS 刺激把这些尘封已久的记忆带回到了我意识的前沿，但这是怎么回事，不管对这些科学家还是对我自己都还是个谜。

等我们回到家天已经不早了，但我还是拖到 12:30 才上床睡觉。我躺在马莎身边，闭上眼。此时，一种陌生感袭上心头。

眼前的世界开始转动。

一开始，我并没有把这旋转和 TMS 联系起来。坦率地说，我的第一个念头是自己喝醉了，头在发晕。不过，我在吃饭时也就喝了一点冰茶。然后，我就感到有点害怕。难道是中风了？眼前的世界天旋地转，但不疾不徐。我猛地张开眼，所有的动荡一下就停止了。可是当我一闭上眼，又开始转了。

任何人如果有过醉倒在地的经历，都会知道这种感觉。真是天旋地转一般。这样转上 5 分钟，你就该呕吐了。可是现在，我没有恶心的感觉。一个漫长而多事的夜晚才刚刚开始。

当身边的世界转个不停时，脑子里也开始放电影了。当天刚刚发生的那些小事，伴随着清晰如昨的童年回忆，好像一起涌到了眼前。突然，我好像回到了自己两岁的时候，在祖母位于佐治亚州的农庄里，我坐在前门廊一张白色的摇椅上。我能听到她正对我说："约翰·埃尔德，你可注意点，别挤了你的小手指啊。"我向门廊外边望去，突然又回到了阿尔瓦罗的实验室中，还像是那天之前的事情，我正对着这些博士们。我好像成了一部关于自己的电影中的一个人物，但是没有什么时序，也没有明确的开始和结束。

接下来，我发现自己又来到了贝斯以色列医院的大厅里，正和道伊奇博士在一起，他专注地盯着我问道："你能看到散布在某人周围的能量吗？你对奥巴马有什么看法，能看出他的魅力所在吗？"我们做 TMS 实验的时候恰好美国 2008 年大选正在进行，新闻里全是奥巴马。我在梦里想着："他是对的，我的确看到了什么东西。我该如何向他解释呢？"然后我睁开眼，发现自己其实一直躺在阿默斯特市某间房子里的床上。

我看到身边的马莎睡得正香，我和道伊奇不管说了什么看来都没能把她吵醒。虽然她对整个 TMS 过程都很担忧，但我不想在三更半夜让她因为这样的事情受惊吓。我决定保持安静，努力回忆我们在那天聊过的内容。貌似我们还真的谈到过奥巴马，否则的话，这整段对话就只是我自己的臆想。我的确知道，我在想象中与其对话的道伊奇博士，其实就是个虚拟的人。他就是一个现实版的尤达[①]。那天晚上，我的幻

① 电影《星球大战》里德高望重的绝地大师。——译者注

觉是如此生动，以至于让我感觉我们之间发生的事情真是有点亦真亦幻。

我躺在那里，一个新鲜的念头在我的脑海里乱蹦。我们船上的可充气救生衣放到哪里去了？我想不起来。不管它们放在哪里，我都知道它该换气囊了。有一个很小的声音在对我说，这个救生衣失效的主要原因是气囊过期了，在需要的时候起不了什么作用。

难道这间房子要沉没？有些时候动物对这样的事情会有预感。如果你不穿救生衣的话，可能就会没命，我最好赶快穿上。

我又睁开眼，四下望望，充满惊奇地想看清楚正在发生的事情。而我头脑中理智的一面竭力提醒我，根本就没有房子要倒塌这回事。

随即我又回到阿尔瓦罗的办公室了，和林赛、阿尔瓦罗两人谈论诊断的情况。“有很多成年人不愿来诊断，”我告诉他们，“他们都讳疾忌医，因为他们怕被保险公司列入自闭症患者的名单中。”我不能确定这是不是自己的梦呓，还是自己在大脑里虚构的对话，或者是对以前发生在自己生活中一段对话的回忆。我到现在也不知道。

然后我又眨眨眼，不夸张地说，就像真的被吓着了那样，发现自己正和整个实验团队一起待在 TMS 实验室里。我在睡梦中，看了一下墙上的钟，记得时间是下午6:00。拍摄耽误了我们一点时间，科学家们稍微有点担心。对刺激过程的拍摄是实际研究的一部分，不是为了哄骗电视观众而弄虚作假。林赛提醒他们：“待会儿你们要让开些，因为 TMS 刺激的效果要在 15 分钟后才能消散，所以我们必须尽快测试。”这话我听的次数多了去了，所以我知道这不是自己的凭空想象。但我怎么会在凌晨3:00 把这些事情一股脑地想起来了？

一个很奇怪的念头马上出现在我的脑海里。今夜，我想的这些事情都和联系有关。就是这么回事。无穷的联系。一个念头出现在脑海，然后激发了下一个联想，一环套一环。就好像地板不知觉中倾斜了，我不断滑入一个又一个想法。我的头脑中就好像有一团乱草，每一个还正在长出新的触须，互相纠缠在一起。最后的结果如何？我也难以预料。

‖ 第 13 章 ‖
明眼观人

一夜就这么过去了。尽管我时睡时醒，似梦似幻，其实啥事也没有真正发生，只是感受让我很烦扰。凌晨 4:05，我坐在那里，心情高度紧张。等回过神来，紧张感消失了，但我仍然很警觉。难道焦虑紧张也是梦中的产物吗？那一夜，现实和梦境杂糅在一起，不过这不是我第一次因为焦虑紧张而从梦中惊醒。

穿过一间幽暗、静谧的房间之后，我来到自己楼上的书房，从这里可以居高临下俯视楼下车库前的私家车道和房屋周围的树林。外面仍然一片黑暗，几乎一无所见。我静静地坐着，看看还会有什么事情发生。结果是什么事情都没有。我又看了一眼墙上的钟，已经 5:17 了。就这么坐着，1 小时 20 分钟过去了。天仍然漆黑一团，但是有不多的鸟儿已经开始啁啾。难道这也是幻想吗？“真扯，”我骂了自己一句，“真该想想清楚了。如果这还算是幻觉，科学家们一定会愿意探究一番的。”

当我打开窗户，感觉到黎明前的黑暗和阴冷，还有属于林地春天的声响和气息一起涌进来。我安心地呼了一口气，意识到听到的这些鸟鸣都是真实的。当关上窗户，我的心中有了一种新的不安情绪。

有时候，鸟儿开始鸣叫是因为受到了来到附近的危险动物的惊吓。“我是不是该去拿猎枪？”我有点迟疑。屋里肯定是安全的，何况我还待在三楼。在阿默斯特市，我还没有听说过动物闯进人家的事情。

仅仅就是一阵寒意、一丝危险的气息，而且转瞬即逝。我这人总是忧心忡忡，但我现在为什么没有陷入彻底的恐慌中呢，我自己也有些奇怪：“为什么出了这样的状况，而我居然很平静？”这天夜里，怪异的体验可谓接二连三，但我还是相当乐观。“这是多么显著的改善啊！”我不禁这么想。也许是我的洞察力让我释然，因为我再次打开窗户，在黑暗中再次深吸了口气，然后轻快地下楼，上床睡觉去了。

刚一躺下，我就沉沉睡去。幻觉没有了，甚至也不记得做了什么梦。一直到中午时分，我才从酣眠中醒来，慢慢睁开眼，感觉自己就像躺在一条在港湾中锚定后随波荡漾的小船之上。我这是出了什么问题？周围的世界一如往日，但我就是感到涟漪片片泛起，无止无休。当我一闭上眼，眼前的事物马上加速旋转起来。

我起床，穿好衣服，小心翼翼地开车向汽修厂驶去，一路上生怕发生事故。员工们和往常一样都在厂里，我们的服务经理迈瑞白（Maribeth）坐在柜台后面，正在和顾客谈话。各处都是一派繁忙景象，我边走边看，先巡视一番。

行走间，我正好和艾迪四目相对，他正在忙着手头的工作，我突然很强烈地感觉到，他的棕色眼睛真是非常漂亮。以前为啥就没注意到？片刻之后，一个声音在我的脑海响起："这是怎么回事？你以前哪注意过别人的眼睛？这是怎么啦？"

的确，我转过脸去，为自己产生这样的感觉而深深震惊，这种复杂的感情就像心中打翻了五味瓶，简直难以名状。在这一刻之前，甚至连与人对视我都会觉得不舒服。现在的情况变了。避免与人进行目光接触，曾经是我根深蒂固的生活习惯，因此我给自己的第一本书起的书名就是《看着我的眼睛》。惊愕之中，我把注意力转向一位顾客，她一直等在那里，准备向我介绍车的故障问题。

她刚一开口，我就从她的脸色就看出了问题。我甚至听不清她在说什么，但是她的感觉清清楚楚地写在脸上。当她平静地向我描述车辆的故障症状时，她的眼睛分明在说："我真的很担心修理费用，因为我觉得自己的工作不稳定，不知道能不能付得起修理费，但是我必须修好车才能去上班，这可怎么办啊！"

我马上用安慰来回应她的忐忑。"别担心，"我告诉她，"从你的描述来看，应该是个小问题，修起来不费事。"她一下子放松下来。整件事发生得既迅速又自然而然，以至于片刻之后，我才回过神来，意识到这件事所传达出的重要意义。

别管咋回事，这下我算是读懂了她的面部表情，并且出于本能做出了正确的回应：大多数人认为，这是与生俱来、无师自通的能力，但是我这大半辈子都难以意会，经常跟不上别人的逻辑，在与他人答对时，经常言不及义，甚至铸成大错。要是放在几天前，在了解了她的情况后，我的反应可能就是："嗯！先把车开进来吧，我看看有什么问题。"她的忧惧困苦在我的心上不会激起任何涟漪；当然，我更不可能想到去安慰她了。

"你正在看透他们的心思。"我心中的一个声音正在小声说。说话间，我感到又一股情感的激流袭来，只好赶快走出去，好让自己平静下来。现在，在我面前，人们的眼睛变成了他们心灵的窗户，从中流露出的感情真是汹涌澎湃。我感觉自己的这种新能力完全自然天成，就像与生俱来的一样。

这一天可怎么过啊？我不禁担忧起来。当店里生意忙起来，围在身边的不是员工就是顾客，我从他们身上感受到的各种情感从小溪汇成了汹涌的波涛。第一次注意到艾迪的眼睛，让我精神为之一振，但是被一群人共同的情感能量辐射着，体会着他们的希望、恐惧、激动和忧愁，真的让我难以招架，这几乎和当初对其视而不见的状态殊途同归了。一样是感到无能为力，但性质却正好相反。开始时，我是视而不见，我的情感世界比较寂静。现在，我是情感过载，而且各种互不相同的情感混杂在一起，在我身边汇成了刺耳的大合唱。

当把注意力集中在一个人身上时，我就像掌握着电子稳定程序，但是回想一下，我知道这一定是我意识中刚刚苏醒的洪荒之力。这种情感上的冲击既陌生又凶猛，而这样的日子才刚刚开头。

各种机缘巧合，那天晚上我被马萨诸塞医学学会年度会议聘为主讲嘉宾，这是那本《看着我的眼睛》发表以后，我收到的第二份演讲邀请。这可是要对着 300 多名阅历深厚的中年博士侃侃而谈，我感觉到我看到了他们内心深处的恐惧、希望和梦想。后来，一个当时坐在观众席上听我演讲的人告诉我，他们从未经历过我在那天晚上所创造的那种心理上的连通感。不管怎么说，我用语言打动了他们的心，我从来不知道我还具备这种能力。

我先和他们谈了自闭症患者的孤独，然后又谈到了 TMS 刺激，谈到了我对改变的希望和梦想中的未来。我具体是怎么说的，自己也想不起来了，但有一件事永远忘不了：我对这些已然久经沙场、听闻广博的医师们说了一些推心置腹的话，而且把他们说哭了。我看到了他们流下泪水，感到了他们心灵上的共鸣。这位坐在听众席上的博士朋友，对那天晚上我的演讲一直津津乐道。

在演讲前一天共进晚餐时，戴夫一直和我坐在一张桌子旁。“坐在我边上的是一位老博士，他在医学会服务已经 50 年了，并且为此而受到表彰。他听你演讲的时候，真的是老泪纵横，这可真不简单。”他对我说。

到活动结束时，我感到精疲力竭，就好像徒步走了10英里一样。当我回到家中，告诉妻子这件事时，她说："嗯，你不再需要我了。"我吃惊得就像受到了重重一击。因为我对她的爱很深，因为我们共同生活了这么久，我知道她是对的。我已经发生了某种根本性的变化，结果也导致了我们关系的改变。我无言以对，但是感到非常难过。

第 14 章

SWITCHED ON
A Memoir of Brain Change and Emotional Awakening

幻觉与现实

神经学家奥利弗·萨克斯（Oliver Sacks）写过一本名叫《幻觉》（*Hallucinations*）的书。在书中，他依据实验结果描述了一些部分失明的人会通过想象来填补自己的视觉缺失，以形成完整的视觉形象的情形。他描述了他的一些病人在听觉方面表现出来的类似现象，一些病人能够听到事实上没有发出过的声音，或者听到与真实的声音并不相符的声音。

他的一些病人能在根本没有火车的地方听到火车的声音，还有一些能够听到离世亲人的声音。在他的书中，萨克斯博士试图从医学的角度来描述这些幻觉，而另外有些人则试图从精神的角度来解释这个现象。萨克斯博士雄辩地指出，在合适的环境之下，其实我们每个人都能想象出一些本来并不存在的事物。这些幻觉可能是视觉的、听觉的甚至有可能是嗅觉的，我们的头脑显然有很强的创造力。但萨克斯博士没能说清楚的一件事是，纯粹的凭空幻想和那些突如其来的生动回忆之间有什么差别。不管怎么绞尽脑汁，我也说不清楚自己关于音乐的那些幻觉究竟是想象、回忆，还是二者的混合。

看着对方的眼睛，就能体察到他们的思想，从我自身的角度来看，我的这种观人能力是完全真实的。这看起来不像是幻觉；我更愿意认为这是我以往所具有的某种能力的一种神奇扩展，虽然这还是在一个很低的程度上。

萨克斯博士尽量不去涉及那些科学难以解释的问题，但科学解释不了的神奇现象数不胜数。10 年前，我自己就有这样的经历。一次，我正驾车行驶在波士顿郊外的第 128 号公路上，突然有了一种不祥的预感，觉得好像有什么很糟糕的事情发生在我父亲身上了。我马上拨打他的电话，他没有接听。这让我感到很难受，但真不知道该如何是好，只好继续赶路。当我怀着焦虑的心情又开了 45 分钟后，我的手机响了。是州警打来的，这位警局的调度员告诉我说："你的父母发生了撞车事故，他们还活着，但你最好马上赶到医院来。"我掉过车头，踩下油门，飞速向医院赶去。此刻我蓦然想到，刚才如果按直觉行事的话，我现在应该已经开到中途了。从这天晚上以后，我再也不怀疑预感的存在了，虽然我根本不知道如何解释自己的这种经历。

萨满教的巫师把幻觉视为人的灵魂离开肉体去往远方的媒介；他们把这视为我们和那些原本难以企及的事物建立联系的方法。这样的幻觉是课程，也是学习的经历。那么我的幻觉也算是这样的课程和学习经历吗？它也是让我的思想抵达彼岸，建立新联系的途径吗？也许萨满教的巫师们是依靠传统药物达到这样的幻觉，而现在则是通过偶然发现而与这种幻觉不期而遇。

你兴许能够想象到，我对那天白天和晚上的神奇经历想了很多很多。那天下午我接受了 TMS 刺激后，在接下来的一段时间里，貌似没有什么很明显的变化。大约四个小时以后我开始想到幻觉这个问题，而且在吃晚饭时也一直在与人谈论这回事，但对此还没有什么切身体会。随后我就回家了，刚好从午夜开始，我脑中产生大量幻觉，并一直持续到黎明时分。迈克尔接受完 TMS 刺激实验后就回家了，我很想知道他后来的感觉怎么样，可是我们曾经约定过，一直到研究项目结束之前，互相之间不讨论彼此的感受。当几个月后，我们有机会讨论这个问题时，我有些失望地听他说，他只是觉得自己的感受更加敏锐了，至于我强烈感受到的这种幻觉，他根本无从说起。是因为他需要更大的刺激才能出现这种状态吗？我问阿尔瓦罗，但他也不知道。不过他提醒我说，那天我们每个人选择刺激的区域并不相同，因为对目标区域实施刺激的顺序是随机安排的。

通过把我的心灵引入产生幻觉的轨道，TMS 刺激貌似是在向我宣示着什么，并让这样的事情发生在我的身上。这非常奇怪。那天晚上发生的事情力道非常强劲，受其影响，我坐在楼上的书房里一直写到近黎明时分，给阿尔瓦罗写了一份长达千字的邮件。当他次日早晨起床查看收件箱时，发现了我写给他的信，这让他十分震惊。

在我的邮件中，以及后来与他交谈时，我都表达了想把这件事情搞清楚的愿望。是不是科学家碰巧触到了我大脑中某个“对的点”，一下打开了我想象和记忆的闸门了？是不是在我右边的太阳穴后面有某个“秘密的开关”？或者，这些幻觉是不是我在整个 TMS 刺激过程中所获得的能量和导致的变化累积而成的结果？不管是受何种原因触发的，随着时间一天天过去，这种影响的余波正变得越来越显而易见。

每次 TMS 实验的结果看起来都遵循着相同的模式。先是当下就表现出的效果，科学家们能够通过他们的测试捕捉到。然后会出现一个短期效果，我往往在若干小时之后才感受到。最后，一个长期效果出现了，其中一些直到现在我写这本书时，还能感受到，几年时间已经过去了。它们会永远伴随我吗？只有时间能够证明。

在那封我于凌晨 5:00 写给阿尔瓦罗的邮件中，我描述了头脑中的各种意象仿佛一团乱草，不断滋生蔓延、互相重叠交织的景象。尽管这幅景象很奇怪、很科幻，但要说清楚那天晚上一直在我脑海中徘徊不去的那种情景，这已算是一个最好的描述了。阿尔瓦罗说，我们的大脑一直都在重组中，不断生成新的连接，但是这个重新“布线”的过程是非常微妙的。然而，我从 TMS 及其后续影响中所感受到的变化比这些科学家们认为大脑在一夜之间所可能形成的小规模的重组和连接更加深刻、更加影响深远。也许科学家们低估了大脑重新配置自身的能力，或者我们的头脑中有很多替代路径存在着，TMS 能够把其中一些启动起来。

产生幻觉的能力潜藏在我们每个人的意识深处，就像当年驱车到加拿大那次一样。如果服用了某种药物，化学物质就能抵达我们脑神经元之间的突触，并引发出各种奇怪的幻觉。患有精神疾病的人，即使根本没有服药，也会产生幻觉。我妈妈就是这种情况，在我幼年时，她能看见各种妖魔鬼怪。给她治疗的医生称之为“精神病发作”，但是对当时只有 13 岁的我来说，这个医学术语根本就难以准确描述那种情况。那真叫一个吓人。我妈妈当时的情形令我终生难忘，也许正因为如此，我年轻时尝试药物的热情才受到了一定的阻吓。但是我所经历的这种幻觉，并非因为我发狂了，我的大脑也没有受到什么化学品的控制，只是额外受到了 TMS 能量的影响。

单靠能量就能引起这么剧烈的变化吗？当我问阿尔瓦罗时，他认为当然如此。“想想我们所做的抗抑郁治疗，”他告诉我说，“我们把抗抑郁药物替换成了 TMS 能量，取得了非常好的效果。”这就向我们提出了一个新的重大课题。如果纯粹的能量就能改变或者“修理”好我们的头脑，那么我们的头脑能够进一步指导我们的身体进行自我修复吗？这看起来像是一串顺理成章的问题，某天也可能给我们带来福音，基于能量的有效的医疗方法可能会代替药物来治疗精神疾病。

为了解答我的问题，阿尔瓦罗与我分享了他的一个梦，这个梦与他在贝斯以色列医院创建大脑健康中心有关。我们每个人都会锻炼自己的肌肉，但几乎没有人锻炼自己的大脑。但实际上，大脑健康比任何肌肉健康都重要得多，当然心脏是个例外。饮食、活动和其他因素都会影响到大脑的健康状况。“我相信一个健康的大脑将有助于我们保持一个健康的身体。”阿尔瓦罗这样笃定地对我说。

“一个更健康的大脑未必能防止我们得癌症，”他对我说，“但它能在我们年岁不断增大的过程中，让我们更好地适应。而且大脑的丰富功能能够让我们更全面地开发自己的身体，让我们在更长的时间内自如应付各种情况。”

我们讨论了 TMS 在保持脑部健康方面可能发生的各种作用，他也向我描述了未来当人的身体变老时，运用大脑刺激来引导他的大脑按照最优路径发展的医学前景。这听起来是非常高大上的医疗方法，但他向我保证，这是非常可行的一种方法。他说的话让我不禁产生联想，现在我身上出现的这种情况是不是就与此类似？“你的大脑总是会优化其自身，”阿尔瓦罗告诉我说，“我们希望在 TMS 的引导下，大脑能够把这件事情做得更好。”

我后续又体验到的一种影响，更增添了一丝神秘。当我们服药时，我们有时候需要等待药物的化学成分融进血管，并经过血管到达大脑的神经突触。因此我们在接受药物治疗时，比如吃了一片药之后，要经过从数分钟到数小时不等的时间，药效才能发挥出来。这种情况我们都经历过。还有服用药物的剂量问题，你可能需要服用更多剂量，才能让体内的化学药物达到足以产生疗效的程度。这可能需要好几天，甚至一周的时间。不同的人对药量的反应并不一致，这就和饮酒与服食毒品一样。喝同样的酒，对一个人可能只是漱漱嘴的量，却能让另一个人直接醉倒。

我通过马莎曾经接受过的抗抑郁治疗来观察这个现象。当她换了一种新药时，在第一周之内，有时时间还要更长一些，这药好像根本不起什么作用。再往后，这种药物就开始起效了。给她治病的医生经常提醒她要注意到这种药效的延迟现象。当它开始起效以后——如果真能起效的话——药效可能猛烈也可能比较温和。坐视究竟会有什么样的情况发生，总是让人心生忐忑。

有时候，马莎会因为抑郁而连续几天卧床不起，因此我们很想知道 TMS 刺激对治疗她的抑郁症会不会也有什么效果。可是贝斯以色列医院的抑郁症研究实验已经结束了，而正规的医学治疗还没有开始。另外，对 TMS 在我身上所引发的现象，她感到很恐惧。能量看起来是一种很强大的东西，尤其是与并不总是很见效的药物治疗比起来，它有时显得过于刚猛了。

与药物不同，TMS 直接把能量注入大脑，因此我们能够料想到它的效果很可能立竿见影。正因为如此，研究专家们都想马上对实验后的效果进行测试。但是就算这样做，也未必真正奏效。虽然在实验室中，有那么几次我觉得自己好像在 TMS 刺激以后已经轻松通过了测试，但是也有几次当我努力对付每一道题目时，这些科学家们想用这些测试在我身上证实的即刻效果，与此后即将发生的真正挑战相比，真是相形见绌。在某些方面，这与口服药物的过程很类似。你吞下了药片，可是什么作用都没有发生。你起来走走，还是没有什么事。于是你转过头对身旁的人说："嗨，伙计，这东西不好用啊。啥用都没有。"可突然之间，你就一头栽到地板上了，而且还看到一群长着獠牙的怪物正从天花板上向你蜂拥而来。两种情况之间的对比就是这么强烈。

阿尔瓦罗说，他在其他研究中运用 TMS 时，曾经见到过效果累积的现象，但是这种现象发生的机理尚未真正搞清楚。后来，林赛向我介绍了体内平衡机制，她形象地称之为“大脑内的紧急刹车”，这种机制可以防止我们的大脑因为变化太大、太快而变得不稳定。“正因为如此，”她介绍道，“你应该更稳妥地改变自己大脑中的神经突触，以便更有弹性地设定自己的目标方向。这些机制不会允许你毕其功于一役，以确保你的大脑能保持稳定运转。”

我一开始把 TMS 能量看成给头脑中的蓄电池充电，但现在才明白事情真没那么简单。TMS 改变了大脑中的一条电路，而这进而又会改变两条以上电路。而在这两者上所发生的变化，又会导致不下 10 种变化，这 10 种变化又会再激起 500 多种变化。这种多米诺式的关联作用相当复杂，靠当前的技术水平，我们还难以完全描述出来。这种连续性变化的过程需要一定时间，对我所经历的这种滞后性体验是一种说得通的解释。

我们每个人都看见过，静电能使我们的头发直立起来，或者让纸张沾到毛衣上。导致这种效应发生的就是我们在走动时所产生的多余能量。类似的现象也会在我们大脑内部的亚微观尺度发生。当 TMS 线圈发射出脉冲，在连接我们神经元的线路上诱导出能量时，就可能会抓住多余的离子，并把它们拖到神经元之间的生物性线路上。当这个现象发生时，其他神经元就会出乎意料地放电，类似幻觉这样奇怪的现象就可能会发生，其他一些新的意想不到的反应也会发生。目前的研究也支持这种设想，阿尔瓦罗、林赛和我对此讨论过多次，但这些假想真正被实验所证实和评价，还是几年之后的事情。当回过头来思考阿尔瓦罗大致的希望和目标，感觉他是想通过抑制我大脑中原先存在的抑制机制，来提高我的感受能力。相对于其他不利、悖谬之事，这也是我所希望发生的事情。关于自闭症和 TMS 刺激，还没有公开出版的研究专著，但是在一些专业杂志上，有一些关于抑郁症和 TMS 的文章。我把这些文章找来浏览，希望能看到和我自己的状况比较吻合的一些见解。

我在偶然中遇到的一个题目是《虚假的 TMS》，此时，研究人员让被试相信，他们正在接受 TMS 刺激，而实际上并非如此。虚假 TMS 经常作为研究中的对照组，用以帮助判断被试志愿者对 TMS 的反应是否真实。一位抑郁症研究人员写道：“很多被试报告说体验到了积极效果，但是真正接受了 TMS 刺激的被试中报告取得积极效果者的比例与接受虚假 TMS 刺激的被试中报告取得积极效果者的比例大致是一样的。因此还需要继续进行更为深入的研究。”在药物试验中，研究者也经常遇到类似情况。那些服用了安慰剂的志愿者也经常报告说，体验到了积极效果。从本质上说，那些接受的是虚假 TMS 但却报告说感受到积极效果的志愿者，其所收到的疗效和那些真的接受了 TMS 刺激的人几乎是一样的。我不知道这意味着什么，但我觉得之所以出现这个情况，答案有好几个。

首先，有相当多的证据表明，对医疗方法有信心，就更有可能实现医疗效果，也就更容易取得成功。药物学研究者始终紧紧抓住这个问题不放，因为安慰剂的成功率和真正的药剂效果惊人地相似。几年前，有些研究人员很排斥安慰剂反应，把其视为纯粹的想象，没有什么医疗价值。然而，最近的研究证实，情况其实恰恰相反—— 一方面，安慰剂能带来持久的益处；另一方面，认为自己的病情正在加重的想法也真的会让情况更糟糕，甚至导致病人死亡。

当然，所谓“全是心理作用”不过是把那些意料之外的结果全部排除掉的偏颇做法，但是所有的精神治疗都有针对意识的，因此当说到有关感觉的问题时，拒绝承认心理作用影响的做法也并不合理。在参加 TMS 研究的人中，有的人笃信其效果，而另外一些人则基本保持中立，那么他们基于各自的态度对刺激效果产生不同的感受是很有可能的。迈克尔也是这么认为的。我儿子则对此不置可否。他是带着一种混杂着好奇和无所谓的心理参与到实验中来的。他意识到自己对颜色和声音的敏感度提高了，但是他不会像我一样迫切想弄清楚这是怎么回事。他对绘画和音乐都不怎么关注，因此最终刺激带来的影响也很快就烟消云散了。我没办法和其他参与者去交流，以了解他们的感受。在我读到的那些关于抑郁症治疗的案例中是不是也有类似情况？当治疗精神失调时，“信则有”的现象是客观存在的，这和治疗其他慢性病大不相同。

当比较 TMS 的安慰剂效应和其医疗效应时，还有另外一个重要的不同点。在药物治疗中，安慰剂药丸完全是无效的。它是由面粉、糖以及其他明确不具备治疗效果的物质组成的。假的 TMS 与此不同，科学家在实施假的 TMS 刺激时，可以采用许多种办法，包括 TMS 线圈朝着大脑以外的部位发射、刺激头部的不同区域，或者以更低的功率发射等。

问题是，所有这些假动作仍有潜在的神经学影响。其实把它们称为“不同类型”的 TMS 倒是更准确一些。因为这些所谓的假 TMS 仍会对大脑实施刺激，尽管刺激的是不同的区域，或者采取了不同的形式。

要实施有效的假 TMS 刺激就必须让 TMS 机发出柔和的声响，但不能传输任何能量。但问题是任何接受过真的 TMS 刺激的人都能一眼看出其中的问题。TMS 能让人产生一种很独特的感觉，就是你的面部肌肉会以某种形式抽动，而且当能量射入你的脑部时，你能体验到一种强烈的冲击感。而且每次当我接受刺激时，还会陷入一种沉思冥想的状态中。

当我在实验中接受假的 TMS 刺激时，我感到十分困惑，不知道这是在干什么，但我并没有开口大喊“这是假的”。可是我心里很清楚，这里有些古怪，因此我询问研究人员，这是什么情况，为什么这次试验与以往差别这么大。在 2008 年进行的最近一次研究中，当我接受完一次假的刺激实验之后，我给主持实验的科学家们写了一封电子邮件：

我开始接受的四个阶段的实验，每一次都让我印象深刻，而且每次实验的方式也都不一样。因此，我想你们可能会感到吃惊，因为在接受完 5 月 6 日的这次刺激实验之后，我简直一点异样的感觉都没有。

在以前进行的绝大多数实验刺激中，我都会觉得自己几乎陷入了半冥想半昏迷的状态。我坐在那里，感觉自己的意识基本上是一片空白，这样的感觉要持续大概 30 分钟。虽然面部肌肉在抽搐，但我感到非常满足、非常放松，内心没有任何有意识的对话。

可是昨天，我并没有进入这种状态，一直和刚进实验室时一样清醒。虽然我听到了机器发出的声响，面部肌肉也在抽搐，但我感到在大脑深处一直没有发生任何状况。我知道你们是怎么想的……因为那里没有神经，因此无从“感知”。我明白这个道理，但不管怎么说，其他几次 TMS 刺激我都“感觉”到了，而且做的时间越长，感受就越丰富。不管你们昨天刺激的是哪个区域的点位，反正我预期中的感觉就是没有发生过。

在开车回家的路上，我没有感到轻微的头疼，但是感到方向感有点减退，不过这些都与感觉到的主要刺激效果和附带刺激效果没什么关系。

如果这是你们希望探索的另外一个重点区域的话，那么很抱歉我让你们失望了。

直到现在才有人告诉我那是一次假的 TMS 测试，我只知道那一次和其他几次的感觉不一样。如果我能识别出它的不同之处，即便不知道真实的原因，也会向研究人员指明其中存在有问题。药丸就是药丸，虽然你把药物的有效成分替换掉了，但是服药的程序是一样的。而 TMS 可很难以假乱真。

我当然认为自己从来没有伪造过任何对 TMS 的反应。虽然我的一些体验看起来很令人吃惊，连我都怀疑自己是不是要发疯了或者自己的感觉并不真实。但是继发现自己能用心领悟音乐、能够细腻地感知感情之后，我又在马萨诸塞医学会举行的餐会上，感觉自己能够对别人的内心一览无余；这让 TMS 刺激的效果在我身上体现得尤为真实。这真是连我自己都感到怀疑的事情。这些都是我一生中最强烈的体验，不禁让我疑惑，我这是有了超能力？是要发狂？还是二者兼有。

在我们家，这样的事情有先例。30 年前，我妈妈坚持认为有许多妖魔鬼怪要到北安普顿州立医院去抓她。她的弟弟，也就是我的舅舅默瑟（Mercer），总是看见事实上根本不存在的东西，最终在一艘刚驶离越南海岸的海军舰艇上精神病发作，被清退并送进精神病院。我的体验有可能完全是向壁虚构的产物，坦率地说这种可能性让我也感到心惊肉跳，尤其是我见过这种情况曾在我妈妈和舅舅身上上演。没有任何一个科学家向我暗示过这种可能性，但我还是不由得有些担忧。

对我的体验是否真实的，验证来得有些突然，这源于雪莉在实验中途给我打来的一个电话。“希望你能帮帮我们，”她在电话中说，“我们原来不想让实验的被试互相认识，但现在出了点状况。当你告诉了我们你在最后一次接受 TMS 刺激后出现的结果，以及你如何从周围人的眼睛中看出他们的情感和思想这个情况之后，我们就很想看看有没有其他人有和你类似的感受。我们对其他好几个被试进行了刺激实验，但他们没有报告任何特殊情况。但是我今天接到一个昨天接受刺激试验的女性被试的电话，说她现在实在是非常难过。她向我描述的感受和你说的那些差不多，但她可不像你一样对此感到兴奋。相反，她非常苦恼。我在想你和她通个电话好不好？因为你和她感受差不多，但你的态度很积极，也许能给她一些安慰。她也同意和你联系。”怀着不安的心情，我接受了雪莉的要求，同意给这位女士打一个电话。“太棒了！”她对我说，“她的名字叫金·戴维斯（Kim Davies）[①]，我马上把她的联系方式给你。”

我对此感到一点小开心，因为我觉得所有的TMS研究志愿者都知道我是谁，但是我对他们中的绝大多数人却一无所知。这是因为我在博客上和演讲中都公开谈论TMS，因此成了这个项目的公众人物，而其他参与者都藏在医疗隐私的保护墙之后。我知道名字的参与者也就是在我之前或者之后加入实验的寥寥几人而已。我尽量把与他们的联系限制在最小的范围之内，以免影响到他们的感受和期待。

雪莉一定非常担心，否则她不会让我们这些“小白鼠”互相谈论我们的感受，我也有些担心，不知道这预示着什么后果。我给金打了电话，我们决定这天晚上在咖啡馆见上一面。我比预定时间晚了几分钟动身。虽然我和金没有见过面，但我们马上就彼此认出了对方，而且我一眼就看出她的确非常焦虑。我也一样，因为我认为自己的TMS体验很显著，而按雪莉的说法，金认为她的情况很糟糕。在赴约的路上，我一直在想，是不是TMS给她心中的魔鬼松了绑？如果真是这样的话，是不是同样的厄运也在等着我？

当我们在电话中交流时，我从她口中得知，她是名内科医生，与我年龄相仿，居住在本州的另一端。当我得知她是名医生时，我很好奇她会不会知道一些我所不知道的事情呢？等一见面，我才知道她只是一名整形医生，专业是在骨骼方面，而不是大脑方面，对大脑的运行她知道的一点不比我多。金说她是在自己的侄子被诊断为自闭症以后，才意识到自己患有阿斯伯格综合征的。于是她读了我的书，并在网上读了我写的文章。“在读你写的东西时，我才意识到你写的很多事情我都有同感。”她说，“后来我在波士顿的阿斯伯格综合征协会知道了贝斯以色列医院的TMS研究项目，并了解了许多有关自己所患的阿斯伯格综合征的情况。”她之所以签约成为该项研究的被试，是希望能够对自己进一步加深了解。

与她交流让我感觉有些怪怪的，因为她通过读我的书，对我很了解，而我对她

① 为保护隐私使用的化名。

可以说是一无所知，只好洗耳恭听。我也很好奇：会不会也有许多其他志愿者是被我的榜样力量所感召的？虽然这个说法听起来有点自恋，但其实这里也掺杂着一点隐忧。如果我的读者跟着我走上这条路，我是不是对他们负有某种责任？仅这个问题本身也是我自己发生了一些变化的证据；我过去从来不会问自己这样的问题，但是现在我对别人越来越关心了。

在参加这项研究之前，我写了一篇博文，标题是《站在悬崖边上》（*Standing on the Brink*），描述我对 TMS 刺激的希望和承诺之心。我在文章中写道："老是有人问我，'如果服药能够治好阿斯伯格综合征，你愿意治疗吗？'我总是告诉他们'不，我为此自豪，我不会改变任何事情'。"但我得承认，这对我既是一种真正的天赋，又实在是一种障碍，尽管我希望它能如我所愿，但事实就是如此。我知道有许多患有这种病的人会服用药物，来治疗与生俱来的抑郁、焦虑以及其他症状，但我从来没觉得有必要服药。"但我经常会想，"我继续写道，"如果有治疗自闭症的其他方法呢？如果我能挑出自己头脑的一部分进行改变，让它变得更好，我做还是不做？"

在等待金・戴维斯的这段时间，我重新阅读了自己的这篇博文，仍没有对文中关于 TMS 给我带来的希望这部分内容产生丝毫怀疑。如果说有什么改变的话，那就是当我开始参与实验后，我对它的希望变得更大了，而不是更小了。当然，在此期间，我也看到了神经学家们一直在更好地运用这一工具来解决所遇到的、难以想象的困难。

因为我和金从未谋面，因此我不知道她长啥样，也不知道她会从哪个方向走过来，但是我们一见面就马上认出了彼此。当我还在那里遐想我们是不是受到什么自闭症雷达指引时，她提醒我说，我写的那本书的护封上印着我的照片，我一下感到不好意思起来。

我们讨论了她的 TMS 刺激体验，以及在其前后所进行的测试练习。我们都是以随机次序接受刺激的，她起初接受的刺激并没有产生多大效果，但是刚刚做的这一次效果非常好。对此她这样描述："在接受刺激之后，我再看人时，能够很准确地看懂他们的表情——以前这对我来说是非常困难的一件事情。当我听一些人说话时，我能听出来他们言语中的挖苦之意；看着他们时，我能知道他们的感受如何。"

从我“看到”音乐的第一个夜晚开始，我的情绪就十分高涨，现在又从金·戴维斯的身上验证了自己的感受，这几乎让我兴奋得难以自持。我闭上眼睛，努力让自己静一静。

我的感受和她是一样的！

她认为刺激带来的直接效果应该已经消退了，这就和我的体验一样。但是她觉得自己仍然陷在袭击的余波里难以平息下来。像我一样，自从对这个丰富多彩的感情世界有了这惊鸿一瞥，生活就难以回到它本来的样子了。但不知是出于什么原因，我们对这种情态的解读正好相反，至少在一开始是这样。我们两人中谁是正确的？是不是一定要分出谁对谁错？

澳大利亚哲学家弗兰克·杰克森（Frank Jackson）曾经设计了一个引起很大争议的思想实验，似乎就是用来描述我们这种体验。这个实验被称为“关于玛丽的房间的类比”①。有一天下午在实验室里，林赛给我讲了这个典故。这个典故中的玛丽是专注于研究大脑视觉资料处理的专家，在一段时间内，她被要求从一个黑白两色的房间中通过一台黑白电视监视器来观察外部世界。她靠着从此得到的技术形式的信息，来感知外部的真实世界——成熟的西红柿是什么样的、蔚蓝的天空是什么样的，等等。但是当玛丽从这间黑白两色的房屋走出来，或者得到一台彩色的电视显示器后，又会怎么样呢？她会感到外面的世界很精彩，还是相反？哲学家们运用这个隐喻来论证，体验并不只与导致这种体验产生的知识有关。当杰克森于 1982 年描述了这个“关于玛丽房间的类比”之后，这就成了一种耐人寻味的思考方法。金和我现在就住在这样一间屋子里，并且得到了第一手答案。

我从金的口中得知，她的成长过程也像是一个社会弃儿。但是除了人生的背景比较类似，我们各自对 TMS 体验进行内化的方式是很不一样的。我从这里看到了希望，而她从中看到的是导致自己以前失败的根源，这就给她带来了毁灭性的打击。“我突然间明白了自己为什么总是会与朋友不和甚至反目，与同事也总是摩擦不断。

① 玛丽的房间出现在弗兰克·杰克森写于 1982 年的《附带现象的感受性》一文中，1986 年他又把这个实验发现进一步丰富成了《玛丽不知道什么》一文。其他哲学家纷纷回应，编著出版了《关于玛丽的那些事》一书。

TMS 把我以前做错的事情都指出来了，这真让我难以承受。”

其实她的所思所想都算是中肯的，不过在对其意义的解读上我有不同的看法，因为我尽量把这看成让人释然的理由。我不知道这样做能否起到什么帮助作用，不过这是我所能做出的最好选择了。我从对自己的新认识中看到了希望，而她对那些被遗失掉的机遇感到悲哀。这两者都是现实的视角。我们都难以回到从前，去弥补我们的错误了。有那么一刻，看着她即将崩溃的样子，我由于新获得的感知能力，对她的痛苦真是感同身受。也许她是对的，我这样想。也许这个所谓的 TMS 只是把我们失败的伤疤揭开了，让我们知道为什么失败了；也许这不过就是研究者们作为事不关己的参与者对我们这些参与其中的患者开的一个残酷的玩笑。

“我现在该怎么办呢？”她问我，“我感觉自己像中邪了。那些丰富的感情在给我留下匆匆一瞥之后，就又溜走了。所以我现在知道别人过的是怎样的人生，而我却是个另类。”她的话让我对自己的乐观情绪也产生了疑问，我所得到的是不是也只是匆匆一瞥呢？也许她是个看问题比较现实的人，而我却觉得自己获得了某种超级能力，也许我必须认真思考一下，我只是一个快乐的傻瓜吗？

“我依然觉得自己与以前相比有所不同。”我说，不过我承认我对此也没有那么笃定。我深信的一点是，知识就是力量。知道世间还有这种美好的情感光华存在，一定会对我们如何与他人打交道起到非常重要的指引所用，就算我们与这种感受能力只是金风玉露暂相逢，其实也无关宏旨。

那天晚上我们建立起了很独特的关系，讨论我们各自对这种共性体验的不同解读。几周以后，她也用文字描述了这种体验，发表在我博客的客座版上：

前段时间，我有机会参加了贝斯以色列女执事医疗中心林赛·奥伯曼博士和雪莉·费克图主持的研究。她们采用经颅磁刺激（TMS）技术对脑部能够影响沟通的特定区域进行刺激。

在参与这个研究的过程中，我受到了一次非常震撼的心灵启示。我也能够看见和听到正常人在社会互动中所能够耳闻目睹的东西了。真正读懂了人的面部表情所传达出来的感情信息。我理解了人们说话时所用的语气传达出的含义，我也弄懂了什么叫讽刺挖苦，以前我对此可是茫然不解。

在意识到接受刺激后我的大脑思维是多么地不同之后，我才搞明白我原来是把90%的注意力都放在了别人所说话语的字面含义上。在接受刺激之前，我自以为能很好地理解别人的面部表情和语气；然而，接受刺激以后自己身上所发生的变化才真正让我认识到，在社会交往中，也许被我漏掉的信息会有50%甚至更多。

如果某个人用挖苦的语调和我说话，我可能根本不明就里。我的心思主要放在理解明面含义上，听不出什么弦外之音。只有他们很公然地挖苦我时，我才能意识到他们的真实想法和所说的话意思并不一致。不过即便如此，我的心思还是会集中在他们所说的具体言辞上，虽然我知道这不代表他们的真实想法。在大多数情况下，这让人很不舒服。

如果他们对我的挖苦没那么露骨，那有时候我还是能从他们不免自相矛盾的说话方式中看出一些端倪。声音语气和明面的意思不是很相符，我的头脑会这样解读。这也自然会引起我的困惑和不安。

如果某人很刻薄，但是表面上又显得不露声色，那我就仅仅能听懂他们的言语所表达的表面意思，对他们的深层想法却一点也想不明白。这是我在社会交往中遇到的一个主要挑战，在这样的场合我往往会让别人看笑话。我能听懂言语的表面意思，能从中听出好像某人不是很喜欢我，或者对我没有心怀善意。但是他们言语之后的动机，我就听不出来了，因为这是通过他们的面部表情和声音传达的。

当我看清了沟通的各个方面都需要通过面部表情和语调语气来传递信息，我当然就明白了为什么这么多患有阿斯伯格综合征的人会有社交焦虑症了。从某些方面看，这很像你突然被放到了一个言语完全不通的陌生国度。人们嘴里呜呜噜噜地说着你不会说的“鸟语”，还想让你理解他们。你的感觉是很想听懂他们在说什么，可只有在翻译过来后，才可能理解。当人们希望你能如他们所愿做出相应的反应，而你又根本无能为力时，焦虑感就产生了。很多他们表达出的意思，你都视而不见、听而不闻，而且还会弄出一大堆误会。不断地揣摩别人的言语，本身就是件苦差事，而且从结果来看也往往是充满了太多的阴差阳错。

我殷切期望这些研究人员能够尽快发现那些与自闭症障碍谱系内的各种失调相关的脑部区域。希望他们能够尽快提升刺激技术，以便对患者的大脑有效施加影响，能稳定地提升他们的沟通能力。我认为，对数以百万的患者来说，这是一项能让他们重新认识自我的伟大技术。

我愿意认为，那天晚上我们之间的谈话让金以更为积极的目光来看待自己接受刺激后的体验。在熬过最初因为对自己的社交失败有了深刻理解而引发的震惊之后，她毕竟还是从震惊中平复下来了，并且希望能长期、稳定地拥有这种深刻的洞察能力。她也开始相信，知识毕竟是一种力量，而且我们都认为，真正看清他人有助于我们强化自身，并改变我们的生活。因此，剩下的唯一的问题就是，如何才能长久地拥有这种看清他人的能力。

第 15 章

SWITCHED ON
A Memoir of Brain Change and Emotional Awakening

觉醒

神经学家们知道大脑的前额叶是高级意识中心，但是意识究竟是如何从这样一堆看起来像一团乱麻般的神经元中腾空而出的，仍然是一个未解之谜。前额叶是负责起心动念、进行决策、构思言语、判断正误的脑部区域。神经学家也把它称为人体的指挥中心，换句话说，这是负责对日常生活进行组织、管理的器官。所谓对生活的组织和管理就是指如何穿衣打扮、如何安排一天的工作、如何预测你的言行可能带来的后果、如何判断某项行为是否吸引人。前额叶也是我们对别人的言行进行理解，并构思回应的大脑组织。要用一句话来归纳这些功能的话，我们可以说它是大脑进行抽象思维的中心。

前额叶中包含着广泛的神经联系，能把其他脑部区域全部连接起来，还包括一个计算引擎，能够使上述所有功能得以实现。如果说大脑中有一个计算中心的话，那么前额叶就是。前额叶中还有一个布鲁卡语言区，它就是我们的语言中心。对布鲁卡语言区进行 TMS 刺激或者抑制就能够改变或者剥夺我们的语言能力。我在 TMS 研究中确定的目标区域也与布鲁卡语言区有联系，不过科学家们对我所实施的刺激，其影响远远超出影响语言的范围。

绝大多数早期 TMS 刺激瞄准的都是那些与外部世界有紧密直接联系的脑部区

域。当这些区域受到刺激以后，其结果马上就能显现出来。例如，对视觉皮层的刺激，能够让你看到想象中的光线的光波和闪耀；对运动皮质区的刺激能够让你手指和脚趾自己动起来。当 TMS 能量击打你的脑部时，这些现象就会随之出现。TMS 最初的用途之一就是帮助外科医生在实施手术之前，确认某些脑部区域的具体功能，他们今天依然在采用这个方法。如果你想切除脑部肿瘤，那么了解它周围这些脑物质都有什么功能就是很重要的一件事。TMS 现在仍然用于对中风病人的治疗，主要是刺激患者的运动皮质区以及其他区域，以帮助病人更加全面地恢复他们的身体运动功能。对 TMS 刺激的迅速反馈，使这种疗法成为可行的选择。

相比之下，对前额叶的刺激效果通常不太明显，因为你没有直接刺激那些与外部有着直接、简单联系的脑细胞。显然，找到接受刺激后会让食指动弹的脑部区域是比较简单的，但要找到接受刺激后使你"想"动弹指头的脑部区域，那就太复杂了。能实际指挥手指动作的神经元只有一组，它们的大致位置神经学家们都了解。但有数以百万计的思维脉络能让这些细胞行动起来，其中有一些是受我们的意识所控制的，也有一些不是。

科学家们希望通过把电磁能输入我们的意识中心，从根本上实现这种控制。在他们看来，他们所瞄准的处于前额叶中的这些联系，对人类来说是独一无二的；如果他们的观点是正确的，那么也可以说，前额叶所具有的这些高级功能正是将我们人类和其他动物区分开的根本区别之一。但是前额叶的复杂性意味着把某种特有联系所具有的功能区分出来是非常困难的。你刺激任何一个区域，都可能牵扯众多其他区域，而现代医学对其中绝大多数联系都不甚明了，只是有些笼统的认识。因此他们希望能够正确地猜测出某个区域的功能，但是刺激这个区域还会有其他什么影响就要通过观察来认识了。我这个志愿者就是干这个活的，对此，我的态度十分认真。

在研究项目结束以后，我了解到这些研究人员希望他们所实施的这些刺激之中的某一项能够影响我识别词语的能力。他们提出了一个理论假说，认为自闭症患者在识别某些词语时可能比较迟缓，而这种理解能力上的不足，可能会引起情感失明。即使今天，我也不知道这是不是正确。我甚至不能确认他们是否改变了我的语言理解能力。我所知道的就是这种不期而遇的副作用被他们试图去检验和测试的在数量上多了上千倍的其他事情遮蔽了。

TMS 刺激当然对其所瞄准的区域有着立竿见影的影响。物理学的规律告诉我们，当能量投送到某个区域，我们可能感觉不到它的影响是什么，但它决不会毫无影响。这只是 TMS 刺激所引发的部分后果。刺激所发出的能量也可能会对线圈之下的一组脑细胞形成惊扰，使它们进入持续几个小时的活跃状态。这可能就是阿尔瓦罗所说的抑制作用。对抑制某个区域所可能产生出的效果，科学家们可以在实验后进行测量。

但是抑制此区域也可能给另外的区域带来建立新连接的机会，这样导致的结果是，大脑可能启用新的联系路径。神经学家把这个过程称为大脑重塑，TMS 很容易诱发这种情况。目标区域受到抑制后所形成的新路径或者由此打通原有路径，可能实现的功能几乎不可限量。可能还需要一段时间，这些新的连接才能发挥出更多的连接作用，并被我体验到。当我坐在实验室中接受刺激后测试时，没有任何征兆表明我在心智方面将发生某种惊天巨变。当我注意到它时，这种结果真是完全出乎意料，但和科学家们一开始的实验目的还是大体相关的。有趣的是，林赛后来告诉我说，我是唯一一个报告了“滞后作用影响”的人，比如那天晚上对音乐通灵般的逼真感悟，以及另外一天晚上那幻觉丛生的状态。不过，也有几位研究参与者描述了他们接受刺激后所发生的改变，与我接受刺激前后认知能力提高这个情况很相似。难道是我们体验到刺激结果的时间顺序不同吗？还是因为我对刺激体验出现顺序的描述比他们更仔细？这仍然是个有待回答的问题。

阿尔瓦罗是对负责深层认知功能的脑部区域进行刺激的先行者之一。在我参与项目之前，他已经探索了 10 年之久，虽然前期研究主要是集中在抑郁症和其他精神问题上，而不是自闭症。在我们对自闭症的研究开始之前，还没有一个人真正尝试过对负责思考的前额叶中的微小区域进行刺激，或许有人尝试过，但是从未有研究成果发表在医学、科学类的期刊上。我在加入项目之后，就开始浏览这方面的期刊文章，很快意识到在当今世界从事 TMS 研究的学者可谓少之又少。

一方面，得知阿尔瓦罗是 TMS 方面的领军者之一，他带领的优秀团队正在开垦新的医学处女地，我感到非常高兴；另一方面，这也意味着我们是在单兵突进，没有先行者，也没有“友军”能给我们提供指导和借鉴。对于自闭症–情绪实验，我是第一个参与其中的患者。有时候，成为第一个吃螃蟹的人，让我自己感到非常激动；但有时候，我又觉得自己像只在迷宫里迷了路的小白鼠。

我在研读 TMS 的相关文献，并对它的潜在效果进行深入思考时，对脑刺激的历史进行了深入探索。我开始想到“历史”时，还以为是发生在 30 年前的那些事情，但让我吃惊的是，人们远在 1860 年时就开始用电刺激人脑了。那时，德国军医爱德华·希齐西（Eduard Hitzig）开始对脑部受到枪伤的士兵进行脑部刺激。希齐西博士发现，当电流流经这些伤势严重、也就只能喘口气的不幸伤员的脑部时，他们的肌肉能够产生不自觉的抽搐。此前几年，英国科学家迈克尔·法拉第也发现了相似的现象，当他把电池与一只死青蛙的大脑连接起来以后，他看到青蛙一下子就从桌子上跳了下去。我怀疑这和那些能够激发小说作者虚构了弗兰肯斯坦这个人形怪物的原理一样，是雷电带来的电流而使“魔鬼”活灵活现起来。

如果说希齐西对受伤士兵的脑部实施电击而不是进行医治，在彼时还具有伦理正当性的话，那么随着时间的推移，现在这种伦理正当性已经消失了。也许有人觉得电击也是一种治疗，可是没有人能够说出电击是缓解还是加重了他们的伤情。现在留下的只有描述他的新发现的论文，这读起来很让人烦心（尤其是当你自己也正在等待接受脑部电刺激开始时）。

在走下战场之后，希齐西回到了柏林，开始用活狗做实验。他用电流刺激狗脑的各个区域，来观察它们的反应。他利用这些反应数据，勾勒出了关于狗脑机能的草图。他在 1870 年的论文中描述了狗的大脑皮层图，代表现代医学对现在所称的大脑运动皮质层进行了首次实际描绘。这篇论文所提出的见解，指导了整整一代科学家，但是他获取这些发现的方法却引起了伦理学家们的担忧。有益的结果就能证明手段合理吗？有一些读者对解剖活体动物来做实验的做法感到毛骨悚然。他们把这些反对者称为反对活体解剖者。这些人士联合起来，对当时的医疗伦理提出质疑。由于他们的反对，柏林大学禁止希齐西在校园实验室里用活狗做实验，但他继续在同事的地下室里进行自己的实验。像希齐西这样的人，在对现代医学做出了巨大贡献的同时，也催生了上千部恐怖影片的上映。

在伦敦，神经学家约翰·休林·杰克逊（John Hughlings Jackson）对神经系统的功能提出了自己的理论，包括在那时显得非常新颖的癫痫根源在皮质层的见解。通过在英国国立癫痫病和瘫痪病医院治疗病人的经验，他提出了自己的新看法，并把这些知识传授给了年轻的同事大卫·费里尔（David Ferrier）。费里尔对希齐西的研究方式很感兴趣，他决定来验证杰克逊的理论。到 1873 年，通过用电池刺激活狗裸露的大脑皮质层，他成功地触发了癫痫发作的症状。就像希齐西描绘了大脑皮层的运动区一样，费里尔描绘出了大脑两半球上能够引发癫痫的确切位置。

可以想见，费里尔和其他人一样明白把活体动物的头部切开时给动物带来的巨大痛苦，他也能推测到电刺激所能带来的伤害。费里尔在后来那些年发表的文章中指出，问题是麻醉会使实验对象对刺激的反应变得不敏感。然而，如果不进行麻醉，那么动物反应可能更加难以解读，这可能是电刺激的结果、反射性的疼痛反应，抑或是试图逃跑。费里尔、弗里奇（19 世纪时的另一位脑研究专家）和希齐西都描写过对接受刺激后因为疼痛而嚎叫的狗进行安慰的经历。出于这些原因和他所谓的“人道主义的理由”，费里尔在实验开始前和实验进行中都对实验动物进行麻醉。

然而，当关于其实验的传言散布开以后，这并不足以平复公众对其研究的恐惧和愤怒。反对活体实验者发出了巨大的抗议之声，但是他的研究工作所具备的重要价值最终成为他有力的辩护。他发表于 1874 年的论文以及其后所做的研究，奠定了他作为伟大的实验神经学家的地位，并因此于三年后被选为英国皇家学会会员。

在这篇论文发表以后不到两年时间，就有人开始尝试对活人的大脑进行系统化的电刺激。在俄亥俄州辛辛那提医学院，罗伯茨·巴塞洛（Roberts Bartholow）是一位深受尊敬的医生。他相信，进行首次活人实验，是推进我们对大脑认识的最好方法。后来，他遇到一个天赐良机，有一个时年 30 岁的癌症患者颅骨因末期癌性溃疡造成穿孔，这让他能够马上实施行动。没有记录说明他如何得到了病人的许可，或者他给了她什么样的承诺，反正在和这位女病人熟悉以后，他用几根针刺进这位名叫玛丽·拉弗蒂（Mary Rafferty）的患者头部的孔洞中，并连接到一节虽然有些原始但电量很强的电池上。

按照巴塞洛博士的说法，拉弗蒂很友善，也“乐于配合”。巴塞洛向读者保证，病人完全是“知情同意”，但仅仅在几页之后，他把病人描写为“头脑迟钝”。他对实验的描述更加令人不安。在把一根电线插入患者的脑部后，“她埋怨说这很疼”，可他的反应却是加大电流！这时，“她流露出更加痛苦的表情，并且开始哭泣”。不久之后，她突然口吐白沫，昏死过去。

巴塞洛博士的报告仍然保存在美国国立健康研究院的档案里，今天依然能够读到。在报告中，他描述了接下来发生的情况：“在床上待了一天之后，她的情况明显更糟了，更傻也更语无伦次。”事情没有随着时间的推移而变好。拉弗蒂开始出现癫痫症状，并且在第二轮电击之后，陷入了昏迷状态。她在几天之后去世了，巴塞洛博士把她的大脑切下来，并进行了解剖检查。几个月后，他报告了这个案例。

这在新闻媒体引起了不小的抗议声浪，镇里还有一名医生向美国医学会的司法委员会递上了一纸诉状，但是这并没有激起多大的风波。几年之后，面对持续不断的专业指责，巴塞洛对给拉弗蒂女士带来的伤害和痛苦做出了道歉，但是他也强调，她是得了“绝症”的病人，癌症早已经对她的生命“判了死刑”。

但“无论如何她都不免一死”已经不再能够成为这类虐待的挡箭牌了。今天，医学伦理的标准和研究中的知情同意已经迥异于从前。然而，在读完这些可怕的历史案例后，我还是保持了积极心态，这真可以说是个奇迹。我想这也能够证明，这些改变人生的发现所带给人们的期望是多么强烈。

当我回过头来以今天的视角来观察巴塞洛的工作时，感到震惊和恐怖。但是以 19 世纪晚期的标准看，他可是一位著名的、广受尊重的脑科专家。谁敢说在百年之后，就没有一位科学家会认为阿尔瓦罗的实验与巴塞洛相比，不过是五十步笑百步？虽然我绝对信任阿尔瓦罗会非常尽心地关照我们的健康（参加实验的其他被试也都这么认为），但他的能力当然还是受限于我们今天的医疗技术水平。

正因为对此有所担心，所以我对阿尔瓦罗的一句温言警示总是难以忘记：“你体验的效果，未必总是正面的。”后来我在造访他的办公室时，和他详细讨论过这个话题。他尽管很忙，但还是抽时间来考虑我提出的问题，虽然我的问题是突然袭击。我们坐在他办公室里的会议桌旁，周围高高的书架被神经学方面的书塞得满满当当，阳光通过墙角的窗户照进来，落在他的桌子上。

我们的交谈总是很愉快。我难以预料他会讲出什么话来。有时候他会说到当代的医学研究，但是他也有可能把一两百年前那些科学家或者哲学家的观点拿出来，与我分析这对我们分析当今的问题能带来什么样的借鉴。有一天，他看起来非常自信，觉得有一个很简单但也很有趣的解释能够用以说明为什么我的绝大多数变化都是好的、为什么它们的效果可以长期保持。“记住我们讨论过的那个滑雪橇的比喻，为什么你在一条雪道上滑的次数越多，你就越自信也会觉得更容易？也许这也能解释你现在发生的这种情况。当我们做了一次 TMS 刺激，而其产生的效果你并不喜欢，它让你感到不舒服，你就不会选择再走这条道了。反过来，当我们得到了好的效果，你对它非常喜欢，你就会去问朋友们，看他们是不是发现了你身上所发生的变化。你自己也会主动去寻找这样的发现，会努力沿着这条道走下去。 因此，是你自己的头脑在选择和强化更好的结果。也许在最初进行刺激时，没有什么事情能保护你不受那些坏的结果影响，但是你的意识将选择抛弃那些坏的结果，而专注于体验那些好的结果。”

我不敢说他这种对变化进行解释的理论是不是让我更心安了。“这种看透人心，与音乐融为一体的感觉真的很棒。不过这种洞察力消失得很快，又会有另外一种新的情感领悟之道产生出来取而代之。”

“觉醒，”阿尔瓦罗对我这种想法微笑以对，“看起来的确是在变化。你的情感知觉正在觉醒。你一直具备深层感知的能力，这从你的著述为文中就能看出来。但现在你身上正在觉醒的是一种当你从其他人身上看到或者听到一些事情时，在回应中所表现出的深刻的感知能力。”他的言外之意是，我现在对耳闻目睹之事所体察到的情感不过是普通人的正常能力和品质，但是这些年它一直在我的身体内受到抑制，或者说一直在沉睡着。

我开始意识到，这里存在着一个连续体，其中一端是高度逻辑化的思考，另外一端则是情绪化的感悟。绝大多数人的思维都处于这两者之间的某个位置上。阿尔瓦罗对此表示同意。但他补充说，我们的思维在其中所处的位置是一个变量，因为大脑会调节我们的回应方式以符合外部世界的现实情况。“你一直偏向理性这一端，也许现在情况发生了一点变化。”他补充道。

“是的，”他继续说道，“这听起来不错。我想你大脑中的某些‘电路’配置本来就能完成这个任务，而 TMS 测试是让它们马上启动起来的唯一方法。也许一直以来你都不知道如何进入这个情感的世界，或者这种‘电路’被抑制了，而 TMS 让它们重新焕发了生机。虽然你很惊奇刺激的效果直到次日才出现，但要建立新的情感‘电路’这点时间是远远不够的。因此我说，这种配置应该是原本就有的。”

他坐在那里，思考片刻。“当我们实施针对抑郁的 TMS 时，它也表现出一定的延迟效应。有一些病人说，当他们走出实验室时，感觉好了许多。但是对大多数人来说，显效还是需要一定时间，有时就和你报告的这种情况一样。”

他的话不禁让我开始遐想，我的大脑中会不会还有别的预先设置好的电路呢？我们会不会已经预先“编制”好了多重人格，只待机缘巧合时就会启用呢？就像我这样，这种“情感视力”一直潜伏在意识深处，静待着被一朝激发？35 年前，当我只有 15 岁时，我妈妈令人恐惧的幻觉看起来是那么逼真，就和我前段时间获得过的这种“情感视力”感觉一样。“这里有妖怪，约翰·埃尔德，一共有两只。”她在病情发作时，经常会这么说。我会朝着她指向的地方看，但只能看到空空的天花板。而且，她还会因为明明有妖怪，我却看不见而对我大发雷霆。

医院里的医生努力向我保证根本没有什么妖怪，说那根本就是我妈妈的胡言乱语。他们会对她进行医治，几天之后，她就会呈现出一种受到抑制的但相对正常状态。可我永远忘不了，那时她的心就好像突然接通了某种特殊的开关，一下就看到了一个我根本无缘得见的迥然不同的现实世界。从那以后，我就老是奇怪是不是我们每个人的心中都有妖魔，只要被阴差阳错地合上开关，它们就会突然从眼前冒出来？

“TMS 刺激也许对你非常有效，因为你有着极佳的自我反思能力。也许正因为如此，你才会写这本书，又或者，你写书的过程也发展了自我反思的能力。不论如何，这都不是寻常事，这有助于你领悟变化，并对其进行专注的思考，而那些没有那么强的省察能力的人就极易忽略这种感悟。”

这就提出了一种有趣的可能性。阿尔瓦罗说过，有一些年轻的被试没有感受到任何刺激效果，虽然他们在测试中表现出了不同之处。我没有遇到过这些年轻的被试，他们对我来说还是无名氏。不过我想推测一下，为什么我能描述出这种体验，而他们没有做出任何报告的原因。注意到 TMS 的效果和“努力改变”以显示出效果是必须的吗？是不是我自己在这方面所付出的努力，才是我的变化比他们更明显的主要原因？

阿尔瓦罗说：“这很有可能。如果和治疗配合起来，也许 TMS 刺激就会更加成功。但是在研究过程中接受治疗又会带来另一个问题。批评者们会诘问我们，究竟是 TMS 刺激还是治疗产生了效果？要把这二者分清楚，难度肯定很大。”

我意识到他说的是对的。从研究者的角度来看，他想让实验简单一些。但是从一个迫切想要改变的个体的立场来看，我当然更想看看咨询和讨论是不是也能帮助我实现改变。

对第一次 TMS 刺激的体验，也就是对音乐的领悟能力突然觉醒的那一次，真是让我大吃一惊。没有人预料到会有这样一个结果，这让我相信我应该对后续的任何实验都张开拥抱的臂膀。因此，当实验进行时，我想我对刺激所触发的反应给予了绝对高于常人的关注。我知道更高的情商是我的大目标，但是我不知道具体应该在哪一方面寄予厚望。研究人员也不知道这一事实提示了我，应该特别注意那些不寻常的事情，因为我不知道什么是重要的，什么是不相关的。

我把我的体会与从其他几个被试那里了解到的他们的一些体会做了一下对比，他们有些人是独自生活的，不像我这样喜欢与很多人互动。还有一些在接受 TMS 刺激后有了一些临时性的改变，但是随后他们就回到家中，独自一人度过漫漫长夜，直到刺激效果烟消云散。从他们的情况来看，应该是和我体验到了同样的变化，只不过在不经意间就很快消失了。

我儿子也感觉到自己的知觉发生了变化，但是他没像我一样对所发生的情况进行专心思考。说到 TMS，他是在缺乏兴趣和感到兴奋之间游移不定，不过他从未否认 TMS 让他的感觉更敏锐了。我们两人都想知道，这能给他带来多少持久效果。不过这可很难说，因为在我们参与研究的过程中，他没有过多地考虑人，也没有表现出太深的情感洞察力。他希望自己不要太关注即将到来的 TMS 刺激，因为他的兴趣仍然在化学和计算机等科学技术方面。在这方面，可以说 TMS 对其并没发生什么影响。也可能作为一个十几岁的孩子，他的情感还不是十分成熟，还难以进行充分的自我省思。我非常焦虑不安地意识到，我自己的婚姻基础算是被 TMS 动摇了。我不知道在我儿子身上有没有发生类似情况，他和女朋友的关系有没有因此受到影响。我知道这是他的第一段罗曼史，对他来说珍贵得无可比拟。眼中的世界变了，这可是一件大事，你的整个生活都会因此失衡。马莎的担忧一开始来说像是抑郁引起的说法，但是随着研究项目的推进，这越来越像是一语成谶。当研究结束后，我和我的朋友迈克尔 • 威尔克特斯一起讨论这件事时，他还并不认为自己在情感方面新获得了细腻的感知能力，但是现在他的意见也改变了。

迈克尔最近告诉我，在接受过 TMS 刺激后，他现在变得好像不会读虚构作品了。他以前总是很期待新的《纽约客》杂志，尤其是每期杂志上新刊登的那些精彩的短篇小说。他有时候梦想自己也能写上这么几篇，甚至当 20 世纪 90 年代早期在哈佛大学时，还去参加过一些创意写作课程。但是，当接受过 TMS 刺激之后，他对虚构写作的热爱褪色了，取而代之的是由得知别人的不幸遭遇之后泛滥而起的情感所引发的一种绝对的恐惧。直到今天还是如此。这听起来很有意思，但是直到今年秋天我们一起聊天时，彼此才谈到这种新近体会到的感情上的脆弱，得知对方的感受让我们都很吃惊。一想到我们两个大男人读杂志还掉眼泪，这种多愁善感的儿女情态真是有些让人感到难为情。

那么我所经历的幻觉又该如何解释呢？没有一个研究人员能给出一个现成的答案。蒂莫西 • 利里（Timothy Leary）博士也是哈佛大学的教员，他曾经描述过自己由于服用药物而引起的幻觉体验，这种幻觉促成了他的人生变化。我自己的幻觉体验，也让我感到人生自此不同。利里博士研究由从蘑菇中提取的裸盖菇素引起的幻觉体验，这与我那天在必胜客回忆的情景相仿。

我想起了那时我的一些朋友吃致幻蘑菇或者麦角酸二乙胺的情景，如果有五个人一起吃的话，可能会有一两个描述说他们感到有幻觉产生，而别的人却可能埋怨啥感觉都没有。“任何感觉都没有。”其中的某一个人会一边这么说着，一边再吃上一小把。此时按说有可能出大事，但对某些人来说只是“不过瘾的剂量”却可能相当于把最敏感那位“送上轨道”的剂量的 10 倍。

也许在 TMS 刺激这方面所发生的情况与此类似。早期的生活经历已经显示出我可能是个特别敏感的人，其他人也许需要两倍或者三倍于我的刺激强度，才能体会到与我相似的感受。我也不太确定，在别人体验到我的这种幻觉时，会有多少人愿意大声说出来。考虑到世人对幻觉这种事情的看法，很多人可能会感到难为情，会羞于把自己的体验公之于众。20 世纪六七十年代是和现在完全不同的年代。

“你为什么会觉得自己总是很敏感呢？”当我把这种可能性提出来后，如果阿尔瓦罗这么问我，那是很合情理的。很幸运的是，我不用把当年嗑药的经历搬出来，就能很好地回答这个问题。我给他讲了三次最新经历的事情，都是我在接受精神治疗的过程中由于服用处方药（主要是治疗焦虑和抑郁，这两种症状在自闭症患者中很平常）而产生的。这几次，我都是仅仅服用了医生所说的“最小初始剂量”，就因药效发作而被“放倒”了。对每种药物，我最终都只服用了标准用量的五分之一到二分之一，就赶快停药了，因为我觉得影响太大了。

林赛对此一点也不吃惊。好几次她都评论说，我的这些体验没有其他人报告过——比如能数出 TMS 发射时的啪啪声响了多少次，或者能数出头脑中受到的冲击有几次。

最近这几年，有一些研究证实了我的体验，我们现在知道自闭症患者一般都超级敏感，比如我对声响的辨认能力。其他一些自闭症患者也对精神类药物表现出了超常反应。我能确定的一件事是，有的人能喝 12 听啤酒但一点事没有，但如果让我喝上一听，那一定是天旋地转的效果。因此，我坚持喝冰茶提神，对任何违规的药物全部敬而远之——我年龄大了，再经不起折腾，嗑药以后飞车奔赴墨西哥州的事情再也干不动了。

或许我是对自己一干某件事就会出现某种状况的可能性有点杯弓蛇影了。我想得越多，就越觉得幻觉是一件如此强大、如此灵验的事情。曾几何时，人们直截了当就把幻觉等同于嗑药磕嗨了，甚至在几年之后，我还认识了一些自认为已经被幻觉强烈改变了的人。作为一个有趣的注脚，也有一些研究者正在研究如何通过扩展意识、产生幻觉，让那些弥留之际的病人们找回安详、舒心的感觉。也许 TMS 刺激就让我们或多或少有了类似的一种感受。

第 16 章

SWITCHED ON
A Memoir of Brain Change and Emotional Awakening

科幻成为现实

当我上八年级时，读到一本科幻小说，书名叫《献给阿尔吉侬的花束》。如果你读过这本书，或者看过根据这本书改编的电影《畸人查利》(*Charly*)[①]就会知道，对书中的男主角查利来说，一件从希望开始的事，竟然在阴差阳错中以悲剧收场，实在是造化弄人。故事开始时，查理是一家面包房的看门人，脑子有些迟钝；后来科学家们妙手回春，改变了他的大脑，让他成了一名超级天才。仅仅数月之间，他就从一名打扫厕所的杂工变成了一流科研论文的作者。后来查利发现这种让自己变聪明的高科技存在一个漏洞，眼见自己的智商又被打回原形，站在智慧巅峰的感觉来也匆匆去也匆匆。我突然发现自己对这个故事入迷了，开始联想自己是不是和查利有点类似。我自己这点转变当然没有查利那么神鬼莫测，但是 TMS 技术仍然是我人生的一个引爆点。

我读过很多科幻作品，对于自己心仪的一些作家所具有的未卜先知的能力，总是感到十分着迷。我发现自己现在也变成了科幻故事中的一个角色，但是查利的结

① 1969 年获奥斯卡最佳男主角奖的影片《畸人查利》由科幻小说《献给阿尔吉侬的花束》改编而成，由克里夫 · 罗伯逊（Cliff Robertson）主演。

局，似乎也昭示着我的未来，这样的念头让我心寒。随着这项研究的进展以及其消极后果逐渐显露，我和查利之间的相似之处，越来越明显了。

在参加 TMS 刺激之前，我是新英格兰小镇上的一名汽修技师；而现在，参与这个项目之后，我出现在了国际舞台上，想形成自己对自闭症和神经多样性的看法。我在这几个月中学到的有关自闭症和脑科学的知识，比我在过去的 50 多年中学到的其他知识都多。我能很快地搜集到新的知识，也能很快就畅游在新知识的海洋中；不论是通过阅读专业书籍、文章，还是请教身边的医生和科学家，各种来源的知识和智慧我都兼收并蓄。有人会说我的第一本书就是对这些变化情况的总结和积淀，并且我也真的认为这本书给我打开了很多扇大门。但是我相信，自己通过 TMS 所得到的洞见和新的能力能让我真正走进这些大门，抓住新的机遇。

朋友甚至一些熟人都开始说我有点变了，虽然他们说不清我究竟是怎么个变法。在书中和电影中，当查利开始改变时，身边的人也是这样说的。但是这种变化会持续多长时间？如果这部书真的可以作为我的参照的话，那么我也到了需要担忧的时候了。我潜在的能力的确被 TMS 激活了，但它们仅仅在数小时或者数天之后就渐渐消失。我从不敢肯定还有什么精华之物留了下来，或者究竟失去了什么，我担心自己会不会落得和查利一样的下场。

有那么一些时刻，我感觉自己得到了很多东西……这让我感觉自己需要为此付出某些代价；也有那么一些时刻，我希望自己当初没有参与这个项目才好，因为就算我对他人的感知能力有些弱，但我完全能够自如地以自己的方式应付生活。在开始实验之前，我从没想到自己可能会对某种灵敏性得而复失。一想到《献给阿尔吉侬的花束》这本书，我就不禁担忧 TMS 是不是也就像是一场扑克游戏，最终当这些实验结束时，我会输得干干净净。

还没等我把一些新发现的能力了解明白，它们就又得而复失了；此时，这种想法变得难以忽略。在 20 世纪 90 年代末期，当我得知自己是自闭症患者时，一开始给我治病的医生就告诉我，“你生来就是如此”。的确，除了这一句话，我对自闭症一无所知，也从来没有对此有所质疑。我对事情总是往好处想，得知自己的诊断结果后，我就开始教自己如何按照别人期待的方式行动，以便适应社会环境。我并不总是一帆风顺，但这毕竟还是帮助我获得了一些稳定性，并取得了一些专业性的成功。但是在内心深处，还是依然故我，或者只是我自己这样认为。是阿尔瓦罗和其他的研究人员向我揭示出，过去我的视野是多么地局限。

从第一次诊断之后，又有精神病学者、心理学家和神经学家在不同场合对我进行过评价。每一次，在他们开始之前，我都感觉自己好像是一个即将被揭穿的骗子。你可能很吃惊，在我的感觉里这就像是一次残疾诊断，的确如此。在大半生感觉自己是个身心有缺陷的人之后，才得知自己只是一个典型的自闭症患者，还算不上身心不健全，这真是莫大的幸事。可是我老是担心，他们会不会搞错了，因为那样的话就意味着我真是有缺陷。不论挣了多少钱，取得了多少成功，这种担心都未曾离开。

我在上小学后也老是这么想。有时一道数学题的答案在我脑海中跳出来，而老师却说这不算，因为我没有解题过程；或者更晚一些，当我为了获得一个工程师职位而在履历上撒谎时，感觉都是这样。但每一次，诊断结果都是一样的。每次当诊断开始时，我都有些担心，恐怕自己不符合那些想象的标准，可是随后又会对没有马上好起来感到失望，虽然医生们总是告诉我，自闭症将会伴我终生，但阿尔瓦罗、林赛和他们的团队给了我希望。“我们的大脑一直在改变中，总会通过我们所说的可塑性过程，重新设置‘电路’，”阿尔瓦罗这样对我说，“你在数学方面通过练习取得了进步，对不对？那就说明如果你刻意练习如何与人交往，一样也能取得进步。这两件事都是通过对大脑进行微调优化来更有效率地工作，其间并没本质区别。”

“我们认为 TMS 就能帮助你进行这个微调优化过程，并加快实现的速度。”

也有那样的时刻，我表面希望对自己进行微调优化，但私下里却说，这样的时刻早已经过去了。在《看着我的眼睛》这本书中，我和大家分享了我的故事，谈了对自闭症的兴趣，以及自己多希望从这种障碍中走出来。顺理成章的是，写完这本书后让我感觉自己对读者负有一种责任，应该继续把我的人生旅程写下来与大家分享。当第一次与阿尔瓦罗和林赛共进晚餐时，我对 TMS 项目的前景感到十分振奋，因此征询他们可否把这件事情写在博客文章里。“当然好了，”林赛对我说，“描写一下我们正在做的事情，看看有没有人读过之后愿意加入我们的研究。”林赛向我强调了她们在宣传册页中说的那些内容。“我们必须说话谨慎，”她解释说，“因为医院的审查委员会对我们如何向潜在的研究对象介绍监督很严。切记不要误导他们，或者承诺我们给不了的结果。”

当我一开始在博客中描述 TMS 项目的情况时，我努力把研究的有限目的说清楚，但是仍然有很多读者以为按照我的描述，TMS 已经就是一个针对自闭症的成熟疗法了，虽然我明白无误地说过它不是。当我看到自己的博文发出一天之后的流量统计时，我顿时惊呆了，这篇博文居然被下载了好几千次。除此之外，林赛的手机也被打爆了，电话和短信询问让她难以招架。当这些研究人员第一次找到我时，他们正为找不到成年自闭症患者参加研究而发愁。但是，当我写过几篇有关 TMS 的博文之后，志愿者们像雨后春笋一样冒了出来。

“我们本周就有四位新成员加入了研究项目。”林赛激动地对我说，此时项目才刚刚开始。得知自己为项目做出了一些小贡献，我感到很自豪。随着签约加入的人越来越多，我希望时间能够证明自己在博客上公开这个项目是个正确的选择，更衷心希望这些受我影响而加入的人能够从中获益而非受到伤害。

每次当我造访实验室后，都会获得新的见解，我感到这是很棒的经历，可是当我如获至宝的那些天赋般的神奇能力得而复失时，我又该说些什么呢？阿尔瓦罗和林赛都来安慰我。林赛对我说：“首先，你没有理由担心。不要因为自己又难以看透人心，就怀疑自己在进行 TMS 测试之前原有的智能也会丧失掉。我们在一开始就和你说过，通过 TMS 刺激得到的任何能力都可能是暂时的。不论这些能力现在溜到哪里去了，你曾经描述的现象都是非常值得关注的。”

也许是由于我自己感觉到的自卑感——我自认为其来源于自闭症——让我在一开始描述 TMS 刺激的潜力时显得过于热情洋溢了。不管怎么说，我毕竟不是一名神经学家。“能够吸引志愿者参加是件好事，”林赛说，“但我担心这些打电话来咨询的人期望值过高。他们想得到治疗，但这并不是一项治疗性研究。这只是一项基础性研究。很多给我打电话的人都搞不清两者之间的区别。”

我从她的言谈中得知，世界上还有很多人像我一样在某种程度的身心残疾状态之下无奈挣扎，都期待有那么一天能够突然得遇神医妙手。后来还有很多父母为他们的子女向林赛打电话求助。他们的经历让我伤心动容，因为我仍然记得自己的孩童时代是多么孤独，但是我也知道自闭症也在一定程度上帮助自己成年后在某些事业上取得了成功。任何一位母亲如果见过童年时的我，肯定也会心痛不已。

“童年时的孤独看起来成了我的一堂必修课，”我在演讲中告诉台下的听众，“如果我真能像梦想的那样有了那么多朋友玩伴，就根本不会有时间埋头钻研，也成不了今天这样的技术控。在我这个年纪，回头看去就很清楚了。在这个世界中有许多为人和悦、友好却没有任何一技之长的朋友。我们当中只有少数人能像其他人洞悉人心一样，在机器研究方面做到卓尔不凡，这就是我们的价值所在。如果我们今天真的用 TMS 治好了某个孩子的自闭症，那我们是不是也就剥夺一项能让他在明天大放异彩的天资？我们是不是应该用他可能在 25 岁时造出宇宙飞船的大希望来兑换让他在上小学七年中得到几个好朋友的小‘福利’？”

这些都是 2008 年时的假设性问题，但是我相信它们很快就会成为现实性问题，我希望就此开始对话。不幸的是，很多给林赛打电话的父母都没有对话的兴趣。他们就想治好孩子的病，而且巴不得马上治好。我们都不知道怎么来回答他们的提问，除了告诉他们这是基础科研项目，并不是他们梦寐以求的特效治疗。

我从来没有告诉林赛的是，我当年的心情和那些最热情的致电者一样迫切。当你生病时，态度非常重要，有研究表明那些态度乐观的病人比那些屈服于病魔的病人康复率要高得多。自闭症并不是这一种疾病，但是我希望这种类比能够成立，并且这种积极的态度能够转变为真正的成功。当我有时候反躬自问时，感到 30 年前处于同样境地的自己非常给力。我告诉 KISS 乐队的同事们，我能做出一把喷火的吉他，结果真就做到了。“没问题。”我给自己打气，虽然我此前还根本没有做出过如此陌生的物件。就靠着这股蛮劲，我敢吹他们敢信，我们还真干成了，我给他们做的每把吉他都是良工精品。

然而，我在网上发表的关于该项目的帖子也引出了不少问题和广泛的议论。有些读者坚信不疑，有些读者则将信将疑。

其中最难回答的一个问题是：“你为什么要参与这件事情？”在写完我使出浑身解数为自己赢得了美好生活以后，很多读者难以理解，既然如此，我为什么又要这么急迫地迎接变化。这是个难题，因为我自己也没有很确定的答案。

接下来是技术性问题：他们正在刺激哪个区域？采用的是什么方案？这听起来很吓人，我决定自己恶补一下这方面的必备知识，以免真的搞出问题。迄今为止我的这个办法还是很成功的，很多事情虽然一开始时经常一无所知，但通过学习，最终还是取得了不错的效果。举例来说，虽然刚开始时我没有什么专业知识，但是当我为 KISS 乐队制作的那件能够喷烟、冒火、发光的乐器大功告成以后，我已经成了喷火吉他制作方面当之无愧的顶级专家。在 20 世纪 70 年代，还有谁会有这么大胆的想象力呢？

这种刺激一开始看起来很简单，我需要做的就是解释这个 TMS 的过程。不幸的是，后来我才悟出这个过程原来和剥洋葱有点类似。每一层解释又会引出新的问题，我很快就发现以自己的医学知识水平有限，很快就会走到黔驴技穷的境地。

不论何时当我感觉自己已经做好了准备，最后总是发现事与愿违。各种问题接二连三冒出来，虽然我前边说过自己是在解释的过程中学习，但是当我真的开始解释时，我意识到自己在电子学、工程学和物理学知识还是不够。即使最简单的问题，真要说清楚也困难异常。

这有什么用？

你怎么知道它安全？

或者就拿最基本的问题来说：这是如何运作的？

问题答案要从把 TMS 线圈发出电磁能射入大脑中微小的神经纤维束说起。但是当我写下这个句子时，我似乎已经看出问题来了。为什么？这件事怎么才能做到？脑里的神经纤维束是什么东西？我的第一个答案对有些人来说足够了，但还有些人想了解得更深一些。我也是其中一员。“不入虎穴，焉得虎子”，要彻底做到这一点，唯一的办法就是顺着能量流进入大脑上的这个“兔子洞”，去掌握第一手的资料。我持续不断地学习，不停地写文章，但问题也源源不断而来。

当能量进入神经元以后，会发生什么作用？

为了解释这个问题，我首先转向阿尔瓦罗推荐的神经科学教材寻求答案，但也不是完全满意，于是我转向大师本人求助。我寄希望于他能回答任何问题，但是惊讶地发现他的知识也有些捉襟见肘。不过，通过深入理解他的各种观点和见解，和他带的这些博士后交流，还有我自己埋头读书，我也总算形成了一个综合性的概貌性认识。我发现自己对大脑的深层结构了解越深入，事情就变得越复杂。

大脑通过分解酶产生电能，酶是随着氧气和其他必要物质一起由血管输送到大脑的。电能又形成了在神经元之间传递的信号，这就像电能在计算机内的各个部件之间传递一样。在使用电脑时，每当我们敲击按键，信号就被输送到处理器中，然后又传至打印机，这样一篇打印好的文章就会出现在打印盒中。对大脑来说，当眼睛看到一块咸肉，鼻子通过味道确定无疑。大脑就会向手臂传递一个信号，手就会把一块咸肉拿起来，放到嘴中。这两个过程的共同点在哪里？那就是它们都是由一系列微小的电信号进行顺序控制的。那额外的能量又是如何影响这些过程的呢？

看第一眼时，貌似 TMS 可能会扰乱大脑中的电路。“嗯，就是这么回事。”阿尔瓦罗肯定了我的想法，“TMS 就像是一个重置键，可以对大脑中的目标区域进行重置。”但是他接着解释说，TMS 可能有一种类似“调大”的功能，这就像增大了立体声音响的功率，能让它发出的声音更响亮。另外一种可能性是，TMS 通过对我们大脑中的某些神经网络进行重置，从而临时性地改变了我们大脑的神经网络。在阿尔瓦罗的实验室中，实验遵循的基本顺序是：发现某个可行的目标→对其进行刺激→观察产生的结果。

当我更深入了解了这方面情况以后，发现很多医学研究都遵从这样的程序。直到最近，我们还搞不清楚药物是如何发挥作用的。我们要发现合适的药物还是一靠机会、二靠实验，第三就是什么有效用什么。青霉素就是个典型例子，它是 1928 年研究人员在实验室培养中发现的，并很快显示出其用途；但直到 16 年之后，它的化学结构才被搞清楚；而早在几十年前，我们就已经确切地认识到为什么它会有疗效。

我们这个 TMS 项目也与青霉素的发展过程相类似，大家知道它有效力，也有明确的效果，但是对这种疗法中的微妙之处，还没有充分认识。但是没把道理理解透未必就意味着我们不能对其善加利用。在这个学习阶段，我可谓不耻上问，而且我想自己在物理学和工程学方面比医生们还更有优势！不过，现在我才认识到，这点知识上的优势只是让我陷入更深的迷宫之中，根本没有发现确切的答案。

当我一头钻进神经科学的大部头中时，也有越来越多的人来读我的书和博客文章，我每天早晨都有新的电子邮件要回复，还有一些读者直接给我打来电话。当电话响起，我总是吃惊地发现对方是自闭症患者，而不是车辆抛锚的奔驰和路虎车主。

我的原意是写写这项技术的前景，以及这个激动人心的新的治疗工具可能给自闭症患者带来的潜在帮助。可是这些读者打来电话，不是对这项研究感兴趣，而是朝着治病来的，问我怎样才能得到这样的治疗机会。我发现自己陷入了一个奇怪的境地，我是一个向陌生人介绍最尖端的神经科学知识的汽修技师，而他们听了我的言论之后却把我当成了这方面的专家。我最拿手的事情是介绍工程原理，大脑的事情还是交给医生为妥。我把很多打电话咨询的人都介绍给林赛，而自己还是继续努力学习。

也有些父母打来电话，是想让他们的孩子到我的汽修厂来当学徒，希望他们能学到一些汽车方面的技能。虽然这在理论上可行，我也希望能满足他们的期待，但实际上却没法办到。找一屋子患有自闭症的徒弟埋头苦干，我会把自己搞得像个黑心资本家一样，其实却是哑巴吃黄连，要把他们培训和管理好，对我来说真是不能承受之重。但四年以后，我们还真的用上了这些自愿来学习的徒工。一位来修捷豹汽车的心理学家，把我推荐给了三郡学校的人，这是本地针对公立学校中有发育障碍的学生设立的培训项目。他们正在想方设法让自己的学生学会一些真正能够谋生的技能，以便在毕业后能够独立生存。于是在 2013 年夏，我们与三郡学校在我的罗比森汽修厂联手开办了特殊高中生培训项目。当撰写这本书时，我们的合作已经走到了第二个年头，这正是一开始那些打来电话的家长们希望我做的事情。高年级的高中生在我们这里学到了谋生技能，然后开始成为领报酬的学徒工，还有学校的管理人员对他们进行管理。我甚至还把这些年学来的神经科学知识用到了对他们的培训上，学校的心理咨询教师运用脑波监视器和神经反馈来帮助学生学习如何管理自己的行为，我们也试用了由明瑟博士的实验室开发的自我管理技能。到目前为止，项目一切顺利。产生做这样事情的想法，对以前的我来说是不可想象的。

当我著述的有关自闭症的书籍问世以后，我也接到了一些科学家和研究者的电话。从 2008 年夏天起，我还接到过一些非营利组织的电话，他们想让我参与对有关自闭症研究方向的评价。他们邀请我和他们一起工作，挑选一些有希望的自闭症研究项目进行资助。后来我还接到了来自美国国立卫生研究院自闭症研究协调组的电话，在电话中一位女士对我说："我们正在对一些建议中的自闭症研究进行评审，我们想知道你愿不愿意给我们一些参考意见。"我的第一个念头是："怎么选中我了？我也不是个医生，在评价研究项目方面也没有什么经验。"不过看她的号码显示她是政府机关的人，我还是认真地听她讲下去。

"我们想把社会成员吸收进研究项目的筛选过程中，"她告诉我，"我们已经找到一些自闭症孩子的父母加入了这个委员会，但是我们很难找到愿意并且有能力提供服务的成年人。我们认为你的加入非常有价值。你能接受我们的邀请吗？"

我决定尝试一下。他们让我了解项目的建议书，并让我就这些备选项目会如何影响自闭症群体投出自己的一票。我要站在一个成年的自闭症患者的角度来评判，哪一个研究项目最有意义、最有益处。我的意见会和自闭症儿童父母的意见以及科学家的意见一起纳入统筹考虑。

我的朋友们都支持我的意见。戴夫说："这事不错，我也想有这样的机会。"这让我感觉很好，并在博客上披露了我决定参加评审委员会的事。读者中什么样的反应都有。有尖刻的警告："他们只是想利用你，你成了他们的招牌。"我不知道是应该为此感到生气还是悲哀。有些评论则是愤怒，有个评论者用咆哮的口气写道："他们凭什么选你！你连高中都没毕业，还有资格评论自闭症医学项目？"我的朋友鲍勃安慰我说："他这纯粹是嫉妒。"不过这些尖刻的评论还是让我有点受伤。

马莎对此倒没有多热心。她更乐于我到华盛顿去旅游一趟，她担忧我对自闭症医学研究的兴趣会让我们的谋生之道脱离正轨。她对科学不科学的不感兴趣，也许是因为对此心怀恐惧吧。回头看看，我觉得她的担心很现实，也很有道理，但是在那个特定的时间，这却像是在我们之间的关系中又打了一个楔子。也许她还没有领悟到自闭症研究已经成为我人生中一件重要的事，或者我的内心正在经历着多么迅速的变化。

整个评审过程感觉都很好。我们组需要完成对 155 个建议项目的评审，给我分配了六个项目，但是出于好奇，我实际上对全部项目都研究了一番。我们在华盛顿特区的一间会议室里集合，对这些项目进行讨论和票选。

我们每个人都为分配下来的项目建议案打了分，这些分数全部都填在一张表格里，以便对所有被评审的项目方案按得分高低进行排序。然后我们又对每一个项目进行了讨论，每个人都能进行评论或者提出质疑。我尽情利用了这次机会，问了很多问题，发表了很多议论。到午饭的时候，我忽然感到有点心虚，担心自己说的是不是有点多，有些话是不是说得不太对。

也许是 TMS 让我更敏感了，并因此感到心虚。我早先在公司工作时，在开会时发表的议论就经常让大家不开心，虽然我说得其实没什么错。那时我看问题的观点是，我这是在履行职责，对事不对人。当某个领域有 100 万件有缺陷的零件处于行将全部报废的当口，我感觉当着满屋子的工程师们说“你们设计的东西不行需要重做”，要比无奈地向董事长解释更合适。可是在企业里，我这种深刻的技术洞察力和直通通的说话风格，没有为我赢得声望和赞赏，而是完全相反的东西。可是在绝大多数情况下，我却根本不知道错在何处，只知道他们再也不愿意和我待在一起。与以前的情况不同的是，这些科学方案的评审过程都进行得很顺利，对有些建议我不太同意，还有一些我不太支持，但我没有指责其中任何一个人胡说八道，也没有喊他们是傻瓜，或者打断他们的发言。

中间休息时，科学家们朝我走过来，与我寒暄。他们向我提问，和我分享观点，感觉对我所说的事情真心感兴趣。我不想把发生在自己身上的这种显著变化，以及由此导致的融洽交流都直接归功于 TMS。我更想说的是，我相信是它打开了我的眼睛，随着视野的扩大和洞察力的提升，我的大脑自然而然发生变化，因此我才能和这个团队更和谐地相处。

政府方面的主持人主持了会议，肯定我在那儿是个受欢迎的人。“你问的那些问题都是些好问题，请继续。”我说的一些事情，甚至激起大家长久的讨论。会议结束后，这位主持人问我，愿不愿意参加其他的委员会。“我们想广泛采用你的见解。”她告诉我说。对于自己的良好表现我十分自豪，对于她发出的邀请也深感荣幸。第二天，当我正在给手下员工画示意图，指导他如何把水泵安装到路虎车上时，突然想到了“认知失调”这个词，我有点怀疑自己现在是不是正面临这样的状况，需要应付好两个不同的世界。

之前在委员会服务的经历又给我带来了其他邀约，我在自闭症医学方面的介入越来越广。转眼之间，我的世界变得如此不同。我为自己的贡献感到骄傲，为自己被一个新的世界接纳而感到骄傲，但我还是经常感到恐惧和孤单。这么多年来这还是第一次，当尝试一个新领域时，马莎没有陪伴在我身边。有些人把独处视为一种生活方式，但我不是这样的人。对我来说，在一个迅速变化着的世界里孤单无助地生活，会让人惶恐不安。

当沉浸其中时，自闭症医学的世界给我带来很多乐趣，但是当我回到家中，夜里躺在床上时，我的心绪就开始游荡，清晰地感到恐慌袭来。朋友们觉得我的新生活很酷很刺激，没有人能想到我这些年来精心营造的安定感完全无影无踪了。在我参加这些研究并就此写一本书之前，就和其他成千上万的人一样，早上起床，然后去上班，干那些我多年来一直在干的工作。但现在这样的日子过去了，明天究竟会怎样，没有人能告诉我。

研究者们喜欢事物演化发展中存在的不确定性。林赛说："这是我这份工作最棒的一点！每一天都有变化，既有趣又令人兴奋！"在实验室里，我闻言一笑，对她的话表示赞同，但当我晚上回到家里，必须努力抵挡阵阵袭来的恐惧感。

当我发现自己又重浸在原先认为已经远离的沮丧情绪中，我和马莎的关系彻底变了。这可怎么办？她说我已经变了，我们两人之间的关系已经不复以往。她有些害怕，我也有同感，因为我相信她是正确的。我已经变了。

多年来对她这个人我已经完全接受了，可我发现我现在的想法是没法应付她的抑郁症。反过来，她又把新发现的我的这种脆弱表现理解为对她的排斥，这让我感到悲哀而迷茫。

这是我第一次从身边人身上感受到恐惧。这样的情绪回旋在我儿子的周围，接下来他还要接受更严峻的考验。相比电影《星际迷航》中的斯波克先生，这是一个更大、更让人难以接受的变化。正在泰山压顶一般向我们逼近的是《献给阿尔吉侬的花束》中主人公那样的恐惧——似乎我要经历什么好事，结果它却擦肩而过，只留下一个比以前更残缺无能的我，而我现在充分意识到了自己失去的究竟是什么。

在每一个夜晚，当白天的喧嚣已经褪去，恐惧感却盘桓不去。我周身就只剩下了恐惧这种坏情绪。婚姻正在破裂让我害怕，想到儿子可能入狱让我害怕；还有一个念头更让我坐立不安，我感觉在误入歧途的自卑感和让自己变得更好的渴望这二者的双重影响之下，是我自己把这些事情都引爆了。从我一走进 TMS 的实验室那时起，这一切就早已注定了。正如亨特·汤普森博士（Hunter S. Thompson）所说的："既然买了票，那就上路吧。"

但是汤普森在 2005 年把子弹射向自己，《献给阿尔吉侬的花束》中的查利也死在了精神病院。从新的 TMS 实验中感受到的兴奋之情的确很棒，可我现在所体会到的低潮期也比在以前生命岁月中所体验过的这类情绪更消沉。我确信自己不想和这两位殊途同归，但我不知道自己还能有多少力量去搏击命运。汤普森说过的一段话恰当地让人心生不安——我的情感正把我带向一段旅程，我能做的只是看它将把我带向何处。

第 17 章

SWITCHED ON
A Memoir of Brain Change and Emotional Awakening

零和游戏

我们都听说过这样一则“神话”：人只使用了自己 10% 的脑力。一般情况下，当人们这样说时，他们的意思是如果我们能把闲置的那 90% 的脑力也用起来，我们就会变成知识的巨人。为了实现这一宏伟目标，多年来有无数脑保健品和智力开发方法被开发出来，但是没有证据表明其中哪一种能够提高我们的脑力，虽然我敢肯定它们能让那些老板们发家致富。

人类有一部分脑力被浪费的论调已经陪伴了我们很长时间。看起来，这种说法来源于医生而不是那些卖狗皮膏药的人，虽然在 100 多年前，这两者其实是一家人。心理学家威廉·詹姆斯（William James）在 1907 年出版的《人类活力》（*The Energies of Men*）一书中写道：“我们只用到了自己可以利用的脑力和体力资源中的一小部分。”令人遗憾的是，詹姆斯博士是错的。我们无法确切地知道当他写下这样的字句时，他的想法是怎样的，不过在随后的 100 年里，我们了解到的所有知识都在提醒我们，在人类的大脑中没有额外的闲置部分。我们可能难以把大脑的所有部分都最有效地用起来，但是它们完全不是处于闲置状态。

很长时间以来，我们已经知道任何脑部损伤都会对某种大脑机能带来负面影响。

我们能够从伤害之下幸存，但我们自身已经改变了。单单这个事实就足以让我们认识到大脑并没有什么闲置空间。但是我们并不是在任何时间都能把大脑全部用上了，这个认识是正确的。不过，我们对大脑的使用程度要比很多人想象的大得多。例如，你可能会想，当我们坐在椅子上做数学题时，我们可能没有用上那部分负责肌肉运动的大脑。但林赛向我指出，事实并非如此。“你可能觉得你是在安静地坐着，”她对我说，“但是你的大脑正在感知你的位置，其实它正在向你的躯干和腿部的肌肉发送着数以千计的信号。它们正在不断做出微小调整，以便让你保持平衡。因此，当你昏倒时，就会从椅子上滑落下去——因为它们停止工作了。”在白天，你大脑的所有部分都会被唤醒来做这做那。大脑中那些重复完成某些任务的部分，将会不断改善它们的工作，这就是我们熟能生巧的过程。有些人的大脑主要在从事脑力工作方面得到改善，比如历史研究；还有人的大脑引导着他们的身体向优秀的运动技能发展，但绝大多数人的大脑会向更全面均衡的方向发展。

一个世纪之前，我们还不了解大脑的某个部位究竟对应着哪个功能（现在我们仍然有一些部分搞不明白）因此我们就假定它们什么也不做。当某个部位受到电击后，如果没有激发肢体发生抽搐或者让人喊出声来，在最好的情况下，就会被早期的神经学家判断为未知区域，而在其他情况下则会被视为“真空区”。人们很容易说“这部分不负责任何事情”，而不是承认他们还没有办法认识大脑的内在复杂性这一事实。

新的脑部成像工具（如核磁共振成像设备）能够让神经学家们看到，当我们完成某项任务时脑部的活动情况，我们甚至也能看到在从事日常生活活动时，整个大脑是如何“亮起来”的。我现在还没搞清楚当我们解决一个难题时，我们大脑深处的某些部分是如何运作的，但我们至少知道它们总的是答案的一部分。这是解开这个神秘之谜的第一步。我们也已经知道大脑是不断变化着的，会改善它的连接，并随着外部世界的变化而优化自身。实际上，在大脑的发展问题上，我们发现存在着一个“用进废退”的工作机制。当我们获得某种技能时，我们不断增长的神经元形成了彼此联系，而如果得不到应用，它们就会一个个死掉并被身体所吸收。

这个修剪过程目前看是人类身心发展过程的一个必要组成部分。我经常想，由于我受到了 TMS 的影响，对于我这样的人来说，这个修剪过程究竟意味着什么呢？尤其是当我接受过几次刺激以后，我发展出一些新技能，我很想知道这是因为在我的大脑中发生了哪些改变而导致的。我是真的变得更有智慧了，还是当这个修剪作用消失后又会恢复到那个原来的自我，还是只不过暂时以牺牲某些区域的聪敏为代价而换来了其他方面的脑力增长，而我却只注意到了自己的能力提高，而忽略了那些失去的能力？当思考关于大脑功能的事情时，几乎必然要用计算机来进行类比分析，以我自己为例，如果我的整个大脑都已经处于运转状态，那就像计算机正在满负荷运行。你可以给自己增加一项新任务，但其他程序不得不慢下来以腾出运算能力。如果这是真实的，那么我为了得到更深的洞察力，肯定也在某些方面失去了某些东西。

阿尔瓦罗对我讲的这番道理未置可否。“记住人脑始终在为自己重新‘布线’，这是计算机还做不到的事情。脑细胞的数量可能会始终保持一致，但它们之间的连接是会变化的。这一优化过程是随着练习而发生的，因此你就会逐渐变得擅长做某事。学会更快地解答数学题，并不意味着要以在另外某些方面变差作为代价。当你经过几千小时的练习成为世界级的小提琴演奏家，并不意味着你会在其他方面变笨或者功能下降。”

我不仅担心自己在大脑功能方面可能会付出代价，我还担心自己花在研究大脑上的时间——这真是令人着迷——所造成的代价越来越大。我发现自己正在荒废工作和其他一些责任。读关于大脑的文章难以用来支付账单，也难以让顾客们满意我的工作。学习神经系统科学没有让我在修车方面变得愚笨，但它会让我在工作上分心，这也算是已经见证了在一个舞台上的成功会怎样在其他方面招致失败。

“但这不是说你在原有的领域变得更笨了，而是在改变你的优先次序。”阿尔瓦罗这样告诉我。我的朋友们也认为这两件事情风马牛不相及，在二者之间选择只是意志力的一个简单行动而已。不幸的是，对我来说情况并非如此。TMS 刺激的效果太强烈了，根本就难以做到无动于衷。它们在我的脑子里填满了新的念头，并且把我的思想引到了新的方向上。我的感觉是，我不是变愚笨了，而是变得与以往不同了。

在 50 岁的年龄，我站到了自己生活经历的这个金字塔的塔尖上，其基础的一大部分是我创建的这家车行。我还能继续待在合适的位子上，或者再往上攀爬一点吗？还是会向侧边一跃，然后再坠落到底部，无奈地开始新的攀登之旅，或者干脆需要重建一座新的金字塔？“这些新感觉对你来说很重要，但它并没有剥夺你以前的那些能力。不愿意做某些事情和不会做是不一样的。”阿尔瓦罗对我说，我也意识到他说得在理。到目前为止，TMS 刺激对我来说是很大的分心之事，但我却想不出自己有什么好东西被它剥夺了。并且一产生这种想法，我就感到有些愧疚，因为我会想到自己濒临破碎的婚姻，想到自己当下被抑郁搞得疲惫不堪的生活。我之所以会花这么多时间去波士顿和这些科学家们待在一起，其中一个原因就是待在家里让我难以忍受，因为我最近更强烈地感受到妻子那种绵绵不绝的悲伤。

我开始意识到自己的婚姻并不像以前所想象的那么坚实。也许所有的婚姻都是如此吧，我告诉自己，但我知道这里有一个根本性问题。是不是 TMS 刺激让我清醒地看到了那个一直就存在于我们婚姻中的软肋？马莎肯定不这么想——她认为 TMS 刺激就是问题的根源，并且她为此感到害怕、愤怒，投告无门。和科学家们谈婚姻问题，我会感到尴尬，但也从没有想到可以向婚姻顾问求助；相反，我在逃避问题，并且满心希望我新获得的情商能够挽救一切。很有讽刺意味的是，实际效果与我的期待完全南辕北辙。

对于 TMS 可能会对我的婚姻产生灾难性的影响，完全出乎我的预料。阿尔瓦罗永远是乐观主义者。他相信大脑能自然地重新“布线”，以便改善功能，并且他认为每次当我们把一项新工作干好，都会伴随着重新“布线”的过程。这种脑力调整是研究者们所说的大脑可塑性的一部分。“那么，TMS 刺激就只是大大加速了这个功能的改善过程吗？”我问道。

“不完全是这样，”他答道，“TMS 刺激也许并没有建立起新的通路。新的通路是物理性的东西，就像大树下面的树根，它的生长需要时间。这是日积月累的过程，不会在一夜之间发生。所以更可能的是，TMS 刺激的能量打开了那些已存在的通路。不论是 TMS 刺激在你身上激发出什么情况，它必定一直以来都在那里，只不过是当进行 TMS 刺激时它被激活了。”

随后，阿尔瓦罗向我描述了他称之为“脑转换模式”的大脑组织理论。这种理论认为，大脑分区应该通过它们干什么来定义，而不能根据它们依据什么运转来定义。传统上给视觉皮质起这么一个名字，就是因为它负责处理关于它所看到的人的影像数据。“但如果这是它的全部功能，”他说道，“在盲人身上它就应该处于休眠状态，但事实并非如此；相反，盲人的视觉皮质会处理来自听觉器官的信息，并且它能从声音中提取数据，赋予盲人一种几乎能在黑暗中看见的能力。它也能转而去处理来自手部的触觉信号，使一些盲人阅读盲文就和我们阅读印刷文字一样快。”

当大脑所谓的视觉处理中心收到的是声音数据而非影像数据时，它处理声流的方式就和视力完好的人分析视觉影像一样。我们用自己的眼睛来判断哪个物体在前、哪个物体在后。对一名盲人来说，他大脑中的同一个区域可以通过声音来判断物体的方位，甚至通过他们对声音的反射来判断——这和蝙蝠的声音反射定位系统是一样的。

在后来的一次讨论中，迈克尔·威尔克特斯分享了他一位朋友的类似经历。他给我讲的是他哥们儿马克的事情，他是个盲人，但并非一生下来就失明，并且通过学习学会了如何使用回声定位系统。他的教练拿掉了他的拐杖，并且教会他在街上走路而不用担心撞上电线杆。他是通过全神贯注地谛听周围任何微小声响的来源而学会这项技能的，这让他能够基于声音描绘出周边世界的图景，就像我们其他人利用视觉来做这件事情一样。他说这费了他九牛二虎之力，但也让他把可能性变成了现实。马克仍然使用拐杖，但在他脑中有一张神奇的图像，如果他到过某个地方，就还能找到返回的路线。“有一次，他搭我的车，碰巧我的 GPS 定位不知什么原因打不开了，‘别慌，’他说，‘下一个出口出去，然后在停止标志前左转。’他引导着我更便捷地到达终点，比每次我使用 GPS 还利落。”

在关于自闭症的 TMS 实验工作开展之前发表的一项研究中，阿尔瓦罗已经确认了一些相似的事情。在那次实验中，他用带子把被试的眼睛蒙了一个星期，然后观察在他们大脑的视觉皮层所发生的活动。不出所料，一开始这些区位都变得不活跃了，但是它们在几天之内就又变得活跃起来，因为大脑先前的视觉处理器又转而去评价声音数据了。他相信，这显示出早已存在的并联通路又开始发挥作用了，并且马上得到优化以便处理其他不同类型的数据。

如果他的这个实验持续一年而不是一周，又会发生什么情况呢？兴许神经学家们所说的那些人的视觉皮层将会变成听觉皮层，在其他人那里它可能还会处理触觉数据。如果他们把这个眼罩戴上一年，那么当把眼罩摘去时，他们的视觉处理能力还会像一周之后那样失而复得吗？

“兴许不成了，”阿尔瓦罗表示，“到那时，这些新的通路可能已经完全接管了相应的脑部区域，这些人如果想要再切回视觉模式，可能会难上加难。”

几个月之前，我曾经向阿尔瓦罗提出：“在别人的大脑中应当负责识别情绪的那些区域，可能在为我识别那些机械性的特性。”他当时否认了我的说法。但是当我在那个夏天的晚些时候又一次问他时，他却说：“是的，你以前是这么说过，我感觉这也真是太神奇了。”

我们现在认为，每个脑部区域都是活跃的看起来能够支持我的这种假说。如果我因为患有自闭症而缺乏一个非语言的对话数据流——或者我的数据流非常弱——那么大脑内应该处理这些数据的部分就会把他们的运算能力用到其他事情上。也许我的大脑选择去分析机械方面的事情了。这也许能够解释为什么我会领悟到那些其他人可能永远也不会注意到的机器方面的事情；而对绝大部分人来说都非常明显的社会信号，我却视而不见。沿着这种思路，如果说 TMS 帮助我发展了察言观色的能力，而这种能力又占用了我以前用于理解机械之类事情的脑力，那我就是在用一种能力换取另一种能力。

阿尔瓦罗的实验室中一个新来的博士后对这种情况是不是会实际发生给了我一些启发。伊拉莉亚·迷妮欧-帕鲁埃洛（Ilaria Minio-Paluello）是一位意大利的神经科学家，最近刚加入阿尔瓦罗的团队。她对自闭症也有兴趣，也希望我能参加她本人的一些研究项目。后来的情况证明，其中有个项目对于“脑转换模式”这种想法是非常有意义的。

有一天她问我：“你以前听说过脸盲症吗？”

当听到我否定的回答后，她进一步解释说，这是一个医学术语，是指患者没有识别人的面部和认人的能力。我当然听说过这样的事情，但这和我有什么关系？巧合的是，她做了一次实验。

她坐在一台电脑前，向我展示一张张人脸，还提出许多不同种类的测试要求，就像下面这种。

“看一下这张脸。记住他。”我发现自己正对着一张相貌平常的脸，表情很自然。然后开始“变脸”。一张接着一张，新面孔不断出现，表情也千变万化。“现在当你再看到最初那张脸时，请你告诉我。”

我完全找不着北了。我对自己非常失望。

另外一次，接连出现了五张面孔。“还记得我给你展示的第一张脸吗？”她问我，“这里面哪张脸是我要求你记住的？”这些图片上的脸表情是相似还是不同，看上去没有太大影响——我仍然是一脸茫然。经过一小时令人沮丧的失败打击，我对自己有了一个新的诊断：我就是脸盲症患者。我怎么稀里糊涂活了 50 多年，居然没发现自己有这问题？真是令人匪夷所思。

“我研究过的许多自闭症患者大都患有脸盲症，”她告诉我说，“这是一个常常被人们忽略的症状，因此我们不知道其发病的普遍程度。我们估计，总体上说，人群中会有 1%~2% 的人受其影响，但是根据我在实验室中进行的研究，在自闭症谱系障碍的人群中，这一症状出现得更普遍。”

当从她的消息带给我的打击中回过神来，我开始考虑她说的这番话到底意味着什么。我意识到一直以来我认人都有困难。与伊拉莉亚交谈过后，我才意识到我是通过环境来认人的，这就意味着当我在一个陌生的环境中再遇到某个人时，可能就认不出了。我给她提了个有点像玩笑的建议，我建议她给我已经退役的叔叔鲍勃穿上警察制服，或者让她站到沃尔玛商店的柜台后面，看我还能不能认出他是谁。没想到她当真了，事实是当她把我儿子的照片渲染成线条画，并和其他面部图片混在一起，我还真认不出来。

见我对这个情况感到如此震惊，她再三向我打包票，说我在实际生活中已经完全适应了这个情况，所以这对我没有任何负面影响。

一开始我有点难过，感觉这又是一项不如他人之处。但是反过来想想，这事也有好的一面：我在识别汽车和其他机械设备方面，可比一般人更准确得多。当一辆车开进公司的院子里，我经常自言自语："这是鲍勃·帕克（Bob Parker）来了。"但我是通过车来认人的。如果是在商场里遇见鲍勃，我就认不出他是谁了，如果碰巧他认识我，并且和我搭话，那对我来说就是个大尴尬。

我都难以开始计算我有多少次遭遇到这样的尴尬事了。"嘿，约翰！"有人向我打招呼，我转过身回应人家的招呼。即使我根本记不起对方是谁，但我早已学会了礼貌待人。对方可能还会与我攀谈一两分钟。有时候，他们会问："你记不得我是谁了吧？"如果我够走运，人家提出这个问题会显得挺愉快，不太会生我的气。

这样的经历让人尴尬，但我从来没有想到这意味着一种特定的能力残缺，而只是把它当成了自己的一种小毛病。现在正式认识到这是一种病态了，我不禁要想这会不会对我有了其他意味呢？也许我脑子的这一部分转做其他用途了吧。

伊拉莉亚的实验证实我识别人脸的能力严重受损，但是这种"失能"只是一个复杂故事的一个方面。如果帕克先生是乘着他的黑色奔驰轿车来的，并把车停在我们停车场上其他十几辆黑色奔驰轿车中间，那当我要开始工作时，就能百发百中地一下把他的车子找出来。对我来说，每辆车都是独一无二的，而对其他人来说，可能所有的车看上去都一样。

对于阿尔瓦罗提出的"脑转换模式"理论，这是不是很充分的证据呢？我是不是为了实现最大效益，把大脑负责面部识别的区域转而用来识别这些特定的机械设备了呢？对于一名汽车服务业的经理来说，识别各种类型汽车的能力和识别汽车零件的能力会为我带来更大的优势。作为一个社会人，我由于这一弱点而处于不利地位，但是从专业技术专家这一视角来看，由此造成的能力损失要小于我从机器识别中所获得的益处。

我推断，人脑能够被配置成不只是以很高的准确度来认人，这是很合理的一件事情。艺术家能够区分大师作品中的微妙差异，而你我这样的普通人却根本察觉不到。

虽然我很希望阿尔瓦罗的理论是正确的，即我们可以通过调整我们的大脑而使其更加有效，但我还是禁不住要想，我是不是与普通人不一样，我的大脑推理能力可能直接就分配到不同的目标上了。尽管我非常想能够再次看透一个人，但只能面对现实。难以深入理解他人让我很悲哀，但还不至于让我成为一个失败者。我敢肯定这给我带来的唯一后果不过就是偶尔的尴尬而已。如果说能精深地理解设备是我的桑榆之得——通过大脑对目标重置而得来——让我在从事技术工作方面占据了显著优势，相比之下，会认人只不过能让我成为一个合格的普通人罢了。

这是个真正的难解之谜。我不愿意失去我的特殊技能，但我在很多时候又感到很寂寞。TMS 刺激缓解了我的寂寞，至少在短时间内有此功效。在不远的将来，我将对实验室进行一次回访，并计划接受更多的 TMS 刺激。但我现在感到有点分裂，开始有点相信改变我的大脑可能只会是一个零和游戏。

当我回到 TMS 实验室，来接受他们首次研究项目的最后一轮刺激，我对任何事情都做好了准备。在前面几轮刺激实验中，我感觉到自己的情绪变得兴奋，知觉也发生了微妙的变化。接下来还会出现什么情况呢？答案让我有点失望，因为其实什么也没有发生。首轮 TMS 研究就这样悄无声息地结束了，生活没有发生翻天覆地的变化。

虽然每次我都希望能有进一步的积极转变，但每次都只能抱憾而归。这些研究者在一开始就有言在先。当我问林赛下一步会发生什么时，她总是说："我们必须评估所有这些结果，然后考虑下一步该怎么办。"对她而言，还有工作要做；对我和其他志愿者而言，还需要等待，或者只能返回到我们接受 TMS 刺激以前的旧有生活轨迹上去。

有趣的是，年轻的志愿者们在参加实验以后，似乎也就这样了。在实验结束后，我遇到了其中的一些人，从他们的行为表现看，好像 TMS 实验不算什么大事。倒是几个上了年纪的参与者，包括迈克尔、吉姆和我，都感到自身经历了剧烈的变化，并且希望能够有更多的变化发生。我们这些人都非常踊跃，想参加下一阶段的实验，并且纳闷为什么年轻人不像我们一样激动。当我看到我儿子的表现后，也产生了类似的疑问。

到夏季将要结束时，我们仍然与科学家们保持着联系，互相之间也是如此。我们期待着看到他们下一步会提出什么，并且也等待着他们对我们已经经历过的那些事情做出解释。“等我们对这些结果的分析完成后，第一时间就会通知你们。”林赛这样告诉我们。同时，科学家们也尽可能地回答了我们的问题，我们期待着见证将会有什么样的事情在我们眼前发生。

第 18 章

SWITCHED ON
A Memoir of Brain Change and Emotional Awakening

音乐的微光

既然实验已经结束，阿尔瓦罗现在可以放心讨论他们刺激过的目标区域了，并终于能够回答我这些亟待解决的问题了，其中的一个问题是："你有没有在自己身上实验过这东西？"出乎我的意料，阿尔瓦罗告诉我，他已经试过我们研究项目中的这种刺激了。"这种刺激在我身上没有效果，"他说，"可能我不是自闭症患者吧。当我们在那些没有抑郁症状的人身上进行抑郁刺激时，有时反而会有相反的效果。不是让他们快乐起来，反倒是让他们更不开心了。"

这听起来令人感到奇怪，但林赛能够给出解释。"想象你大脑的功能像是一条钟形曲线，"她说，"曲线的顶部就是我们所说的最理想的区域。在这里，兴奋性受到约束，所有的事情都保持着平衡——不太多也不太少。如果某人失去了这种控制能力，并且这个区域不是在最优状态下运转，TMS 就能把他推到曲线的顶部去。但是如果某人的同一区域已经在很好地运转，我们的 TMS 刺激就可能把他推离这个平衡的中间区域，反而落进一个运转不太正常的状态中。"

就目前情况而论，这算是个不错的解释。但是如果某个大脑区域具有几个不同的功能，每个功能都有它的钟形曲线吗？如果有的曲线已经处于理想状态，而其他没有达到，那又该如何？这样一来，事情就变复杂了。

神经科学的传统观点认为，大脑的每个区域都负责完成预先定义好的功能。但是依据我的经历，以及阿尔瓦罗和当代其他科学家们的论著，这种观点也是处于演变中的。假设我一直把我的“情感识别器”运用在机器设备上而非人的身上；如果这种假设为真，那么刺激这个区域在我身上所产生的影响大大不同于那些把这一区域用于常规功能的人，这就不值得大惊小怪。并且正像阿尔瓦罗曾经为我们演示过的，对于大脑不同区域在功能分工上有何不同，我们的理解还很不全面。

就像阿尔瓦罗的“脑转换模式”理论所指出的，即使我们已经把与大脑的一个特定区域与某种功能联系起来，研究者们也可能会发现，该区域对另外一种完全不同的功能而言，可能也很关键。计算机科学家们把这个概念称为“分布式处理”。阿尔瓦罗认为，在我们的大脑中也在发生同样的情况。如果认知任务要由大脑各处区域共同处理，而不是在特定的任务区域进行处理，那么对大脑的功能进行理解和描绘的困难程度就会出现指数级上升。

作为一名作者，针对那个“看见”音乐的晚上我做了笔记。在那天夜里的笔记中，我表达了一个观点——我看到的那些景象，并不是对我实际经历过的事物的如实记忆，而是我的大脑围绕彼时我正在听的音乐而创造出的一个“空中楼阁”。我正在通过立体声音响听音乐，边听边把音调和乐器匹配起来，也把它和随着彼时的旋律在我头脑中出现的场景匹配起来。

这一切发生得如此快、又如此流畅，以至于让我觉得我就是一个正在上演的电影中的人物，或者正处于一场真人秀中。当我听到管风琴的声音，我就想到了那架哈蒙德 B3 管风琴；一想到它，我眼前马上就出现了它的形象，而且仿佛看到有人正在用它演奏着美妙的旋律，虽然我不会演奏，但已经和它打了半辈子交道；当我听到歌手的声音，我的眼前就出现了他们的形象，他们的面孔虽然有些模糊，但当他们走到话筒前去唱他们的唱段，感觉就是真实的面孔。当音乐变化时，我脑海中的电影画面也随之变化。

我回想起当年我设计音响系统时的场景，还想到那时我是怎么理解音乐的。那时，我最喜欢的就是设计和搭建好各种音响器材，让演出得以顺利进行。看到这些器材都运转正常，我会感到非常高兴。至于我控制的音箱里放出的是什么歌曲，那倒没什么关系；我的快乐只来自保障演出的顺利进行。观众们到这里是来找乐的、来过瘾的，而我是来工作的。对我来说，现场音乐是一件严肃的事情。在演出期间，当我听到音乐声时，我感受到的不是情感，而是我的设备发出的各种微妙信号，观众对此当然浑然不觉。如果有一个音箱突然开始失真，我就感觉它就像是指甲划过黑板的声音，但我从来没有发现有观众会注意到这样的信号。当放大器运转良好时，我会像个孩子一样骄傲，当它们出问题时，我又会感到难堪。当它们彻底趴窝时，我会感到痛心疾首。

那时候，我的内心就像是一台电子示波器的屏幕，当万事大吉的时候，就闪烁着美丽、平滑的波形；当声音系统过载或者出现消波失真，就会出现生硬的夹角式波形。经过数千小时的训练，我已经教会自己的大脑把各种波形和声音的层次匹配起来，所以一听到歌曲的结构，我的脑海中就会出现它的波形。这种形象直观的画面能够帮助我预想和创作人们喜欢的音效。经过实践练习，我还学会了在脑海中把某种波形形象地转化为一种正在演奏的乐器。然后我就能够想象出如何设计电路来改变它。我在脑海里已经通过电路把这个波形过了一遍，并能预测出其视觉和听觉效果。当我有一个电路图形感觉不错，我就会把它实际做出来，并进行测试。有时候我对它的效果会出现预测错误，但做得越多，我的正确率就越高。我非常满意自己能够学会成功地预想电路如何进行弯曲，就能形成复杂的音乐波形，并产生更新颖、更迷人的音乐效果。

那时，我以为音响工程师都是这么工作的，直到现在我才明白绝大多数音响工程师不会用这种方式来做设计，因为他们的大脑不是这样运转的。对绝大多数人来说，在大脑中不存在能够把从图中看见的电路图和耳听的音效联结起来的通路。一般人能够想象并勾画出电路图，但是在这样做时，他们的大脑听不到由这个电路所能引发的声音。

然而，在我身上就出现了这种情况。神经科学家们将其称为联觉，并且他们认为这是大脑的一些区域交叉互联的结果。不管这是如何运行的，看起来我的数学能力、听力和视力的处理器可能比其他人相互联结得更紧密一些。有一些有联觉的人能够尝到音乐的味道，或者看到数字有着特别的颜色和形状。丹尼尔·谭米特

（Daniel Tammet）也是一个患有自闭症的成年人，他写了一本名叫《生于蓝色的一天》（*Born on a Blue Day*）的书，讲述了他能看到数字和词语的形状和颜色的能力。神经科学家们相信，大约有 4% 的人可能会有这种能力。但具体在这次实验中，据我所知，我是唯一一个有这样能力的人。

很多人，包括一些医生，大都倾向于把任何超出常规的事情视为异常或者“故障”，这让我感到烦恼。针对联觉的普通医学观点就很能说明这种现象。医生们并不总说：“这是一种令人难以置信的天资，我们怎么才能让其他人也具备这种能力？”恰恰相反，他们会说：“这些可怜的家伙脑子里的哪根筋搭错了？这毛病怎么才能治好啊？”当想到这些让我鹤立鸡群的事情在观察评论家的眼里原来都是由“电路故障”引起的时候，我就感到十分悲哀。TMS 刺激开始打开我了的思维世界，让我领悟到很多事情，其中之一就是对我的大脑是如何“布线”的有了更深的了解，也搞懂了这到底意味着什么。

最初的 TMS 研究已经在这个夏天结束了，但是这些研究者已经在策划后续更多的研究项目，当然这要以从这次研究中所发现的情况作为基础。“如果这些后续项目你也能参加的话，那就太棒了。”林赛对我说。虽然我对 TMS 可能带来的得失思虑甚多，但在经过一番思想斗争之后，我认为这件事只有一个答案。科学家们都把生活奉献于对知识的追求，我也是一样。我希望自己在这件事情上所做的选择将引导我加深对自己的认知，甚至能够窥到自己内心中那些未知的领域。我决定不管这项研究进行到哪里，都将始终参与到实验中去。有趣的是，当我在这个夏天的晚些时候和他们聊天时，我发现迈克尔、金还有我儿子，大家都做出了同样的决定。我们每个人都觉得 TMS 对自己产生了影响，我们很想跟着研究的进程走，看看这些科学家能够把我们引向哪里。

当我把联觉和 TMS 研究结合起来思考时，我觉得有可能正是 TMS 激活了整个大脑中的联系（不只是在线圈之下的部分），而其中某些联系可能反过来又刺激了联觉的过程。当阿尔瓦罗和我谈到“TMS 不是在形成新的通路而是接通那些已经存在的”时，已经在某种程度上提及了这方面。他还告诉我说，一个神经元可能会和其他 1000 多个其他神经元有联系，因此很容易就能想到，在某种程度上，可能会出现复杂庞大的网状联系，每个神经元都跟其他所有的神经元联系着。如果说我比普通人有更多不同的通路，那我在 TMS 的刺激之下会出现更多、更复杂的情感，也就不值得惊奇了。

绝大多数人的大脑中没有这样多的交叉连接，因此当他们听到歌声时，脑海中不会像我这样出现画面。我们甚至都难以确切知晓，人群中约有 4% 的人被联觉影响这个数字是否准确，很可能实际数字要更大一些，因为有些人认为这件事让自己显得不太正常，因此他们没有理由向精神病医生报告自己的状况。“可能有 1000 人有你这样的思维方式，但他们都在印度的农场里劳作，所以我们永远难以知道他们的情况。”阿尔瓦罗对我说。也许每个人都会有那么一点点联觉，但只有那些交叉连接程度很高的人，其联觉水平才真是不同寻常。

当我把我们的谈话说给林赛听，她告诉我说，她以前的教授也是这么认为的。“拉马教授会说，因此我们才会说奶酪的味道很‘锋利’，或者某个颜色太‘喧闹’。”

想想人们是如何描述音乐的。它的音色很灿烂、很闪亮，或者像黑夜一样幽暗；声音像羽毛一样轻。一个人越是有艺术气质，他在描述视觉、触觉和味觉时就越是有很多形容词。以前我觉得这只是一种说话的技巧，但我现在不太确定了。当我打开立体声音响，闭上眼睛，听着歌手歌唱，我的确看到微光闪烁。随着乐器的演奏，音乐旋律把我带到了其他感官的世界。我会是唯一被音乐这样“摆布”的人吗？也许出于礼貌考虑，这个问题有点问不出口。也许我们每个人都能看见音乐，只不过每个人看见的程度不同而已。

第 19 章

SWITCHED ON
A Memoir of Brain Change and Emotional Awakening

余波

当4 月 28 日的 TMS 刺激结束后，马莎对我说，我不再需要她了；她的这种反应让我非常吃惊，感觉一下子回不过神来。我对她的喜爱之情并没随 TMS 而有任何改变，但是我们之间关系的动态却肯定发生变化了。有人说，人和人之间的关系不是越来越密切，就是越来越疏远，但我认为这应该表现为情感关系变化上正常而渐进的步骤。当两人之间的感情天平一夜之间就剧烈倾斜，那又会发生什么样的情况呢？

一直以来，我总是对马莎说，她就是我与世界上其他人进行沟通的指导者。当我对其他人的感受浑然不觉时，她是我的解读者。有时这会是实时发生的状况，比如她会告诉我："人家这是无聊了。我们和他谈点别的吧！"我得到她的提醒，就会停止我的话头，会让别人改变话题。有些时候，她还会在事后给我解释分析，比如告诉我，今天萨姆对我讲的内容很感兴趣，或者道格看起来不是很喜欢我。但是现在我自己能够领会这些非言语线索了。我能很好地应对陌生人——不是通过练习，而是因为 TMS 在短时间内促成了突变——还有一个成果是，我现在和他人的交流多了，也更成功了。

‖ 第 19 章 ‖
余波

马莎对我在“东游取经”的贝斯以色列医院所做的实验没有表现出太多兴趣。现在回头想想，她可能是有些惶恐不安。虽然我觉得自己的感知改善了，但我还是没有注意到这一点。我只看到我们之间的距离一天天拉大，却对此束手无策。于是我就以不变应万变。检讨过去，这应该是所有选项中最糟糕的一个。

她之所以没兴趣还是缘自恐惧，但是，当我对我们之间正在发生某种事情也感到惶恐，并在她不想谈论此事的时候就开始把事情吐露给其他人时，二者叠加就形成了一个停不下来的自我循环。这也不是一个好选择，但是那时我还认识不到。我对自己新发现的与陌生人联系的能力感到非常亢奋，根本没想到还有负面影响。现在我知道了，我们的时间是固定的，当我们花了大量时间去结交新朋友，花在家庭关系上的时间就少了，家庭就会受到负面影响。

我希望能够驱走马莎头上的这片冷酷、抑郁的乌云，但是我们都不知道应当向谁求助。人们有时候把我描述为“受到自闭症折磨的人”，我对此感到有些不开心，因为我感觉自己过的生活不应该用“折磨”这样的词语来描述。但马莎的状况不一样。她真的是吃尽抑郁的苦头，太希望能够被救出苦海。不幸的是，她所服用过的那些药物，在大部分时间都只能扯起抑郁症厚厚帷幕的一角。

当我处于接受 TMS 刺激之前那种茫然不察的状态时，我倒还能与她的抑郁症状相安无事。她对我很好，我们一起过日子挺愉快，这就够了。我们一起开办了一家成功的企业，还有我觉得算是美满的婚姻——直到 TMS 让我对她的抑郁症状明显感到痛苦之前，还都是如此。

这不是说，当我接受了 TMS 刺激后，就有一道灵光闪现，告诉我“她太抑郁了！”事实上，情况还要更糟糕一些。TMS 打开了我的知觉之门，让我能够体验到其他人的感觉，当我回到家与她待在一起时，我感觉自己被压倒在她抑郁的巨石之下。我怀疑这种抑郁感是不是我身上的，可是当我离开家到了另外的地方，这块巨石就没有了。每当我和她在一起，就感到抑郁的力量就要把我压倒了。

我对自己也正在形成新的体悟。在接受 TMS 刺激之前，我很少能够对自己的行动进行反思。但现在我发现自己会对前面说过的话和做过的事进行反思，并且对自己的某些行为感到非常羞愧。例如，马莎过去对她的体重非常在意，而且总是保持着苗条身材，所以我就给她起个绰号叫“带鱼”，卡比和我觉得这么叫很有意思，看起来她也默认了。但是我现在对自己的这种行为有了全新的看法。这就像是接受TMS刺激后的我看之前的我，感觉自己那时有些恃强凌弱。我感到很羞愧，难以面对她。我现在感觉自己似乎是在利用她的抑郁这个弱点欺负她。我以前从来没有看着镜子中的自己，觉得这个家伙很不堪。现在，我有点怀疑，TMS是帮助我看清了真正的自己——至少是一部分——还是让我想象出了一个其实根本不存在的恶人。我决定将来要更仔细地看守住自己，小心别变成一个卑劣的人。

我和马莎是经营车行的合作伙伴，大多数日子，我们都要一起去那里上班。但是在我们婚后的日子里，也经历了那些她早晨根本就不想起床的时候。在那样的日子，我会起床独自去公司，告诉员工她会在家中工作。但是等我下班回家一看，才发现她是在床上窝了一整天。对此，员工不会多想，我也是一样——直到TMS打开了我的情感之窗。当然，我一直在想如果她不那么悲伤该多好，但她的坏情绪倒是没有把我拖下水。这只意味着这一天她不会和我一起去上班工作而已。由于自闭症带来的浑不在意的思想状态，我只是按照自己的发现来看待这个世界以及其他人。

现在我才意识到原来是自闭症把我们“和谐”了。那些日子里她的悲伤情绪，换了其他大多数人都会受不了，可我居然没有注意到。“快点，该走了。”我会这样喊她，有时候她会跟我走。但别管她会不会听我的，我都会照常工作生活，不会受到她的心境影响。

进行过TMS实验以后，我们之间关系的整个态势变化了。正像我会沉浸在新闻故事的情绪中难以自拔一样，我在家里也开始这么“入戏”了。在马莎消沉的日子里，我也不想起床去上班了。当我起床后，还会对她的悲伤情绪感到惊慌失措，然后觉得我自己也很可悲，不知道应该去干点什么。像她一样，我觉得自己也难以坚持去工作了，开始觉得自己的生活就是一场失败。我发现自己不太想回家，这很麻烦，特别是我们这个新家可是刚刚建立起来的。我的第一本能不是逃离。婚姻手册教导我们，女方对问题的态度是听任其发展，而男方的态度应该是要努力解决问题。我希望能够解决这个问题，可是又无能为力。我发现自己开始担忧如何才能继续走下去。拖着她不放的悲哀情绪也缠住了我。我告诉自己，我会对此习以为常的，生活还会回到原来的轨道上。但是事态并未这样发展。我开始出现这样的念头，也许我们都死了反倒一了百了。然后我就会暂时离开家，在外边用不了多长时间，一切就会恢复正常。

我努力想解开这个谜团。也许 TMS 引起的变化与戒烟和戒毒引起的变化是一样的。

我没有过戒烟、戒毒的经历，但是在我的家庭中这样的情况出现过多次。我当然看到过当习惯改变后，关系也很快随之改变的情形；一起饮酒的伙计没有了，但没有新的朋友来填补他们留下的空白。戒酒的人能在戒酒者互诫协会找到一个支持社区。我需要什么样的帮助，又应该到哪里去求助呢？

马莎不是唯一一个在我的眼中与以往相比显得不同的人。由于新近获得的洞察力，我身边有许多人看起来都改变了，我开始感到迷茫。首先在家里弥漫着悲哀的气氛。接着我发现，在做业务的过程中和日常生活中结识的那些人也变得不一样了。从逻辑上讲，我知道他们都没变（是我改变了），也有像鲍勃和戴夫这样看起来没有改变的朋友，但是我的知觉改变了，而且已经回不去了。

比如，理查德[①]一直是我一位要好的朋友。我们第一次结识时，他是我的一名顾客，对我们这里的各款汽车表现出了中年人所特有的兴趣。当他的车正在检修时，他坐在接待室里与我攀谈起来，在这之后的几年中，我们相知甚深。我们的友谊也发展到其他领域，我们开始在工作之余定期到外边小聚，也带着各自的妻子一起聚餐。

理查德的工作是和那些十几岁的孩子们打交道，他的识人之道我觉得非常有意思。在我们互相交好的过程中，他经常帮助我顺利完成与他人的社会互动。我们结识的时候，我刚好 40 岁，正是在得知自己患有自闭症后不久，一下感觉特别需要他人的开导。看起来一段无论多么无心插柳的友谊，也总是充满了神秘和阴差阳错。

我们的友谊象征了我新近发现的自闭症知识给我带来的社会成功，而且在我认

① 是化名以保护其隐私。

识阿尔瓦罗和林赛之前很久，我们就相识了。我很激动地告诉他我和这两位首次进行的谈话，以及 TMS 实验的前景，但让我吃惊的是，他用冷言冷语把我怼了回来。

“你还是离这些人远点吧，”他这样对我说，“我见过这种人。这些神经科学家都是些没心没肺的人。”他接着说，“他们一心就想着对你进行研究，他们才顾不上你最终会遭遇些什么事情。你的结局就是鸡飞蛋打，而他们会发表自己的论文，这才是他们的头等大事。”我最先冒出来的想法就是，他很关心我。但是他对神经科学家们进行攻讦的架势——虽然他根本就没有见过他们——以及任何攻击的机会都不放过的劲头，看起来让人觉得有些奇怪。

在我的朋友圈和家人里，他不是唯一一个持怀疑态度的，但他是最深思熟虑的反对者。其他人不过就是来一句：“刺激大脑？你这是疯了吧！”

当我问理查德疑心为何这么重时，他说这是为我着想，因此有时候必须说上几句逆耳忠言。只有真朋友才会这么做。但是我也遇到过其他一些场合，那些根本算不上朋友的人会信誓旦旦地说出“这是为你好”之类的话，事实上却是想利用我为他们自己谋利。因此，我虽然难以对那些让我心烦的事情做到洞若观火，但我的警惕性还是要提高一点。

他的劝阻——“他们只是利用你，不会顾及你的感受”——看起来并不对。我努力抵制他们对我新获得的知识阻挠，但我的自卫反而变成了对他们的撩拨。“你根本就不知道自己在说些什么，”他告诉我说，“你只有资格谈谈自己作为自闭症患者的生活。当你开始讨论你的大脑是如何运作的，或者给别人提建议……你那就叫不知深浅。这是专家们干的活，在大脑及其如何运行方面，你算哪门子专家。”

我不知道自己该说什么。对于 TMS 刺激如何把能量射入大脑，我对自己的理解感到非常自信。除此之外，我和科学家们都有许多不理解的事情。但是在 TMS 能够实现什么目的这样的事情上表达我的梦想，我这算是不知深浅吗？理查德的批评让我无所适从。我知道自己察言观色的能力很差，因此一直信任他的见解。

自从加入 TMS 实验，我开始注意到在与他们进行的互动中所发生的新事物。我发现自己能够察觉到他们对交流的感受，或者所怀的期待。更准确地说，我相信我就是如此。但是因为到目前为止，我已经懵懂生活了这么多年，不但在感情上茫然无感，在判断上也总是阴差阳错，因此难以确知现在接收到的新信号就是正确的。

我密切注视着这些变化，既努力关注自己，也同样关注周边的这些人。从理查德那里看到和感受到的东西，让我非常不安。他会在别人面前显示出对我的轻视，表面看来只是为了让自己开心。如果我和一群人在一起时恰巧他走过来，他都先和别人打招呼，然后再来搭理我，还会说句类似"还有你，约翰"这样的话。对此我以前从没往深处想过，但现在想来他这是单独把我"撇"出来，和众人区分开，而被人这样另眼看待是我一生都在经历的痛苦。他为什么要这么做？而且还要带着那种我现在才能看清楚的坏笑？

当着我的面他就会讲我在给他修车时，如何把电充过了头，或者没把他的车修好，但他随后又会笑着说："不管咋说，我们都是最好的兄弟。"他曾经盯着我，好像这能逗他开心，但从我这方面看，这可一点也不好笑。我觉得如果他就是这么看我的，那就没必要把车开到我们这里来修理了。一想到这类事情他已经说了好几年，我就感到很气愤。我感觉自己又回到了童年时代，大孩子们可能会对我说："走开，傻瓜！别待在这里！"几分钟后，他们又会说"我们和你开玩笑呐！"而我随即就会赔上一个大大的笑脸，因为我非常希望能够得到他们的垂青。

这件事在新年夜发展到了最高点，理查德来和我们几个人一起聚餐欢度佳节。那天晚上卡比和他的女朋友玛莎（Masha）也与我们在一起。玛莎已经上高中了，她住在几英里远的地方。玛莎生于俄罗斯，但是你看不出她和普通的美国少年有什么差别。她妈妈在艾默斯特学院教授俄语，而她外祖母在她妈妈之前就已经在这里教书了。我朋友阿龙学生时代的俄语课就是玛莎的外祖母教的，他经常告诉我一些玛莎的外祖母在课堂上和学生们分享的一些关于她丈夫的故事，玛莎的外祖父来自斯大林格勒①。

随着夜深兴浓，理查德开始讲关于玛莎和俄罗斯人的笑话。随着话说得越来越多，内容也越来越"不着调"；而且喝下去的酒越多，他的行为就越发不成体统。我

① 1925—1961 年的名称，现为伏尔加格勒。——译者注

的另外一个朋友开始怒怼他。到那天晚上结束的时候，我已经做出了决断。对这些愤怒和伤害，我隐忍未发，安静地回了家，卡比和玛莎也是如此，但我再也不会搭理这个家伙了。

一个月以后，理查德给我发了一封啰里啰唆的长邮件。在邮件中，他说上次自己喝酒太多了，酒后说了许多不该说的话。他重申了对我的好感，并说很怀念与我的友谊，但这已经太晚了。通过 TMS 给我带来的智慧之光来照进我们之间关系的历史，我才发现了其中的模式。在这么多年里，他给了我无数的冷嘲热讽，为此我能原谅他吗？当然能，但这并不能作为我们关系重启的基础。以羞辱我作为他的乐趣，这也太坏了；并且一想到他还是在当年我茫然不察的情况下做下了这些破事，就更让我出离愤怒。

绝交总让人心痛，甚至在时隔数年之后的今天，当我写下这段经历时，还是难以平静以对。TMS 让我获得了情感知觉，我将永远为自己曾经没有这样的知觉能力而感到悲哀。但是情感上变得聪敏的部分代价是，我看到了与我曾经的想象并不一样的人们的真面目。

我对自己儿子卡比倒没有感觉到有多少不同，但我的确从一个不同的角度审视了他在这个世界上的位置。当我观察他和其他人的交往互动时，我清晰地看到了他的自闭症症状——有时他不能有效地回应一个社交线索，而我却能领悟到；有时他一门心思地说某件事情，却根本注意不到听者早已厌倦走神了。看着他的表现，更让我意识到我当年对自己的行为曾经也一样茫然不觉过——也许还更严重。这不禁让我思考，现在我是不是还会犯这样的错误。

在我还在沉思这究竟是发生了什么情况时，2008 年的夏天到来了，第一阶段的自闭症-TMS 研究也告一段落。几乎是在不知不觉之间，这一阶段进行刺激的效果也在消退中。当我不再观察其他人的情感时，感觉这种能力也在悄悄地离开我。这很有意思——我曾经有大半辈子对别人的情感世界浑然不觉，但是现在，当短暂地体验过这种新的敏感性的滋味以后，又要体验它的慢慢消逝，这让我感到巨大的失落，我时不时地还会感到一丝恐惧。如果说我的情商已经被 TMS 略微调高了一点，那么在经历这次反复之后，我的情商会不会比以前更低了？“我拿不准会发生这个情况。”阿尔瓦罗这样说，他能打的包票很有限，因为他和我一样不确定。用他的话说，他们在我身上看见的情况是“希望之中，预料之外”，因此下一步会发生什么难以预料。我想起以前当儿子说他不相信怪兽时我对他说的话“知道真相的孩子们都不见了。”我说，“都被吃了。”他说他不相信我，但又不是完全有把握。我现在该担心吗？

我断定现在最应该做的事情是与这种失落感做斗争。对遇到的每个人和我自身，我都会深入观察，感受和理解对方的情感状态。我当然会用逻辑的力量来统领情感，但却未能奏效。虽然我竭尽全力想保住它，但情绪 ESP 系统（电子稳定程序）的感知能力还是消失了。但是随着这个夏天慢慢过去，有某种很微妙的、不一样的东西开始产生了。一种理解并与他人更好交往的经过改善的能力，又在我的身上出现了，这个过程虽然很缓慢，却很扎实。这是一种陌生的能力，但又非常自然，我感觉和自己的人类伙伴有了一种新的最原始层面上的联结。当我读小说时，又体验到了新的情感潮水的冲击，看电影和电视节目时心情更是像坐过山车一样刺激，最后我不得不忍痛割爱。与我一起工作的人都说我变得更加善于表达了，他们会告诉我：“顾客都注意到你的变化了！”

我问阿尔瓦罗，虽然你们给我输入的能量肯定应该早已消散了，可我仍然处在变化中，这到底是怎么回事？“也许 TMS 为你打开了几扇门，现在你的思想正在通过这些大门流转。TMS 的能量固然已经消失了，但可能你对这些门径的使用却很充分，正是这些门径的存在，让你的思想变得更开放。让我们过段时间再看看会发生什么情况。”

“在你的研究中，有人出现过永久性改变吗？”我问他。

“最接近的要算那些抑郁症病人了吧，”他告诉我，“他们中的有些人的刺激效果能够持续数月，然后才需要再次接受刺激。也有一些迹象显示，我们做得越多，可能其效果持续时间就越长，不过现在下结论还为时过早。并且，从某种意义上讲，TMS 的效果和大脑自身的可塑性变化过程所产生的影响也难以区分开。你已经显示出了显著的变化能力，表现远远超出这个水平了。”

我这种新发现的、直视他人的眼睛而没有不适感的能力持续了很久，也许有六个月吧，并且让我发生了永久性的改变，虽然今天这种能力相比刚受到 TMS 刺激直接影响时已经很有限了。现在我也还是做得比较自如，没有人说我在与人交谈时会盯着地面，或者回避与他们目光接触。七年之后，我感觉可以称之为永久性改变了。

另外一件发生了永久改变的事情，就是我与陌生人交往的能力。现在当我遇到一名陌生人并与之交谈时，比以前更能准确地理解对方，并且学会了“顺藤爬杆”。当我还是个孩子时，有时会有其他孩子走过来，对我说诸如“给你看看我新的玩具自卸卡车吧”，同时会把亮闪闪的新玩具递到我面前，但我却不会适时表现出羡慕之情，顺便来句“这车真不错”这样的应景话，反而会煞风景地冒出一句“我喜欢直升机”或者“我喜欢大象”。不用说，这些童年时代的社会交际绝大多数都会以失败而告终的。

玛丽帕特·约旦（Maripat Jordan）是最先注意到我发生变化的人之一。当我们20多年前初次认识时，玛丽帕特在斯普林菲尔德的媒体圈是个功成名就的人物。她创办了一份区域性的商业杂志，并负责为几家大型电视台做业务代理。我所在区域的很多企业主都认识她，或者知道她是谁，因为他们从她这里购买广告时段和页面。但我不认识她，因为我还是个商业新手，而且从未打过广告。

有一天玛丽帕特驾车来到我们车行，希望能够改变这一状况。她是开着一辆小型货车来的，她一停下车，我就走到院子里去迎接她。作为一家专为豪车服务的公司，我们院子里这种车很少。因为不知道谁或者什么东西会在车上，我小心翼翼地向车辆走过去。这时，一位身材娇小的短发女郎从车上跳了下来。

“请问您需要什么服务？”我问。她看上优雅而干练，戴着深色太阳镜，看起来不像个危险的女人。从情理出发，我应该给予热情的问候，我相信我也已经这么做了。我觉得她也是个可爱的女人，当然对一个陌生人你不该就这么唐突地说出来。

“我知道他就是老板，”稍后她对朋友这么说，“雇员是不会这么无礼的，那会被老板炒鱿鱼的。”

后来，等我们互相熟悉以后，她向我透露说，刚一遇见我时，还真有点吃惊。我问她我的介绍哪里有问题。毕竟在接待她之前，我已经用完全一样的方式接待了1000多位来客。我怎么才能说得更好一些？

“是的，”她告诉我说，“‘嘿，我是约翰·罗比森。请问，我该如何帮你？’这么说你看怎么样？”

她的建议让我一时无言以对。我从来没有想到过可以用“能不能帮你忙”这样的客气话来替代口气生硬的“你想要什么”。真是个好主意啊！从那以后，我就开始尝试使用她建议的问法，每当院里来了陌生来客时，这样的接待语总能收到良好的成效。我现在懂得了，从最其貌不扬的机动车辆中间，也能出现让人如沐春风的场景，所以我应该朝这个方向努力。

在第一次相遇之后，我们在随后的几年又断断续续地见过几次面，在她从我们公司买了一辆二手奥迪轿车以后，见面次数就更多了。我觉得这辆车太破了，但她的看法不太一样——不过就是需要经常性地维修保养一下。不管怎样，我还是很喜欢她，当我看到她定期来修车时，就会心生欢喜。我们的关系慢慢发展，但她后来对我说，“你的举止总是有点不一样。”我在做过 TMS 实验后，碰巧又遇见她，她评价说我有了惊人的变化。

有一次我走进当地的帕奈拉冷饮店，正在排队时突然瞧见玛丽帕特正在矮墙另一边的货摊前。“嘿，你好啊！”我对她说，随即注意到她正坐在一群人中间。我看着他们说：“大家好，我是约翰·罗比森，是在佩琪大道开车行的。”然后，他们每个人也向我做了自我介绍，我和他们聊了一会，就又转过去排队了。对我来说，整个打招呼的过程都显得很自然、流畅，从她后来的反馈来看，我才意识到这个变化有多大。以前我想跟陌生人接上茬可没这么容易。我可能只是打声招呼，然后就转身离开了，真的走上去与陌生人握手并与他们的搭话，那完全不符合我的个性，至少在接受 TMS 刺激之前是这样的。

就像玛丽帕特后来对我说的：“我自忖，约翰这是发生了什么情况？这么说是很正常的事情，但是这么正常的事情他以前可从来没说过。”听到她这么说，我有点发窘，但这又是一个证据，说明 TMS 测试让我在与陌生人交往方面更成功了。

在帕奈拉冷饮店的这次邂逅总的来看很完美，其中一个小瑕疵是当我与玛丽帕特以及她的朋友们打完招呼返回来排队时，有一些老主顾以为我已经放弃了在原先队列中的位置，因此我不得不和他们理论理论。幸运的是，她没有看到这段插曲。

我端着三明治和冰茶找到一张位于安静角落的桌子，这里在众人视线之外，我可以安静地就餐、阅读。我想，TMS 肯定改变我了，但我不知道下一步该怎么办。刚才我是应该问问他们，能不能和他们一起吃？还是应该拿上我的餐食转身离开？如果我在孩提时代学过这样的礼节，那我就知道该怎么办了，我想当年真应该多观察一下外祖母的待人接物之道。我还是接着读手中这本艾米丽·博斯特（Emily Post）写的书吧，先努力接上书中的情节再说。

当下一次我和迈克尔·威尔克特斯共同用午餐时，我和他讲了已经发生的这些事情。“我还没见过自己身上发生类似的改变。”他告诉我。但是当我看着他时，我发现他的直率以及和我的联系都明显比 TMS 测试之前要好很多。当我把这一点向他指出时，他说：“是的，我的确感到自己更敏锐了。你的观察是对的。”

然后他又说：“你知道，在我们开始这项研究之前，我从来都不知道你原来的感觉会这么糟糕。也许你参加这项实验所抱的期望比我高得多，并且你还真得到了。我只是把这当成一次研究，没有太多期许。”

我知道他是对的。“你能够从学校顺利毕业，也能找到一份好工作，”我告诉他，“我却永远也做不到这一点。不论我当小老板有多成功，我还是觉得自己不行，因为我适应不了规则社会。”我再一次对眼中的自己和他人眼中的自己所具有的巨大差别感到震惊。

“这就是你会把这些情况写下来的原因。”他这样对我说。

其实在 TMS 之后的这个夏天所发生的改变，还不只是这种情绪上的觉醒——我的整个状态都显著提升了。我不再感到焦虑，也不再为一些无谓的小事担忧，一直以来我可都是这样的。当我离开家换个环境后，我甚至把从马莎身上传染来的抑郁情绪也摆脱掉了。从某种意义上说，TMS 把我在负面思维的圈圈里打转的倾向给打断了。在 TMS 之前，当一些不好的事情发生时，我经常执拗于此难以释怀，会一连沮丧、担忧上好几天。后来，当听到坏消息时，当时肯定还是会难以释怀，但是一般到次日，我就会设法走出来，这对我来说可是一大进步。

这些范围广泛的益处，在我看来都是由 TMS 带来的，我也怀疑其中有些是不是一厢情愿的幻觉。阿尔瓦罗不置可否，但他确实观察到，有时候心情快乐一点会让抑郁症患者生活中的所有事情都发生改变，我报告的这些改善效果，与他们的报告的情况相比起来，还不算是太惊人的。

这些变化在我大脑中的持续时间显示了其他一些值得注意的事情。它显示了大脑抓住一些好的事情并且让其自我强化所显示出来的强大力量。TMS 给我的头脑展示了一个好方法，通过持续到今天的一个“重新布线”过程，我的大脑又进一步强化了这个方法。

第 20 章

SWITCHED ON
A Memoir of Brain
Change and
Emotional Awakening

天生的工程师

“有时候，我觉得像你这样的自闭症患者就是天生的工程师，”阿尔瓦罗这样对我说，“你们有与众不同的大脑，通过观察事物，并且不用上大学就能够教会自己一些工程技术技能。你们能很深刻地了解机械类构造及原理，能够看到其优点与缺点。在社会情境下，你们不一定要靠直觉搞清楚自己应该怎么做，通过推理和实践，你们一样也能够教会自己，这个方法也很有效。从你的生活经历就能看得很清楚。在原始社会中，不管遇到什么样的社会问题，这都是一个非常给力的天赋之能。”

我喜欢“给力的天赋之能”这几个字。在古代，世界是由有自闭症的人们统治的，这种见解令人向往，虽然我找不到证据证明历史上真有过这样的年代。

每当我到波士顿时，就会去造访实验室，如果阿尔瓦罗在的话，我就会坐下来和他聊上几句。我们话题看起来回到了讨论自闭症是一种进化性适应，还是某些地方出了差错。而阿尔瓦罗在这方面的观点让我吃了一惊：他告诉我说，他也难下定论。在自闭症患者中，有一些人看起来具有独特天赋，但又和其他一些方面的能力障碍混杂在一起，而在绝大多数情况下，还是因自闭症而丧失了某些能力。

我在自己的人生经历中，也将开始观察到同样的事情。像我这样的人经常会在某方面失去能力，在当今教育体系所要求的结构性方式之下，我们难以完成课业。但如果我生在古代，学校教育方面的规定还没有现在这么系统、刻板，而是更专注于手把手地教学，那我也有可能成为学术明星，而不是一个中途辍学的学生。

我也认识到，这未必对自闭症谱系障碍者都适用。我自己的天资主要是在技术性质的事物方面，但是有一些自闭症患者也会认为自己根本就没什么特殊天赋，自闭症对他们而言纯粹就是个祸害。我不想把这个对绝大多数人而言算是一种不利条件的疾病不切实际地描绘成一幅积极向上的图景。但我也不会忘记，在我十几岁时，没有几个人敢相信我能有今天的光景；在我儿子六岁时给他做测试的心理学家，也认为他的情况实在玄乎。另外的事实是，我在写作、讲故事以及为残疾人宣传的能力都是当我年届六旬时才显露出来的。

当我想到这里，我意识到我们难以预料某人的未来或者其潜力。也许我的确在智力上有些优势，而有些人则有点成问题。我们每个人在这个世界上都应该各安其所，可是不论各种测试说明我们这些与众不同的人有多聪敏，当代社会对我们来说都太难以应对了。

以前从没有人称我是天才的工程师，但我的确是，关于机械和电子的那些技术细节，普通人是难以窥破的，但在我看来却显而易见。

“看看你的数学理解能力，”阿尔瓦罗说，“你曾经告诉我，除了用纸笔进行基础的数学运算，别的你都不太行。但是你在脑海中能看到音乐的波形，能够把它们合成，而且能够正确地预想合成后的效果。你可能不需要把这些写成方程，但你能够通过‘闭逼近’的方法来解决一个问题。”

阿尔瓦罗说的话让我回想起自己做信号处理工程师的那些日子。当我第一次看到傅立叶频谱分析仪这样一台精密仪器时，感到非常惊奇，因为这台设备所做的分析就和我在大脑中做的事情一样，而它能够显示在示波器上。计算机所显示的比我单凭想象得到的多得多，并且它更为精确。你可以把这台设备的光标放在某一点上，然后就可以读到一个精确到小数点后六位的数值。但这台设备做不到的一点是，给不了我实际的设计解决方案。它只能显示数据，而不能告诉我怎么去做，所以从解决问题的角度看，它是没用的。

我对自己的期待不是这样的。一名典型的电气工程师在设计工作中用到书本上的公式时，需要遵循书本所规定的步骤。他要选择一个标准设计，要计算必要的分量值，并为他的电路提出准确的、可复验的数字。我的设计方法与此不同，我更愿意先构想出一个新的电路拓扑结构，然后再来猜测它起始的分量值。我从来不太看重数值精度，我只看重能够优化成为准确结果的近似值。我的设计过程看起来有点随性，但如果我们追求的是原创性——在音乐演出中就经常如此——我的独创性方法就能让我占据明显优势。我在学校时也是用这种方法来理解方程的，虽然不是很有效。我的老师批评我不合常理，但是在现实世界中效果才是硬道理。对我来说，调试电路就像是调试吉他——我能感觉到调成什么样就算调好了。音乐家很看重这种能力，我还记得第一次我是如何悟出这个道理的。

那是在马萨诸塞大学的蓝墙剧场——这是所有当地乐队演出的地方，也有许多乐队从那里发端。开始允许喝酒的年龄是 21 岁，而我那时只有 15 岁，但把门的都是大学生，当我说“我是和乐队一起的”，他们就会让我进去。我熟悉的一些音乐家正在为演奏做准备，我溜到后台，凑到近前看他们正在做什么。我看到其中一个人正在调吉他。他把乐器一件接着一件插到调谐器上，这是一件带有旋转盘的装置，当你弹的音符正确时，它就会保持静止不动。我看他调了两把吉他，一边拨着高音 E 弦，一边旋转调音弦轴。

“你总要通过逐渐拧紧弦来向上调。”这位音乐家告诉我。我看到他正在扭动弦轴，突然之间那张转着的盘就停了下来。这其中的道理还有点神秘，但是这个频率深深地印在了我的脑海里。我拿起第二把吉他，单靠耳朵听音，就把这根弦恰好调到了这个点。然后，我就按照这一根弦来调整其他吉他弦。一切都非常正确。

“这也太酷了！”他说，“你一定有完美的高音辨别力。”然后他就走到台前，随即一首《埃德加的冬天》（*Edgar Winter*）穿云裂帛般响起。当音符从他的吉他上流泻出来，我对它们之间的关系惊叹不已。当它们合调子的时候，声音听起来是那么完美，而不太合调的时候，就会有那么点细微的差错。从那个夜晚开始，我会调吉他了。

迈克尔·威尔科克斯告诉我他也曾有过非常类似的经历。他过去经常为财务分析设计数学公式。他在这方面能力超群，在 20 世纪 90 年代的华尔街，曾经有一个数学家团队为他工作。“有时他们会被一个问题难住，”他告诉我说，“而我能直接看到答案。我会告诉他们，看这个答案对不对，他们盯着我看，好像我是个怪物，因为这就是我拍脑瓜拍出来的，但在绝大部分时间里，我都是对的。”迈克尔从来不用在纸上演算，他能看透通向解决方案的路径。在自己的洞见引导之下，他解决了许多复杂的财务分析问题，甚至连他自己都不知道究竟是如何做到的。“我以前常常以为别人也是这样解决问题的。”他告诉我说。我们都认为这样的天赋之能对我们所取得的成功非常重要。

与我不同的是，迈克尔的确曾在大学学过数学，但他还是用自己的方式来解方程。并且和我一样，他也是直到很晚才意识到这有多么不同寻常。没有谁知道会有多少人拥有我们这样的能力。完美的高音辨别力在音乐家中很常见，很明显也应该有一些数学家和工程师具有“看”出答案的天资。研究者们现在开始认为，在自闭症患者中高音辨别力更常见，只是因为在音乐家中自闭症患者就比在普通人群中更常见。能“看”出方程的答案更为常见，许多具有不同寻常数学能力的自闭症患者已经证明了这一点。

神经科学家对此难以解释。这也许是因为我们把一般人用于处理其他事情的脑力用到了解决我们感兴趣的问题上。大脑内的每立方英寸就有 10 亿个神经元，拳头大的一块脑组织所具备的潜在运算能力，就比人类建造过的任何装置都更强大。也许我们只是把这份天资以一种很特别的方法用起来了。

“你觉得我把音乐的声波形象化的能力和有的自闭症患者具有的日历计算能力相似吗？”我问阿尔瓦罗。

“我不知道，”他回答说，“我们也不知道这是如何运作的，所以很难说清楚它们是不是相似或者互相有联系。”

想想艾萨克 • 牛顿，他因为“发明”了微积分学而广受赞誉。近来有些文章指出，他就是一个自闭症患者，他们指出了在他的行为上存在的患有自闭症的信号。我们对此难以肯定，但是对他有可能是如何“发明”微积分的，我有一个灵光乍现的想法，也许他和我一样在脑海中看到了这样的波形，但是他生活在一个没有示波器，或者其他电子辅助设备来进行形象化显示的时代。也许他发明这个我们称之为微积分的表征系统就是为了把这些他靠着本能就实现了形象化的东西展示给其他人，否则别人根本就听不懂他究竟在说什么。

当我把我的想法说给阿尔瓦罗听时，他沉思了一会，说了句“也许是这样吧”。

在这次谈话以后，我回去又重读了一遍这篇关于牛顿与自闭症的文章。在剑桥大学的自闭症研究者西蒙·拜伦-科恩所写的一篇文章中，有几段专门描写了牛顿的行为，除了他在50岁时发生过精神崩溃这一点外，文章对他的其他描写也与我非常类似。但是看起来拜伦-科恩认为，牛顿是位于自闭症谱系上的，读完这篇文章以后，我也倾向于认同这个判断。

我随之想到自己的经历，在儿子刚刚被诊断为患有自闭症之后，自己也在40岁时被诊断出患有同样的病症。有谁会像我一样，人生如此“与众不同”呢。我父亲早几年去世了，但是我继母和我都认为，他应该也具有自闭症患者的一些特征。再探究一下我家族的其他成员，我发现我有许多堂兄堂妹和长辈都表现出一些古怪之处，都指向患有自闭症的线索。那些和我一起长大的堂兄堂妹们都不爱张嘴，但也并非如我祖母所斥的，是些“白痴”。他们肯定是有些症状比我严重许多的自闭症患者。现在我们知道在工程师、科学家和音乐家中有相当多的自闭症患者。在律师和牧师中也不鲜见，在我的家族中，就有着丰富的例证。我对自己家族的历史研究越多，就越是看清楚我的家族有一条多元性神经系统的线索，也许一直能够回溯到牛顿时代，甚至更远。我的一些先祖的确是非常杰出的人物，但另外有些亲戚——甚至那些和我一起长大的堂兄弟姊妹——却都是严重失能者，只能在父母家的阁楼上或地下室里度过一生。

科学家们现在认为，在自闭症患者的大脑中连接太多了，这让他们失去了一些能力。但也正因为这一点，其中有些人在观察和创建模式方面很有天分。非自闭症患者在生命的第一个10年，会经历一个对大脑连接的修剪过程，一些多余的连接和没有用到的神经元会被移除掉，这被神经科学家认为是一个优化过程。这和自闭症患者大脑中发生的情况不一样，或者程度不一样。

有一些研究者提出，这些多余的连接会让我们过于敏感，以至于形成感官超载；

还有一些人认为，当大脑信号在多重路径中迷失后，会导致人的思维混乱。当说到某些自闭症患者具有的超强计算能力或者其他能力时，他们提出这是不是与这些所谓的多余连接有关系。“大自然是吝啬的。”他们说。如果你认为人类进化出自闭症是有目的的，那么这些连接则是有根可据的。当把问题说到这个程度，那没有人能够参透其中的天机。

30多年前，自闭症带来的失能阻碍了我在学业上取得成功。因为高中未能毕业，所以按说我没有资格从事我实际上很适合的科技工作。但其实我很适合搞技术，而且在剧场和专业音响领域更是如鱼得水。要是在300年前，一个和我一样对机械有深入洞察的人，一定会比其他人更有优势，其中的道理纯粹又简单。

对于贯穿着我家族历史的自闭症线索，我最近想了很多。从与常人的区别来看，我父亲的失能程度看起来比我小，但也许他身上的这种差别被隐藏了，因为他是在自闭症现象被人们认识之前长大的，并且最后成为一名教授。而在这个职业中，个人行为上的古怪很容易被人们所忽略不见。而我儿子成长在一个人们对多元化的认识很充分的世界里，他的自闭症症状又比我更容易被人们发现。

我问阿尔瓦罗，如果生活在牛顿时代的话，我是更容易被认为在能力上有残缺，还是别有天赋呢？他笑了。“你也许两者都是，就和今天一样。你同样会遇到社交问题，但是在缺乏现代教学工具的古代，你的自学能力可能会更加独树一帜。”林赛已经拿到了心理学方面的博士学位，她也认为我的自闭症是把双刃剑，在当今和在古代并没什么不同。听到他们如此说我就想，我们家祖孙三代也许是一样的，只不过前边的人生活在一个约束性不是那么强的世界里，适应起来更容易一些罢了。

第 21 章

SWITCHED ON
A Memoir of Brain Change and Emotional Awakening

语言能力

当首次 TMS 研究完成以后，我得知雪莉和林赛所刺激的大脑前额叶区与布罗卡语言区是联系在一起的，神经科学家们认为这是控制人类语言的区域。我们在接受实验刺激前后所做的练习是为了测量语言功能的各个方面，他们从中发现了一些变化。实验以后，我的声音变得更有表现力，音调变化区间更大，在节奏和韵律上变化更多。其他几个被试也有类似收获。但对我来说，刺激带来的最大影响与说话谈吐的关系并不大。对我来说，最大的影响还是在对情感的感受和认知方面。这让我猜测布罗卡区域的功能也许未必就像神经科学家们所想象的那样。在观察了大脑语言中心受到严重损伤的人的接近正常语言后，有些科学家也提出了类似的问题。

阿尔瓦罗和他的研究者们也认为，布罗卡区域控制的内容不只是语言。由于布罗卡区域和镜像神经元的关系，他们选择去刺激这里。布罗卡区域是大脑镜像神经元系统的关键组成部分，能进一步与社会互动联系起来。根据林赛的说法，这也许是我对刺激产生出强烈情感反应的原因。

布罗卡区域位于大脑的左额叶，是以皮埃尔-保罗・布罗卡（Pierre-Paul Broca）的名字命名的，他是 19 世纪中期法国的一名内科医生。布罗卡博士检查了死亡病人的大脑，这些病人生前由于中风、疾病或者外伤等原因，语言机能都曾遭遇伤害，他发现病人在这个现在以他的名字命名的大脑部位所遭受的病变和伤害，与病人的语言能力之间存在着强烈的关联性。对这个大脑部位的功能以前人们认识得并不清楚，这成了人类对大脑组织认识历程中的一个重要里程碑。

这一区域所遭受的损伤看起来会影响到正常的语言能力，现在被诊断布罗卡失语症，或表达性失语症。TMS 实验室的研究者对于布罗卡语言区的周边区域如何互相连接，尤其是自闭症患者大脑中的这些连接有何不同之处，提出了一些新奇的理论。

雪莉对我说，对布罗卡区域左侧进行高频 TMS 脉冲刺激会关闭人的语言能力。在自闭症研究中，他们并没这么做——他们推荐的是一种更加微妙的调整。但我对她的说法很着迷，不想放过这个探究的好机会。“你们自己试过这种方法吗？”我问她。事实上，她还真的尝试过；作为实验室工作培训的一部分，许多研究者都亲身经历了这种语言抑制 TMS 刺激。他们能够向我展示这是怎样的一种感觉。

在早期谈话中，阿尔瓦罗曾经说过，从事 TMS 研究的每个研究者和博士，都应该知道这具体是一种什么样的感受，以便与患者更好地交流。那年夏天到实验室参观时，我自己也亲身尝试了一下。对大脑语言中心进行的刺激虽然安全，但是效果非常强烈。“刺激引起的效果只是暂时的”，这是机器发射的电磁能量束射入我的左侧大脑之前，我听到的最后一句话。只不过轻轻地“噗”了一声，我的语言能力马上就消失了。语言能力一下消失得如此彻底，我甚至都不知道失去了什么，因为连词语的概念以及把思想穿缀起来的能力都一并彻底消失了。在某个时刻，在我的大脑中出现了一段对话，有一个很小的声音说道：“我好想知道当他们这么做后会发生什么事情。”可下一个时刻，这个声音也消失了。剩下的感觉唯有坐在椅子上的舒服感，以及和身边这几个人的熟稔之感。

我不能领会像“我不会说话！”这样的句子，因为它是由字词组成的。失去词语的帮助，我成了没有连贯的逻辑思维的生物。相反，一时间我只生活在由声音、景象、味道和触觉组成的世界里。有人说，狗狗就是这么感知世界的，虽然狗狗更依赖于它们远远超出人类的味觉。当然，它们还是会汪汪叫的。

难道我在转眼之间就变成一只狗狗了？在那一时刻，我连这也不能告诉你。因为所有的发声功能——不管是说话还是汪汪叫——都被抑制住了。但是根据我的记忆，那一刻我理解空间关系的能力——还有其他复杂的事情——仍然是完整的。我知道这个是因为当我环顾实验室，我看到了橱柜和门，对它们的功能我还熟悉，虽然我的整个思维世界还处于聋哑状态中。打开门对我来说仍然是个熟悉的想法，虽然我难以用语言来描述它。在我的语言能力被抑制的这一小段时间里，我仍然能够认识周围的实体世界，我的思维也能像以往一样运作，只是失去了语言这个工具。对我来说，这就表现为你不必知道"照相机"这个词，但是能够拿起一架照相机来拍照。这就像是不管我们给了它什么刺激，我们这只叫奥吉的皇家斗犬哈巴狗开始会用照相机了，这当然非常令人震惊。

但是我和我的哈巴狗真有那么不一样吗？如果我就和奥吉一样一辈子都不说话，那我如何能掌握像拼图或者照相机这样的概念？虽然像开门或者使用复杂工具这样的事情，语言不是必需的，但是如果我缺乏语言能力来理解老师讲的内容，一开始我又怎能学会这些技能呢？对没有语言的生活的简短认识让我想了很多。

我总觉得在干中学是最好的途径。不借助于任何语言，完全在干中学，这能让我相当深入地理解、把握一件事情。无须借助语言，我当然能够学会使用锯子、铁锤和钉子来做基础的木匠活。但是没有语言工具把道理说清楚，我难以想象如何掌握像电子线路分析这么复杂的知识。

就这么坐在那里，心中完全明白但一个字也说不出来。在这个新改变的状态之下，我感到很多事情都在接连不断地变化着，但心中并没有害怕的感觉。有一种感到某种特别的事情发生了的好奇感，虽然这件事情具体是什么，根本就难以捉摸。当刺激的效果消退后，我的语言能力又恢复了，随之而来的还有一种惊奇感，如此深刻的改变居然可以这么容易又这么彻底。

当说话能力恢复以后，我问自己："如果语言能力一去不返那可怎么办？"我感觉失去语言能力有几分钟时间，但林赛向我保证说，时间只有30秒左右。她解释说，我不可能就此哑掉，因为语言的路径深深地刻在我的大脑里。我们能让其中断一会儿，但要把这种能力彻底清除，那可远不是短时间的刺激就能够做到的。

过了些时候，我们又了解到，患有自闭症的人比非自闭症患者能从 TMS 实验中得到更深刻、持久的体验。林赛在我参加过的几次实验中，都对这个问题进行了研究，最近的一次是在 2014 年结束的。她认为自闭症患者的大脑具有更强的可塑性，这导致我们这些人在响应生活事件方面变化更大，时间也更持久。这也能够解释一个实验为什么对她只有很短暂、很轻微的影响，而对我却有着完全不同的效果，以及为什么我会感到更持久。

在这种刺激的影响之下，我的心中没有产生任何恐惧，这种感觉很奇怪，我甚至体验到一种安宁感。难道“害怕”只是我大脑的语言中心发出的信息，还是表达了它自己对我脑海中这个小人最终会安静下去的原始恐惧？我大脑的其他部分对此会在意吗？

就像我所经历过的，当人一失去语言能力，已经存在的某些认知能力就会马上通过自动扩张来填充——这是一种由视觉、嗅觉和听觉构成的对自然世界的整体认知能力。对我们所有人来说，这个背景一直就在那里，但平常它被我们称为意识的那种对事物进行表述的语言流压制住了。有人可能会说，我所体验的这种状态与某种冥想的喜悦相仿。我感觉在这种状态下，世界在我的周遭，而我摆脱了逻辑和口头语言的桎梏。不过，冥想的喜悦是人们刻意追求的，是自愿达到的，而失去语言能力却不是任何人想要追求的目标。

试想一下整个人生都以这种状态度过。你当然想象不出来。因为没有语言的生活就意味着生活中不存在形成这些语言的思想。

可是，在对这段经历以及由此引发的问题进行过认真思考之后，我的问题却越来越多了：失去语言能力会让我们离自然的世界或者精神的世界更近一点吗？这样一种启示——假设这是一个恰当的词——会在我们禁言一段时间后出现吗？是不是正因为这个原因，那些僧人和其他精神信徒才立下誓言要保持沉默，或者到僻静之地静修？

林赛指出，我所有这些哲学思考都是基于自愿放弃语言能力的短暂尝试。她不认为在这种实验状况和天生重度语言能力障碍之间有什么可比性。

“如果你从来没有培养出运用和理解语言的能力，你现在会在哪里呢？”我必须承认她是对的——想想这也是一个可怕的前景。几乎所有我投身去做，以实现和保持独立的事情，都是通过阅读、接受教导和用心揣摩语言而发现的。如果没有语言，我就只能通过观察和模仿来生活，我觉得这根本就难以把我带到任何能与目前有可比性的地方。

这也许就是为什么她会用如此不同的眼光来观察自己的TMS语言抑制体验。不同于我发生了什么事情都接受的态度，她总是会持反对的态度。当她的语言能力被抑制后，她努力去说。她以为自己在说，其实一个字也没有说出来，她一点也不喜欢这样的感觉。“我可不觉得这是宁静，”她告诉我，“我觉得这极其恐怖。”

对于同样的刺激，我们两人的体验却如此不同，这倒很有意思。大脑真是个神奇的东西。

第 22 章

SWITCHED ON

A Memoir of Brain Change and Emotional Awakening

一个更微妙的结果

这次的研究项目虽然结束了，但我还是会经常到实验室走走，去和他们交谈，学习了解更多的东西。现在回想那段时间，能够观察总共 12 次、每次半小时的 TMS 刺激效果是如何主导我的思维的，我感到很有意思。在我们开始之前，我曾经以为我的智力和知觉基本上是稳定不变的，通过实验才认识到这种眼光有多短浅。经历了 TMS 刺激后，我很难否认，只要医生知道应该把线圈对准脑部的哪个位置，任何事情都是有可能的。研究者们已经在设计后续实验，我很自豪能够为他们贡献一些有关实验的想法。我想知道自己能不能再次获得我曾经短暂经历过的深刻的洞察力。在整个 2008 年夏天，阿尔瓦罗、林赛和我就这个话题谈了很多。

在研究刚开始时，我曾经是个被动的参与者，科学家们要刺激哪里都由他们定夺。现在我会采取主动姿态或者说尝试着这样做，要求他们“刺激那些让我再次经历情感高潮的位置”。开始时他们拒绝这样做，对我说我这部分实验已经完成了，他们不能给我重做一次。作为一名研究对象，他们希望我接受这个事实。但是阿尔瓦罗和我讨论了这个问题，即他们在第一次研究中所设计的实验，完全未能捕捉到 TMS 在我身上所引发的那些最显著的效果。虽然研究科学家们通常不能背离他们提供给医院伦理委员会原先制定的研究方案，但阿尔瓦罗也是一名给病人治疗的医师，这给了他比较大的自由度。

巧合的是，TMS 实验室的人员也正在考虑进行一次追踪调查，试图测量到进行第一次研究时所漏掉的那些刺激结果。阿尔瓦罗同意加快进行这个项目，并且选择在我身上进行实验。医生们采用未经美国食品及药物管理局核准的方法，来使用类似 TMS 这样的工具，这被称为“标示外使用”。我的下一次实验就是这样的——这是医院第一次对 TMS 进行“标示外使用”，也就是用其来实际治疗自闭症，实验中的发现将用来指导更大规模的研究。

当 8 月 12 日重返实验室时，我对此充满了兴奋和期盼，但也有少许担心，第二天可就是我 51 岁生日了。我一点也不担心会有疼痛或者会发生什么医疗事故，但我还是满怀着“零和游戏”的顾虑，担心治疗后情感敏感性虽然增强了，但是对机械的理解力会下降。虽然没有任何证据表明到底会产生哪种结果，但是在过去的几个月中，这种担心在我的心中深深扎下了根。我新获得的情感洞察力看起来就是个等价交换，而且我还得抗衡由此带来的情感上的脆弱性。我很快就意识到要应对这种强烈的情感需要进行实践练习。在实验结束后的三个半月时间里，我开始理解了“无知便是福”这句古老格言的意思，我以前由于自闭症而引起的感情上的茫然不察正是如此，读不懂别人的情感未必就是坏事。

随后出现的问题是，当我们对已经确定的目标区域进行刺激以后，会出现什么样的结果。所有其他刺激针对的都是我大脑中新的区域。我们从来没有尝试重复刺激一个点，虽然他们在治疗抑郁症时发现，反复刺激一个区域效果会更加持久。

因为心里惦记着这个情况，林赛和雪莉计划让我大脑中已经沉淀下幻觉和洞察的部分对其他部分进行供能。最近这次刺激本质上和上次一样，但也有一个重要的不同之处。第一次时，我的大脑可能已经受到前面的 TMS 实验刺激而处于启动状态。现在，它已经平息了这么长时间。因此实验效果将完全由这一次治疗而产生。

当我来到实验室，他们马上把我安排在计算机屏幕前，进行一组以前从来没有见过的测试。我在电脑屏幕上看到了人物线条画还有人的全身照以及面部照片。他们让我“挑出完全一样的表情”“认出悲伤的脸”，或者“按一个按钮指出这个人的感觉”。在这三个月里我自认对人有了更深的理解，但是他们的测试又把我打回原形。看着这些图片在屏幕上闪过，但却看不出画中人物的感情意味，这让我深感失望。

不过，这次我要责怪测试本身，而不是我自己。“你是不同的。”我内心的声音这样向我保证。我想起许多人在遇到我后对我说过“你变了！这是咋回事呀？”这类话。这些人我都是偶然遇上的，他们根本不知道我接受了 TMS 刺激，但他们说我与他们打交道的风格改变了。一定是某些方面有改变，这些人才会这么评论。这是一个积极的改变——我有切身体会。

但我也知道，我没有通过雪莉和林赛给我设计的测验。“真实的社会交往和实验室中进行的测试有什么不同呢？”我问自己。实验室的环境完全是人为设计的。他们让我坐在电脑前，屏幕上闪过一张张表情夸张的人脸，然后他们希望我能选择一个词来表述我看见了什么表情，如愤怒、悲哀、害怕、厌恶、欢乐，或者平和。每张面孔闪过屏幕的时间是 100 毫秒（0.1 秒）真是稍纵即逝。我完全没有感觉。“为什么是 100 毫秒？”我问他们。

林赛承认这个设定有点随意。“我们希望看到你按照本能选择，而非逻辑，”她说，“因此我们选择了更短的时间。”同时，对未能选出正确的表情，我不能确定是应该埋怨她们的计时系统还是我自己。我想到了我自己，也许通过再次进行 TMS 刺激，我将能够获得……也许只是因为我慢，它才显得太快……

她重新调整了程序，让面孔图片在屏幕上停留的时间稍微长一点，然后又换了一批新的面孔图片对我进行测试。我感觉还是做不到，这让我很受打击。难道是我新发现的能力又消失了吗？是不是在过去的几个月中，那些认为我变了的评价越来越少，最后化为乌有了？一开始我想质疑她们的测试，现在我开始质疑我自己了。我兴冲冲地来到实验室，现在却变成了忧心忡忡。

雪莉和林赛试图给我打气：“像这样的测试，本无对错之分。”我以前听过这样的说辞，但我知道其实答案还是有正误之分的。既然这是测试，其答案就不可能什么意义都没有。

真是炼狱时刻，我似乎又回到了高中时代，而电脑屏幕上出现的这些人好像就是我当年的同学，他们都在挤眉弄眼地嘲笑我。看着电脑屏幕上的这些面孔，我能真正识别出的表情就是厌恶。

有不多几次，我看到了几张表情平和的面孔，于是我选择了“平和”，但我想他们似乎也在沉思，夹杂着一点点恼怒；其他绝大多数都表情夸张，看着就有点假。

这时，我回想起以前在这个实验室做过的面部识别测验。那时当我看到屏幕上的面孔时，我根本就不知道自己看到的是什么。这次我倒是识别出一种表情——厌恶，同时也识别出了其他种类的表情，就像“不厌恶”，虽然我不知道那究竟是什么表情。也许我并不是把所有获得的能力都丢了。我的一位临床医师朋友告诉我，当我们预测未来的情况时，我们经常会往坏处想，我知道他是对的。

我们走进实施 TMS 实验的房间，我端坐在椅子上。林赛按下按键，在我的头上调整线圈的位置。我们再一次刺激我的大脑额叶，这个区域就在我右耳的前方。

我盯着墙——实际上啥也没看——电磁脉冲冲击着我的颅骨。我又陷入熟悉的心醉神迷之态——好像 TMS 的感觉又回来了，我只是平静地坐在那里度过这段时间。这次刺激时间刚一结束，我就转向研究人员。在刺激进行期间，她们已经交换了位置，因此雪莉现在正坐在我的身后举着 TMS 线圈。此时，林赛正坐在桌子前操作电脑。我盯着林赛的眼睛问她：“我看起来有什么不同吗？”

“也许吧，”她回答我，“你咋这么死盯着我？”听她这么一说，我把目光转开了，不想显得很粗鲁或者很冒犯。我意识到刚才我正盯着她的眼睛，而且感受到了她对我的关心和好奇。这真是她此刻的心理吗？我不太好意思问，就像我偷窥了一个自己没有理由过问的私人空间一样。

我又扫了雪莉一眼，感觉也是一样。以前发生过的就是这样的情况吗？变化太大了，我不可能一一道来。我转向那张桌子，她们的电脑测试已经准备就绪。像以前的研究一样，我需要先做一系列测试，然后接受 TMS，再完成后一组类似的测试。

当我在电脑前坐定，看着这些面孔，随即意识到有一些事情已经不一样了。我不再感觉和我见到的东西有什么个人关系。在进行 TMS 刺激之前当我看到这些面孔时，我感觉看到了他们的神情——主要是厌恶的神情——是冲着我来的。现在当我看到他们脸上厌恶和不喜的神情，我感觉看到的是街上的一个陌生人看到狗的呕吐物时所表现出来的神情。他们看起来满怀厌恶之情，但这和我没有任何关系。

同样，我也没有感觉到在这众多表情中隐藏着厌恶的情感暗流。从某种意义上讲，这样的测试在TMS刺激之前对我有些困扰，但在这之后，它对我一点困扰也谈不上了。TMS刺激看起来改变了我观察表情的方式。

然后，他们又递给我另外一些测试资料——从印着眼睛的复印件中识别表情，其中一些故意做成了纹理状。在那次测试中，我感到在TMS之后，自己有了确切的改善。雪莉说："仔细看，慢慢来。"不过，我觉得不管对这些眼睛图片产生的是什么样的反应，几乎都是瞬间形成的，专心致志并没有改变我的反应。

这天在进行TMS刺激之前，我也做了这个测试，结果与后面的测试大相径庭。在进行TMS刺激之前，在我的眼中图片就只是图片，我从这些眼睛中得不到任何真实感受。在进行TMS刺激之后，我的反应既强烈又清晰。不管看到哪双眼睛，我都知道他们在"说"什么。我不敢说得分会有多高，但我感到这很容易。

测试结束以后，林赛和雪莉开始与我进行讨论。随着谈话的进行，我发现看着她们两人的眼睛，我都感到很自然也很放松。担心自己正在偷窥或者打扰别人的感觉消失了，雪莉和林赛都说我现在我与她们的对视更直接了。我以前经常本能地逃避直视他人的眼睛，但现在不再是这样了。

这是个小惊喜，因为原先的刺激对我的影响没有这么立竿见影，而是经过一段时间才形成的。"我等着看看明天自己的感觉会怎样，"在离开时我这么对林赛说，"现在，我还没有看到内心深处的那种感觉，不过上次这种感觉是在12个小时以后出现的。"我径直走向车库，开上车向家里奔去。

当我到达伍斯特市的时候——这正是归程的中点——我开始感到有点醉驾的感觉。在斯特布里奇以西的地方，我发现自己正跟在一辆州警的车子后面，我赶快减速拉开距离，恐怕警察以醉驾为由把我抓起来。在实验室时已经平息下去的内心对话又开始了，一个很小的声音在我的脑海里问："我有没有开得左摇右晃？我超速了没有？"

不用说，我还是平安到家了。虽然感觉周围的世界就像汪洋中的一条船晃个不停，我保持住了自己的驾驭能力。并且，虽然头脑的感觉很奇怪，但我的反应和协调能力看起来没有受到影响。我不知道这是否确凿无误，因为酒醉的司机也常常这么说，但他们还是会撞车。后来，当我把这个感觉说给林赛听时，她问我，以后在做完 TMS 刺激后是不是要禁止被试开车回家？我当然说不清楚在 TMS 之后我的驾驶能力是不是真的受到伤害了。就像她所指出的那样，我没有嗑药、喝酒并不意味着我的思维没有处于一个变化了的精神状态中。

没有迹象表明下一步会发生什么情况，但是我感觉到的这种假性醉酒的状况让我记起了我在 4 月时曾经出现过的那次幻觉，这会与我那天晚上所经历过的情况相仿吗？那几乎让我害怕得难以闭眼。但是上床就寝时间到了，我还是得上床睡觉去。当我一躺下，世界顿时天旋地转，就和上次一样，但是没有产生幻觉。现在的情况是，我躺在黑暗中，感觉自己处于运动中，就像是睡在一艘大海中的帆船上，随着波涛而起伏飘荡。我没有晕船的感觉，但也睡不着。过了几分钟，我下了床，走进书房，当思想仍然在我大脑中渗流时，给科学家们写了封电子邮件。我向他们报告了头晕的情况，并且告诉他们："可能就是入睡前这一会儿吧，但至少我对此有心理准备。"我看了看自己写的内容，然后问自己："我这是对什么有心理准备呢？"

我希望能有人和我谈谈。马莎就躺在床上，但正在熟睡中。TMS 好似在我们的关系中打了一个楔子，她懒得和我谈她口中的这种"人为诱导的感觉"，尤其没兴趣在大半夜和我聊这事。我不知道我们的婚姻生活还能维持多久，感到婚姻即将破碎这个事实就像一块巨石压在我的胸口。我肯定马莎和我一样害怕，但我们都不敢谈这件事，事情只是在沉默中恶化着。

我又返回到卧室，决定用耳机听会音乐。当开始听音乐，我意识到在 4 月时曾经经历过的那种清晰的听觉能力又回来了——并非幻觉——并且伴随它而来的，还有其他一些新鲜的事情。上一次当听到乐曲是如此让人身临其境时，歌词和旋律曾让我情难自抑、痛哭流涕。那种感受太强烈了，现在同样的事情又发生在我的身上，但是这回音乐并没有让我失声痛哭。今夜的感受更平静，没那么戏剧化，但影响的范围更广。我经历着同等程度的欢乐和悲伤，并且又感觉到一种新的联系。这让我期盼自己能够与这些音乐家们牵手而谈，在我此前的人生中还没有过这样的感觉。以前就是在演出后台和他们在一起时，也没有过这样的感觉。

几分钟之前，我打开音乐给自己催眠。情歌和温柔的爵士乐对我一直有催眠效果，尤其是20世纪五六十年代的爵士乐——斯坦·盖茨（Stan Getz）、约翰·柯川（John Coltrane）或者迈尔斯·戴维斯（Miles Davis）。现在我完全清醒了，陶醉在音乐和自己的感觉中。如果时间旅行能够实现，我会对这些音乐家说些什么？以前当我和这些音乐家们合作时，我们的谈话仅限于设备如何调整、系统声音怎样，或者下一首曲目应该换哪一把吉他。我从来没有评论过他们的精彩表演或者我对此感觉如何。现在我却想和他们谈谈音乐所传递的信息，而非放大器是如何扩音的。

我再次下床，踉跄着走进书房，决定把今天晚上的感受用文字记录下来。我一边听着音乐，一边看着存在电脑里的老照片。虽然都是如此熟悉的照片，但看起来也有些改变。但要说出到底是哪里变了，也还需要思忖片刻。

当对阿尔瓦罗如何描述这种体验时，我写道：

你可能很好奇这究竟是种什么样的感觉……就像是我大脑里的听觉处理装置刚刚升级了一样。我听着熟悉的老歌，的确是那首歌曲，但体会却更丰富了。我注意到一些事情。在歌曲的开头，在四个小节内，鼓手错了一拍。后来，我一边想一边竖起耳朵听，这里是木琴声又重放了吗？还真是。再后来，我注意贝斯发出的四个音符构成的反复乐节。整个演奏的各个组成部分好似都更容易辨识出来了。

当我说话时，听起来好像我正在通过音响系统听自己的声音，而且声音均衡器上的中频上段被调高了。听起来自己的声音显得既清脆又清晰。对别人来说，据我所知，我的声音一如往常。我看到的景象和听到的声音都平稳、雅正、丰富。

我继续描述颜色在我的眼里如何变得更加丰富了：

不管我看向哪里，眼中的所有颜色都变得色调更丰富、质感更突出。就连电脑屏幕上的天蓝色图案也显得与以往大不相同，屏幕角落的底纹今天显得更明显，而以前我甚至根本没有注意到。当我走回卧室时，夜色正温柔，我看到桃红色墙壁上有上百种不同的色调。这些微妙的色调当然一直在那里，但是直到现在我才注意到。

有些人可能会说，如果这些事情被别人指出来，那么我可能早就看到了。情况并非如此。可以看一下我在听自己的声音方面所出现的这些变化，这不只是有没有注意到的问题。我现在听音的清晰度更高了，感觉所有的事情都更加清晰明快。你必须是真的听到了这样的声音，才能更好地理解。打个比方，这就像戴了一会耳机之后又把它拿下来。这就是我现在的体验，当然比这还要更微妙一些。

对音乐的深刻理解给我带来的惊奇之感让我有好几个小时清醒地难以入眠。直到天将破晓，我才沉沉睡去，第二天上班我去得很晚。来到公司后，当我看向人们的眼睛时，虽没有出现什么尤里卡[①]时刻，但我同样还是感到了不同之处。

我没有觉得我正在注视其他人的心灵，就像4月曾经体验过的那样。我只是对舒适性和广泛联系的感觉有了更强烈的感受，尤其是当顾客们开始描述他们的车辆所发生的问题时。那天早晨，我发现自己和顾客们心有戚戚，会问他们的感受怎样——不用别人提示我这么做。与4月时相比，五个月后的这次体验更笃定，没有那么戏剧化。这一刺激所形成的情感上的洞察力更像是老朋友的回归，而不是像新朋友惊天动地的首次亮相。我会告诉科学家们，这次的结果更微妙，但我逐渐认识到"更微妙"可能才是这种体验能够在生活中细水长流的关键。

我想到了卡莉·西蒙（Carly Simon）的歌曲《梦想的质地》（*The Stuff That Dreams Are Made Of*），惊奇于TMS是不是也把我一直在梦想着的世界展现在了自己的眼前。转念我又感到一丝悲哀，因为她的歌曲表达的是，她身边这个看起来无聊乏味的伴侣才真正是她正在等待着的、特别的他。当然，就我的婚姻状态来说，发生的却是相反的情况。

没有更好的答案，我放下这个让人悲伤的念头，用心听着这首老歌，虽然有中年听力下降的美中不足，我还是感到自己也随着歌声振作起来。我身体中有一部分感觉又回到了21岁，这让我脸上又有了笑容。

---

① 尤里卡为希腊语，意思是"我发现了"。——译者注

第 23 章

SWITCHED ON
A Memoir of Brain Change and Emotional Awakening

不同类型的成功

在8月的TMS实验过后的那几周，我密切注意着自己的行为表现。我也得到了很多帮助——我的家人、我的朋友，还有实验室里的科学家们都在关注我，并向我提出建议。这件事似乎表明我得到了自己梦寐以求的东西。在短暂的时间里，我很肯定地感觉自己又看透了其他人的内心，他们在回应我时的不同之处也证实了这一点。

我从来也没有想到的是，我可能会被自己所发现的东西打倒。我的童年生活很艰难，有个暴戾而恶声恶气的父亲，还有一个脑子有问题的母亲。还有很多让人难过的事情，但都被我不经意地忽略了。有不止一位心理学家向我指出，正是自闭症成了我的保护伞，替我遮挡住了成长中所经历的那些最艰难的时刻，因为它使我对发生在周遭的一切都冷眼以对。有了更强的情感洞察力以后，我失去了这层保护伞，这有时候会使我直接面临致命的打击。我曾经很天真地把所有人都看成甜蜜而友爱的好人。也许某种程度上是这样的，但还有很多恐惧、嫉妒和愤怒，以及能够想到的其他种种恶意。当然，是有一些美好的情感，但他们为数甚寡。

在TMS让我醍醐灌顶之前，我感觉自己总是有点消沉，可能是因为难以从其他人身上吸收到积极的情绪。现在我知道真相了，在我们生活的空间中浮动的绝大多数情感都未必是积极的，当你用真正的情感洞察力去观察一群人时，你会看到欲望、贪婪、狂怒、焦虑，还有一种很难用准确的词来描述的感觉，我勉强称之为“紧张”——欢乐和爱意只是偶尔才会惊鸿一现。

发现这个事实的过程很有意思。在进行 TMS 测试之前，我时常感到焦虑，我推断这是因为患有自闭症的缘故，我因此而难以解读其他人的感受或者意图。虽然我现在能把其他人解读得更清楚，但我的困境未必得到纾解，因为我从其他人身上感受到的最强烈的情感是他们自己的焦虑。

最近，当和其他一些人待在一起时，我开始注意到一种我称之为“怪异”的氛围。最开始是从一些朋友身上感觉到的，比如理查德，但后来我意识到在一些顾客身上也有这样的感觉。有时候，这是从一场看上去无伤大雅的邂逅开始的，其中有件事让我至今还如鲠在喉。

“我们先送你去上班，车修好后再送还给你，这样可以吗？”我问当地的一名大夫，是不是希望在他的奔驰车修好后，由我们给他送回医院。在大部分情况下，顾客会喜欢搭车、交付他们的车，或者我们把他送回去，但这次我碰了钉子。

“不用，我的助理会来。我知道你们的时间都值钱，就别在这上面浪费时间了。”如果是在几个月前，我对这样的话会无动于衷。这话里的酸气不明显，也不能算很挑剔。但是现在我的解读能力提高了，我听出了他话里有话——这是对我或者公司一种微妙的挖苦。我一下感到很浓重的悲伤，貌似这家伙是在说他讨厌我。这和幼年时，没有人愿意和我分在一组的那种感觉是一样的。

我突然意识到，这不就是我童年时在操场上那些遭人拒绝的陈年旧事的成年版本吗？我不知道他怎么会这样，更不知道怎么办。可是如果他讨厌我的话，为什么又会到我这里修车呢？答案是个谜，对此我无计可施。这个人去上班了，我们完成了他所要求的服务。但是一整天我都在想他拒绝我的那几句话。不光是他说了什么，关键是他说话的原因，以及说话的态度……这一大堆信号放在以前我根本注意不到，但现在在根本就忘不掉。我多希望他这个顾客没有上门啊！我尽力克制自己以保持冷静，不让我们的客服经理给他电话告诉他这车我们不修了，再把车给他开到他所在医院的停车位去。

我还记着我祖父的话："有时候百说百当不如一言不发。"于是我有了一个主意："我是这里的老板，我的顾客有上千个，他们大部分都是很不错的人，但也有一些很不怎么样。他们一来就要耍脾气，就要横挑鼻子竖挑眼。据我所知，这些人的生活都过得一塌糊涂、狼狈不堪。要在其他地方，他们的感受和行为我无法掌控，但我不会让他们在我的店里感到很悲摧。"

在一个不断变深的负面情绪漩涡中，我让自己的心思漫游到了其他不开心的顾客身上，以及他们所谈论的事情上。我怀疑他们中有些本身就是不开心的人，不论我们怎么做也难以让他们满意。对有些人来说，所有东西都嫌贵，你怎么干都嫌慢，要不就是其他事情让他们不开心。

有一次我问自己，他们是不是也算对。我们在干某些工作时的确也太费时间了，有时候需要摸索，当然也免不了犯错误。有时，在导致顾客不满意方面，我们每个人都难辞其咎。但绝大多数顾客对我们的服务都感到满意。我们经过调查也发现，我们绝大多数工作也都干对了，质量也都不错。当然，以前我知道有些顾客从来都不满意，但我对此毫不在意。他们不是我心仪的顾客，但我可以忍耐，就像我也能忍耐其他绝大多数人一样。

当我还是个孩子时，面对欺凌奋起反抗是个好办法，我决心现在也照此办理。当下一次这位医生顾客提出了他期望的服务时，事情的结局一下大大不同了。我听到了他的要求，以及接下来的一句评论，我确定他是"要看看你的技术人员手艺"，我对此十分生气。根据我了解的情况，我们在为他服务的过程中，还没有发生过任何差错，但他每次都抱怨，还要严词教训我们。

"你是个聪明人，"他一脸假笑地对我说，"但你不是给我修车的那位。"他是在一番长达5分钟的咆哮之后才这样说的，他指责我们的修车师傅技术不行，对检查他这样的车辆有多外行。

我并没有感到生气，只是平静地答复他："你对我们的服务从来没有满意过。在哈特福德还有一家奔驰的经销商，从这里过去不到一小时车程，你为什么不到那里去，看看他们能不能给你提供更好的服务？我们不愿意再给你这辆车提供任何服务了。”

不论这位顾客正期望得到什么结果，但显然他没料到我会这么说。他马上往后缩；由此可见我们根本就不像他说的那么糟。但我的立场并未变化：“我们的时间是有限的，我们想为那些认可我们劳动成果的顾客服务。如果你对我们不满意——很显然你就是这样的——那你还是另请高明吧。”

在接下来的六个月中，我以这种姿态送走了不少让人难以忍受的顾客。“为什么要让他走？”店里的员工会这样问我，“他的钱和别人的一样都是真金白银。”但我不全是为了钱，重要的是他们给我的感受。“我们不能让顾客把我们当成脚垫踩来踩去。”我说。

汽车修理是一件复杂的事情，虽然很多司机认为这很简单。不是所有的事情都那么简单，也不是全部都能按部就班地搞定。我们为工作付出的成本比人们想象的要多得多。有的顾客不愿意相信厂方或者我说的关于汽车保养的建议。我指着车主手册中的一页对他们说：“这是你们的车需要的汽油消耗率。”但他们会说：“这未必正确。”我问他们为什么要怀疑厂家的性能参数，他们马上就会怒气冲冲地说：“难道你们不知道顾客总是对的吗？”

顾客问这个问题就会击中我的要害，因为这说到了我是谁这个问题的核心。我干不好的事情很多，但是我对自己在理解机械方面的天赋绝对自信。那些来这里让我修车的人很显然没有这样的天赋。如果他有，就不用我告诉他问题出在哪里了。如果顾客总是对的，那根本就不需要专业车辆检修人员或者修车店的存在了。

利伯拉契曾经说过，当他演奏经典音乐时，会忽略掉其中那些令人厌烦的部分。我们差不多也在做同样的事情，但对象是汽车。我们现在专注于那些其他人干不了的汽车疑难问题的诊断和维修，把这样的车修理好是一种技术更是一种艺术。当我看着这样一个过程逐渐开展，不禁想起了自己创立这家公司的愿景。我认为我们应该提供那些受人们钟爱的汽车服务，我们也是这么做的。这样做说起来有意思，回想以前每一次接触，我都是把汽车的需求放在第一位。虽然现在有些顾客让人心烦，但我与大多数顾客沟通还是很顺畅的，与他们产生了前所未有的共鸣。现在当一位顾客带着问题而来，我不会死搬教条，而是会充分理解当她的车子出了问题时她的那种感觉。我会对她说：“这一定很吓人吧？”他们的反应十之八九是向我讲述当自己的车在交通高峰时刻，突然坏在州际公路的超车道上时，情况会有多么危急。

“能遇上你们真是幸运！”甚至在我们还没有为他修好车之前，一位顾客就这样告诉我们。这样的赞扬之声我听得越来越多，我能想出的唯一原因就是我现在的行为可能让他们感觉更舒服了，因为我们工作上的其他方面几乎都没有改变。员工还是那些员工，店铺还是那个店铺。我深刻认识到，TMS 让我打开了心扉，能够感受到来自外界的情感，而这种对情感的洞察力又马上转化成了我在工作上取得的成功。我慢慢认识到，不能对一个品牌笼统看待，比如路虎，并假设开这些车的司机都很关心他们的车子。他们并非全都如此。要和这些司机建立起联系，需要点特殊能力。因为有的人对他锈迹斑斑的斯巴鲁也会敝帚自珍，而有的人对崭新的法拉利也无动于衷。

随着我与他人沟通交往能力的提高，我意识到在以前那些愤愤不平的顾客中很多都根本不是爱车人。他们只是把汽车视为交通工具而已，碰巧开的是宝马还是奔驰并没有多大关系。我曾经尝试与他们分享源于车辆本身的喜悦和兴趣，但他们根本无动于衷。现在因为对他们的理解更加深刻，我在与那些真正的爱车人建立关系方面就能更加成功。这些人才是我们顾客基础的核心部分，而这种联系让我们所有人的生活都比以前更顺心了。

因此，虽然情感意识水平的提高并没有让我在与人交往方面更容易，但的确使大部分人际关系都更加成功。我欣喜地看到，今天我们所有人在店里获得的体验都比以往更加满意，我要感谢 TMS 为我带来的洞察力，是它为我指明了改善的方向。

第 24 章

SWITCHED ON
A Memoir of Brain Change and Emotional Awakening

重写历史

我的情感觉醒带来的最大难题是，它重组了我太多的记忆。这听起来有点不可思议，却屡见不鲜，它把我以前的美好记忆变得不堪，而且没有任何补偿，因为没有任何一个糟糕的回忆因此而变成正面的。

当我们随着年龄的增长变得圆润成熟，当回想起过去那些艰难时刻时会对自己说：“是啊，今天看起来可以一笑置之的事情，当初发生时可绝非如此啊。”但这不是我想说的。我想说的是，那些我们已经刻在记忆深处的日常生活场景，多年来每当回忆起时都并没有什么糟心之感，但现在却新增了令人不安的意味。其中有些记忆是关于以前诸如理查德这类的朋友，当我从新的角度来解析一些记忆中的场景，这些记忆就变味了。但是也有其他一些事情。

当我还是十几岁的少年时，我妈妈开始去找一位新的精神科医生看病，最后变成一连好几天待在他那里；待在那里的病人来来去去、不断变化，其中有些人真是非常奇怪。这位大夫的许多奉承者都很让人恶心，但其中有一个人我感觉很有吸引力。他的名字叫尼尔，也是一位病人，在诊所租了一间房子住下来接受治疗。

“你们应该互相了解一下。”大夫粗声大嗓地说，我决定接受他的建议。我和尼尔由此开始交往出游，一起讨论汽车和音乐的话题。尼尔当时已经21岁，到了可以进酒吧的年龄，但我才13岁。他竟然还有一辆汽车。我们一起驾车去看摇滚和布鲁斯演出，他帮助我混过看门人这一关，这家伙总是盯着看有没有不到年龄的饮酒者。有一次在里面，他给我买了杯喝的，我待在阴影里看光景。

当我夜复一夜地看着本地乐队的表演时，开始琢磨怎么才能改善他们的音效。那时我还不是一名音响工程师，但是我能够成为这样一个人的念头已经开始在头脑里滋生了。开始几次，当我蹭到调音师跟前提建议时，还有点怯生生的。他们是真正的成年人，而我还只是个假装知道点事情的孩子。他们有些人很排斥我，但也有一些人尝试了我的建议，甚至见到了一些成效。这一成功给我建立了一点可信度，也成了我与音乐家们进行合作的开端。我开始修乐器，并进而开始设计音响设备，在这个领域一干就是十多年，与世界上最大牌的乐队都有过合作。

但是这距离我和尼尔在锈铁钉酒吧和当地其他小酒馆喝酒还有很长的时间间隔。那时我只是个很想探索广大新世界的少年。每件事都令我兴奋，但也有阴暗的一面，但被我完全误解了，直到TMS诱发的变化才让我开启了审视这些老旧记忆的新视角。

在那些日子里，我和尼尔聊得很多，其中也谈到了关于性的话题。对此我还没有过个人体验，但我听说过这方面的故事，也很想多了解一些。我憧憬着有一天能够有女朋友，很想知道那会是什么样的感觉。我从来没有想到过有个男朋友，直到尼尔提出这种可能性。他受过良好的教育——至少我认为是这样——喜欢给我讲一些历史故事。很多这类故事都涉及性，而很多性事又发生在男人和男人之间，虽然在狂欢放荡时偶尔也会有异性加入。

“当大船远航时，那些水手在前面挤成一团，你觉得他们在干啥？”他问我。我觉得他们是在一起吃喝、睡觉，或者整理索具。听到他们晚上最向往的是性事，我真是大吃一惊。然后他又会讲到古罗马时代和斯巴达人的故事。谁能忘掉这些古时候的伟大武士是以他们的男风韵事而出名呢？尼尔很自豪能用古代希腊人和罗马人来对我进行启蒙，给我讲解男同性恋的角色。

最终这个建议从口头变成了真实的行动。他说我是个很英俊的小伙子。按照他的说法，会有很多老男人以把我拥在他们的羽翼下为荣，并且教给我一些我应该知道的东西。我不完全理解他的意思，因为那时吉他放大器才是我最想了解的东西，可在与他的交谈中，这些东西没有任何位置。

最后，他提出亲自来教我。他对我说："我们可以到我那里去，你还没有真的做过爱，但你知道自己内心其实想试试。"

"我可没这么想，"我告诉他，"我想等待，我想有女朋友。兴许我和那些罗马人不一样。"

我们之间没有发生什么韵事。尼尔从来没有把我引荐到那种纵欲狂欢或者斯巴达式的征服中，而且当我在音乐电子学方面获得成功以后，我已经把这样的谈话淡忘了。后来，我也找到了自己梦寐以求的女朋友。

有很长时间，我再没想起过尼尔，我甚至记不起具体是什么事情又让我回忆起这段往事。但这一次——在 TMS 唤醒我的情感反应系统以后——这件事情在我眼里变得很不一样。现在我感觉尼尔就是个满腹心机的恋童癖，净带我到那些好玩的地方去，以便引我上钩，同时伺机占我的便宜。后来随着我年龄的增长，人越来越独立，我们就各奔东西了。但事实是，也许有另外的男孩成了他的猎物。这个曾经看起来和蔼体贴的人，在我眼里已显得败坏而可怕。相对于我现在能以新的、更宽广的方式理解音乐或者能够看到颜色更丰富的细节，看穿这些破事算得上是 TMS 刺激带来的负面影响。

看清真相令人悲哀。但是稍一思之，又让我想追问一句到底什么才是真相？是我和尼尔在一起时曾经感到的快乐，还是知道他真实意图后所能想象到的丑恶？甚至认为他的目的很丑恶，我的这种看法就完全正确吗？也许他也和我一样，只是一个渴望爱的，年龄大我一点的迷失男孩。又过一段时间之后，我认识到还真有可能是这么回事；我体验到的快乐是真实的，虽然说给他贴个性爱狂魔的标签很容易，但事实就是，我也说不清他到底是什么人。

由于 TMS 的影响，现在无论看向哪里，我的脑子里都满是把事情做错的记忆，并且不得不承认我还并非第一个认识到发生了什么事情的人。几个月前，金·戴维斯曾经告诉我，TMS 让她认识到在自己的生活中曾经做错了一些事情，以及她的人际关系为何会处处碰壁。听她这么说，我预计她的感觉应该正和我相似，我们都处于一种“到底半杯满还是半杯空”的状态中。我告诉她 TMS 也在我身上引发了同样的事情，并且告诉她我现在感觉如果能够回到从前，肯定能够做得与以前不一样。和她交流时我是这么认为的，到今天我还愿意相信是这样的。但我现在认识到这并非金的意思。她的真实意思就是她所说的，我之所以知道是因为我有同感——这只不过花费了我更多一点时间来了解自己的内心所想。

要感谢 TMS，我现在认识到很多事情出错都是因为我没有正确理解其他人的感受。金也意识到了同样的事情。TMS 也许赋予了我们一种临时性的能力去认识其他人的感受，但它也在解读有关生活经历的记忆方面给了我们持久的清晰感。

我从来没有问过鲍勃他的女儿到底发生了什么事情……

我因为没有感谢他而伤了他的心，因此他再也不给我打电话了……

我早应该问问他过得怎么样，而不是只顾向他吹嘘刚卖出去的车……

单独看，这些记忆中的事情都不大。其中没有一件足以改变我们的生活。但是知道自己什么事情做错了，这件事的分量却要重上一千倍。当我回忆起那些自己做过或者说过的事情，我感到十分羞愧，真希望能够回到从前去消除那些大错。好在往事犹可追，我们能够从以前的失败经历中学习，希望明天不再犯同样糟糕的错误。这也并不容易。知道自己什么事情做错了，并不足以让我们一生都避免这种习得性行为，而且我犯旧错的倾向依然很强。但是，我在尽最大努力去改正。

我要想得出一个更加正确的结论往往会很费时间。心理学家认为自闭症患者有一种处理延迟，也许这正是其表现之一。或者这是一个很复杂的问题，就好像我的大脑中负责处理情感的部分需要时间来思考，然后才能认识到一个特别的场景或者体验在过去和现在分别意味着什么。

现在这种情况就一直在我的身上发生着，因为看到的那些事情会引发我最近的回忆。引发回忆的这件事情本身是无关紧要的；也许我看到一辆轿车就会联想到我们几周前曾经修过的一辆车，这个场景又会让我想起某人当时的言行，这个回忆起的场景会在我的脑海里自动回放，当这样的事情发生时，其中隐含的原本令人困惑的意味变得清晰起来，我感觉就像自己的肚子被人踢了一脚。

知道自己患有自闭症后，又经过好几年时间，我才算接受了这个事实。其实从一开始它给我带来的失能症状就比较明显；这是一份很难消受的礼物。TMS 催生了一些变化。我一下子发现了音乐和色彩之美，这对我来说，就像是从天而降的礼物。当然这也是有代价的，它会让我花更长的时间去发现。

第 25 章

SWITCHED ON
A Memoir of Brain Change and Emotional Awakening

恐惧

阿尔瓦罗一直在警告我，TMS 带来的效果不可能始终是正面的。我正处于变化中——主要是向好的方向变化——现在正处在平稳上行的轨道之上。在记忆中，我这是第一次在秋天未受到焦虑的折磨。我第一本书的精装版的销售已经取得了成功，平装版也在 2008 年的秋季出版，销售预期也看好。但是在短短几个月的时间内，由于金融危机爆发，这一切都改变了。

肯定有一些问题即将来临。我的婚姻不稳定，马莎的抑郁症状非常明显，并且由于我新近在情感洞察力方面获得的提升，我对她的症状感受非常深刻；我在苦苦支撑中。我儿子一头扎进化学实验中，他可能迟早会被抓进牢狱。但压倒骆驼的最后一根稻草还是金融危机。

我已经经历过几次经济衰退，开始时我觉得这一次也没什么要紧。我感觉自己和股市或者专家们描述的房地产泡沫没什么关系。“这和我们有什么关系？”我安慰手下的员工，“我们就是修车匠，不是股票经纪人。”作为一个自闭症患者，我从来没有感觉自己和外部世界的风云变幻有什么关系，除了那些直接影响到我的事情。

我的公司安然度过了 1990 年的经济衰退，因为新车车主希望在汽车经销商之外寻找成本相对较低的维修服务商。我开始以为现在面临的衰退和1990年那次是一样的。结果证明完全不一样。老客户不来了，也没有新客户顶上来。有几天办公室里的电话很安静，我还以为坏了。后来我打电话给原先的顾客想了解一下他们的情况，结果听到了接二连三的吓人消息。一夜之间，那些原来对自己的爱车悉心照顾的车主变得一点也不关心了。“我们付不起钱，只好免了”，这句话是这个冬天的主题歌。报纸上报道的情况一天比一天糟，很多公司经营陷入困境，最后破产了。

到了2009年的春天，一切都面目全非了。股市暴跌，有时仅仅一夜之间，上百万人就眼看着自己的养老金投资灰飞烟灭。我自己的股票投资组合——从来也不值得夸耀——也跌去了一半价值。原本对自己的爱车殷勤照顾的人们，开始马虎以对，因此而发生故障后，又会发火生气。还有些人因为修不起车，干脆把车扔掉了。有人把原先钟爱、现在破败的汽车丢在我这里，而且不接电话不回邮件。当他们偶尔露面来修车时，也变得非常急躁而焦虑，我从来没见过他们现在这种表现。虽然以前那些年，我的确对顾客们的心情不太敏感，但我至少能听到他们和我聊天时说的话，内容经常是关于天气、孩子，以及其他轻松一点的事情。现在他们对我说的全是生计如何艰难，如工作丢了、没钱送孩子上大学了之类。

意识到自己没有任何办法帮助他们，让我心生不安，这对我来说也是一种新的体会。要是在过去，我会说他们遭遇的困境正是自己疏于考虑造成的后果，早就应该预计到；他们应该改变自己的活法，否则会走投无路。现在我发现，当他们左支右绌，面临只能修车或者只能还上个月房贷的困境时，我对他们充满同情之心。我以前常听说，有同情心是件好事，像我这样的自闭症患者常常因为缺乏同情心而在情感方面失能。如果这是事实的话，我告诉自己，那我最好还是在感情方面失能吧，因为感受到别人的悲伤无奈会让自己也消沉下去。

不过，我们服务的这些顾客所遇到的麻烦，也有效地转移了我的注意力。当春天临近的时候，卡比到马萨诸塞州汉普夏县的高等法院接受审讯。在我们县每年数量达数千之众的犯罪嫌疑人中，只有区区15人严重到要转到程序完备的高等法院聆讯。卡比的案子就是其中之一，而其他都是些强奸、谋杀、持械抢劫以及纵火的案件。我们压根没想到检察官会把卡比和这些人放在一起，尤其在卡比的案件中根本没有受害者或者起诉人。我们密切关注着庭审，看着一场接着一场审讯都以被告人获罪而告终，内心感到十分恐惧。高等法院越看越像是通往康科德州立监狱的门厅。绝大多数案件都在审前协商阶段处理了。但卡比的案件不是这样。我儿子仍然面临着可能高达60年的刑期，我们都处在惊慌失措之中，为吉凶难料的前景而感到忐忑。

我对好消息——或者能够鼓舞情绪的那些事情——的寻找之旅变得绝望了。空气中弥漫的只有焦虑和恐惧，所有的消息都是坏消息。在 TMS 之前，欧洲可能爆发战争，而在加拿大可能会有数千人死于疾病，但只要顾客的维修业务预约不取消，我就不会太担心。可是现在，我听到、看到、读到的所有事情都带上了感情色彩，而且许多都是负面的。不管在哪里，我见到的人们都惊恐不安。面对这铺天盖地的不安情绪，我根本不可能稳坐钓鱼台，我真希望那种源自自闭症的无动于衷的心境能够再回来。TMS 引导出的情感洞察力虽然非常好，但付出的代价是我丢失了有力的自我防护能力。失去它的保护，我感觉自己是在一个充满敌意的世界里裸奔。

我向阿尔瓦罗表达了这种情绪，他回答我说："这是一个非常机敏的观察。有一个研究显示出，我们能够从其他人身上'感染'情绪——主要是焦虑和抑郁的情绪。你不属于这种情况。你的自闭症更像是预防性接种。我对你现在遭遇的困扰表示歉意，但同时我也感到激动，这次治疗居然把所有这些感受都解锁了。你正在感受一种崭新的移情作用，当然，这种精神上的紧张感需要进行调节。"

遗憾的是，阿尔瓦罗的解释和热心并没有让我感觉更好一点。这只是让我短暂地笑起来，并没有持续多长时间。生活还是令人感到如此苦恼。

我的婚姻几乎已经死亡，因为最近我老是控制不住对马莎抑郁症状的自然反应。这么长时间以来，我对她的抑郁状况都视若无睹，可现在在毫无征兆的情况下，我就可能刺激到她，这让我感到非常害怕。我对此完全无话可说，因为这根本不是通过交谈或者疏导能够改变的。她认为我们的问题是由于我参加医学实验而导致的互不相容。这让人很不愉快，并且又被我的负疚感放大了，因为我感觉是我给她添堵了；人们说，一段关系是建立还是破裂，两个人都有责任，但在我们这个案例中，我们都清楚地认识到我和 TMS 在一边，而她在另一边。我不一样了，而她还是原来的她，因此我们之间的关系停摆了。

现在既然我更能解读周边这些人的感受了，我就更能意识到自己对马莎悲哀情绪的这种不耐烦，也意识到我要求她做一些她未必想做的事情不免有些卑劣。在做TMS实验之前，我告诉她，有我和卡比在她身边对她是好事，因为我不能认同抑郁这种说法，我们会坚持让她从床上爬起来，和我们一起到外面广阔的世界去活动。做完TMS刺激后，我感觉自己看着镜子——这是比喻——在想："我这是在干什么？"我现在更加丰富的感受告诉我，她还是想自己独处，这一定意味着让她外出走动是我的一厢情愿。如果真是这样——我自己的逻辑思维坚持认为就是这样——那么非让她从抑郁阴影里走出来，就是我的一种自私行为，我为此而感到羞愧。

另外一件困扰我的事情是，我意识自己一直以来都是忍不住就想去做点什么事情，而马莎就是情愿静静坐在那里，手里捧着一本书或者一杯红酒。没有人曾教过我如何放松，TMS的刺激更让我感到劲头十足。而她并非如此，可我意识到自己总是在不断地催促她，想让她向我靠拢，虽然我其实也挺想像她那样静坐着放松自己。我的行为让她的抑郁症状变得更糟糕了。

我一边听着戴安娜·罗斯唱的《在早晨感动我》（*Touch Me in the Morning*）①，一边想着这些事情。30年前，我能从音乐中听出来的就是，正有一条金色的声音之河穿过分频器、限值器和放大器奔涌出来。当音响系统运行正常时，所有的音乐都好听，反之就很难听。而现在，我几乎注意不到音响设备。她的歌声和歌词传达的意味重重敲击着我的心灵，我就像以前从来没有听过这首歌一样。

我们没有明天，
但我们拥有昨日。

当检察官对卡比每一项耸人听闻的指控都被法庭否认，他被宣告无罪时，我的心情短暂好了一点。打赢官司后，我们可以说这些人真是荒谬，但直到卡比胜诉之前，他们还是那般煞有介事。可即使这么大的好消息也不足以让我心头的阴霾从此一扫而空。卡比也没有在家里庆祝一番。他不喜欢家里的紧张感，想出去自己住。

① 《在早晨感动我》这首歌曲由麦克·梅瑟（Michael Masser）和已经过世的罗恩·米勒（Ron Miller）创作，1973年由戴安娜·罗斯首次录制。这是我最喜欢在现场听的歌曲之一。

他已经 19 岁，算是成年人了。他搬到了 30 英里外的佛蒙特州去住，在那里的社区大学入了学，并且交上了一个新的女朋友。作为一个刚成年的小伙子，他有了一个开门红——至少比锒铛入狱强得多——但我很思念他。

整个夏天，经济形势仍然很糟糕。我们车行的营业收入下降了 25%——这是我在 20 年的经商生涯中从来没有遇见过的。在听了几乎一年的坏消息以后，我开始心灰意冷。在这之前，我一直还算是比较乐观，感觉明天一定会比今天好一点，感觉一些事情似乎也常常佐证这一点。虽然自己总是悲伤孤独、情绪低落，有时还会抑郁上一阵，但我还是坚持经营，期望明天能好一些。但现在我的信心崩塌了。我现在的认识是，明天会更糟，如果我再这么撑下去，下一年将惨不忍睹。

这让我失望透顶，但还不是真正的抑郁。这更像是两种东西的结合物，一种是全神贯注的情感，另外一种是对正在我身边演变着的事情所做的符合逻辑的回应。得益于几年来的经济增长，我在商业上取得了成功，我傻呵呵地以为形势会一直这样持续下去。现在，随着销售额的急速下滑，剩下的唯一问题变成了这个游戏还应该玩多久。现在到了该举手投降的时候了吗？

一年之前，我还把自己视为成功人士，但现在看来我就是个失败者。无论什么时间，我都努力告诉自己，那只是不健康的自怨自艾，但我内心中的声音却在大声反驳：“不，就是这样！这是事实。”我越来越相信这就是事实。这个日益恶化的情势的终点——我已经意识到了——就是我自己的毁灭。我开始觉得身边的所有事物都在分崩离析之中。我担心还可能会发生什么事情，我会失去一切，贫病而亡吗？或者会不会在某个穷困潦倒的时刻自杀？我努力去想一些积极的东西，但我难以维系它们。然而人们仍然把我视为成功的人，希望我在工作中发挥领导作用。这是我需要扮演的最难的角色——我只好一边走过场，一边感觉自己是个骗子。

在那个夏天有那么几次，有这样一个声音在我的心中响起：“这不会变得更好了。是时候画个句号了。”现在回想起来，在似乎没完没了的心理痛苦之下，自杀的冲动始终在侵袭着我。有一次，在后面的修车平台上，我向拔枪自杀迈出了一步，但在最后 1 秒钟，我还是放弃了。

我的生活已经变得如此不堪，我一定还要保持一丝事情还可能好转的希望。对我的家庭和朋友来说，事情兴许还不至于这么悲惨，但是我的脑子完全顾及不到他们。兴许市场还能好起来，兴许企业还能有起色。我的朋友也使劲宽慰我，说我的企业还没有那么糟糕（其实很糟糕），其他人也都在这同一条船上（其实有些在，有些并不在），银行里有多少钱并不能和生活中的我画等号，我这个人要比银行里的存款重要得多。但我不同意他们的观点。在 16 岁时，我已经尝过露宿街头的滋味，我宁可自杀也不愿再次沦落街头。

到了秋天，情况也没有好起来，但也没有变得更糟。

随着冬天的临近，我意识到自己必须做出一些改变。我认为自己不能再和马莎凑合着过了；她的抑郁症状快要把我压倒了。但即使这样想想，也让我很不好受。当我们在一起时，她就是抑郁的，但我终究还是能够很好地容忍她，可 TMS 改变了这一切。

最终，我还是告诉她，我要搬出去住了。那年圣诞节前夕，我驾车来到了康狄涅格河边的轮船入水平台。我在车上坐了一个小时，望着在车灯光柱下流过的幽暗河水，我想自己是不是要一头冲进河中，让一切结束。我感觉生命中每个重要的人，我都没有照顾好。我没有注意到孩子因为患有自闭症而造成的孤僻离群的性格，放任他去做危险的化学实验，差点让他因此而锒铛入狱；我盲目地投入 TMS 实验，完全以自我为中心，一心想着自己变好点，而真正的后果却只是更完整地体会到了马莎的抑郁症给我带来的全部杀伤力，以致难以再和她一起凑合着把婚姻关系维持下去。随着经济形势变得一团糟，我的公司走到了破产的边缘。如果公司破产，我就会变得一无所有。这样看起来我的生命就没啥意义了，符合逻辑的下一步就是猛踩油门，让汽车朝河里冲得更远点，让它沉得更彻底些。我上的保险还不错，它会替我照顾好我所抛弃的家人。从这一点看，这些钱会比我活着更好地造福我的家人们。但我最终还是犹豫了，就像在开枪之前因犹豫而放弃一样。

我就这样在黑暗中坐着，独自伤心不已。我非常希望这样的痛苦赶快过去。死亡能够结束痛苦，但也会结束其他所有事情。但我还没有完全死心，因为我还有另外一个认识，就是觉得事情可能也未必就真的像我预计的那么糟。即使有一个声音在我的脑海中说，事情注定不可挽回，但还是有一个更安静、理性的感觉在向我指出，局面还没有山穷水尽。银行还有存款，我还有经营声誉在。复苏看起来没那么容易，但还是有可能的。

我呆望着奔流不息的河水，河面上荡起小小的漩涡和涟漪，时间也在静静地流淌。我把车掉过来，退出入水平台，又掉个头向城镇驶去。我来到当地一家餐馆独自吃了顿晚餐，由于经济不景气，店里空荡荡的。然后开车回到斯普林菲尔德，并入住到谢拉顿旅馆。我决定重新开始，虽然要开始干什么还完全不清楚。

电影和书籍把住在酒店套间里的生活描写得光彩阔气。可惜这不是真的。我住的房间还算舒服，但却感到自己一直被孤独包围着。旅馆的餐厅也没给我太多安慰。那里有可口的饭菜，还有老板和他的朋友们，但是当夜深打烊时，他们有家要归，只留下孤独的我迈着沉重的脚步上楼到自己的房间去。

马莎和我决定去仲裁，双方同意离婚但继续一起经营汽修业务。我希望这能行得通，并且到目前为止，这个办法看起来还是可行的。

我开始想象自己已经不同以往了，并且幻想社会上那些在我年轻时瞧不起我的人，现在能够拥抱我。我甚至想自己是不是就可以找个这样的人结婚。这样的想法导致我的约会失败得很惨，因为我很痛心地发现我如今具有的高敏感度不允许我预测谁是以及谁不是自己可以信赖、能助一臂之力的真朋友。当一个女朋友离我而去之后，我拿出我们在一起时拍的那些照片翻看起来。这时，很奇怪的事情出现了。我发现照片中，她的面部表情清晰传达出某种信息：她并不想待在这里。我的后见之明是，我看到当她用语言传达某种信息时，她脸上表露出的却是其他不同的信息，这显示了她的内心冲突。我想，当我意识到这个情况时，最好能够就此脱身。TMS 能够帮助我形成这样的领悟，虽然它难以让我在第一时间就看清我和对方不般配。以前，我很难从照片中感觉到任何事情。

能够开始一段新关系的前景改善了我的心情，但是不久之后，在这方面遭遇的失败就又一次把我打倒在地。这让我陷入了非常糟糕的境地，公司里的人也开始对我的行为指指点点。“你嗑药了吗？”有一天公司的服务经理这样问我。她见我情绪起伏不定，以为是毒瘾造成的后果，因为以前我的确还没有出现过这么明显的情绪波动。我向她保证没有这回事，但她过了一段时间后才得出我没有说谎的结论。她提出的质疑让我恼火，也不禁让我想到，在外人的眼中，我的情绪状态该有多乱七八糟。

“你现在总是对人动怒，以前可从来没有这样过。”这是当我向马莎征求意见时，她给我的答复。我意识到她是对的。我以前总爱把这些感受藏在心里，不知道该怎样释放出来。结果是，人们认为我是一个镇定自若的人，始终就像静水行舟，但这一切都已经改变了。

第 26 章

SWITCHED ON
A Memoir of Brain Change and Emotional Awakening

一个新的开始

第二年秋天，离婚的经历和约会的噩梦都已成为往事。我再次遇见了玛丽帕特，她又到我店里来修车了。自从我们上次交谈之后，又发生了许许多多事情。我在开车送她去上班的路上，一股脑把这些事情都告诉了她。我也告诉她我离开原来的家与妻子离婚了，暂时先在谢拉顿城里住下来；当离婚的事尘埃落定，我又回到原来的房子，现在住在空荡的大房子里，备感迷茫。

与人敞开心扉谈到这个程度，与我原来的个性不符；我并非一个随便拉着柜台前的客户就能谈论个人生活的人。但她也是我的朋友，并不只是一位顾客，并且我猜测那天她可能遇到了什么异常的事情。

令我吃惊的是，玛丽帕特告诉我，她也与自己的男友分手了。对我离婚的事情，她也很吃惊。她又成了无牵无挂之人，这的确有点让人感到惊讶，因为以前来修车时，她经常和男友出双入对。而这次来她孑然一身，因此才请求我把她送回城里去。在这次行车路上的某个时间，我鼓起勇气对她说："你看我们年纪差不多，也都很健康……要不我俩谈谈吧。"

几天之后，我们到巴克夏的一家中餐馆吃饭，几乎聊了整整一个晚上。我们有很多共同之处，比我预想的要多得多。我们当年都辍学过，父母都酗酒。我们都在十几岁时离家出走，都是在生活的洪流中自己教育自己的。

我们都是重视工作的人，但是在八小时之外我们有很多差异。她喜欢做瑜伽、冥想以及其他超凡脱俗的事情。她对机械和工程上的事情知道得很少，但正如她指出的，我对涉及灵性的东西知道得也不多。我们都喜欢远足和户外活动。

我们之间的事情不管是外表看起来还是感觉上都很有戏，但我们这个年龄的人需要过一关，就是要看看孩子怎么想。玛丽帕特有三个孩子，有一个十几岁的儿子和她一起过，一个大点的儿子跟着他父亲过，还有一个女儿独自待在纽约。了解到孩子们都支持我们时，我们才松了口气。当我们住到一起后，她确实帮助修补了我与儿子以及我母亲的关系。我想这真是非常赞的事情。

除此之外，我是个食客，她是个大厨，因此美食加深了我们之间的感情。玛丽帕特也是个很顾家的人，这意味着我们要和孩子们一块吃饭。她开启了周日聚餐的传统，会邀请我们所有的孩子和他们的朋友一起来聚餐。不会每个星期所有人都到齐，但至少有一两个经常会来，有时候大家都会聚齐。

次年夏天，我们结婚了。

当我们即将迎来共同度过的第一个圣诞节，她筹备了一个更大规模的聚餐，要把来邻居家拜访的朋友们也一起邀请过来，她的孩子们还会从学校和镇上邀请朋友过来。卡比把她妈妈带来了，对接下来发生的事情我感到既惊又喜。

玛丽帕特和我的第一个妻子成了最好的朋友。按照我一贯的以自我为中心的思维，我感觉我应该是她们之间唯一的交集，其实我错了。从一开始，她们就分享了许多共同的兴趣爱好，有时候我觉得她们之间十分和谐，比她们中任何一位与我的关系都和谐!

玛丽帕特每周都会邀请卡比的妈妈来吃饭，她们之间互相争抢、开玩笑，但经常是由我买单。有时候，我会感到不太舒服，但这对我儿子卡比来说却可能是最好的事情，现在他有爸爸、妈妈，还有玛丽帕特，大家都聚在了一起。我和我第一位妻子的关系素来紧张，但当玛丽帕特加入进来，我们的关系变得稍微缓和了一些。

这是最显著的一件事。

很幸运的是，玛丽帕特的孩子真正接纳了我加入他们的生活。她的儿子朱利安那时与我们住在一起，每天都会在家中给我帮忙，而他的哥哥乔过来探望时，也会加入我们。她的女儿琳赛（非科学家林赛）远在纽约，经常欢迎我去，我知道这是多么珍贵的人生礼物，因为我们见多了其他那些半路组合的家庭，人人都过得不痛快。

是她的行动把这个家凝聚起来了，这真是太棒了。

有了玛丽帕特这个生活伴侣，再加上经济形势也在慢慢复苏，我的心里又恢复到平衡状态。2009 年时的状况真把我吓坏了，但局面毕竟还是发生了逆转。汽修生意熬过了低谷，正在收复失地。我又开始写作，并且更深地介入对自闭症的科学研究中。

在第一次 TMS 实验刚刚过去不久，我就在这个方向上迈出了第一步，那就是我同意为美国国立卫生研究院评估针对自闭症的研究计划。我现在是好几个研究审议委员会的成员，也已经开始与国际自闭症研究协会合作，这是自闭症研究者的专业性团体，他们委任我为两个委员会的委员。我以自闭症患者的身份在学院和大学做自闭症方面的演讲，在会场上和学校里讲述关于自闭症的生活体验。

自从 TMS 项目开始以后，这样的活就络绎不绝。虽然看起来挺好，但也有很大的压力，我开始感到有点恐慌，不知道怎样才能应付好这些事情，因为我还要经营企业，还要照顾家人。

玛丽帕特把我离婚后空荡荡的房子变成了一个温暖的家，让我能够把这些任务都完成好。因为她为我建立了安全的大后方，所以我能够去探求外部世界，去做那些我感到自己受到使命召唤的事情。

随后一些更引人注目的事情发生了。在听了我的演讲之后，玛丽帕特也和我一起上路了——不是作为旅伴，而是在向那些具有多元性神经系统的人们和他们的家庭伸出援手的事业中成了伙伴。我们开始一起就自闭症患者的生活这个课题举办工作坊，她马上就成了一个大忙人，热情地向那些需要她给予指导的人分享自己的观点。

她第一次演讲后，受到了听众的起立鼓掌欢迎。事实证明，她是个非常棒的演讲者，观众都非常踊跃地接受她传达的信息。我注重科学问题，她注重感情问题；我靠逻辑推理分析问题，她讲感情反其道而行，我们成了完美的组合。我们发挥出了一加一大于二的组合效应。这对我是一个新体验，而且这幅画卷还在打开的过程中。

第 27 章

SWITCHED ON
A Memoir of Brain Change and Emotional Awakening

告别静态世界

2007 年夏天，家里的每个人都在使劲琢磨如何推销我的第一本书《看着我的眼睛》，这本书将在这一年的 9 月上市。我的弟弟奥古斯丁想出个办法，就是我们应该录制一段视频。他走到我正在开着拖拉机干活的草地上，逗引我对着他的镜头录制了一段访谈。这样录制出来的“拖拉机访谈”最后被放到 YouTube 和其他网站上，吸引了很多人的注意。那时候，自闭症患者讨论任何问题的视频都很少，更不用说写自传了。

这对我来说，都显得平常。但我想我对弟弟的提问所给出的回应，可能不是常人所能想到（欢迎你上网自己看看）。一些浏览者的留言很有趣，还有一些显得满怀希望，也有一些让我很受伤。有这么一条很特别的评论：“从他的长相和声音看，活像个会话机器人。”这让我感到很羞愧。

我的书出版了，九个月过去了，我已经把视频这回事完全忘在了脑后。然后，博士们又在我身上做起了 TMS 实验，我又开始大谈其事，又推出了新的视频，新的评论也随之出现。现在他们的腔调变了，人们会说：“哦，你真变了。比较一下‘拖拉机视频’和你现在拍的这段视频，这是多大的变化啊！”当我回到家，再看我弟弟以前制作的这段视频，我的感觉完全不同了。我这才意识到在旧的录像片段中，我完全没有任何自我表达，也没有表现出任何活力。虽然听起来很伤人，但“会话机器人”还真是个准确的描述。值得注意的是，我以前对此完全意识不到，但是当做完 TMS 刺激之后再回头看，我马上就意识到了这一点。

有趣的是，现在当我观看这段视频，我不感觉这些评论能伤着我了。相反，我对自己的变化之大和变化之快感到非常惊奇。在观看接受 TMS 刺激之后所拍的视频时，我感觉那里面的自己会笑，眉毛会往上抬，手部也有许多姿势。在以前的“拖拉机视频”中，完全没有这些事情。

在美国中部明尼苏达州，有个叫蒂莫西・泰勒（Timothy Taylor）的人看到了这段视频并阅读了我在网上发表的对 TMS 的感言。他是一份学术期刊的编辑，也是一位十几岁的小自闭症患者的父亲。他在网上搜寻其他内容时，偶尔看到了我的帖子。看完视频后，他感到非常惊喜，并与妻子金伯利・霍林斯沃斯・泰勒（Kimberley Hollingsworth Taylor）进行了分享。

他们的儿子尼克是一位身材瘦长的八年级学生，和顺而聪明，掌握了很大的词汇量，几乎每门功课的成绩都是 A。[①] 虽然经诊断患有注意力缺失症和强迫症，但他在学校的表现要比我当年好很多。但是他的好成绩并未帮助他摆脱社交方面的困扰。他一样也遇到了那些我在他这么大的时候遇到过的问题。当尼克念初中时，他总爱说自己不是一个“会做朋友的人”，空下来时，他会玩沙盒游戏《我的世界》、看 YouTube，而不愿意和其他孩子出去玩。在父母的眼里，他与其他人交往或者从事日常活动都很吃力。

按照金伯利的说法，虽然尼克在词汇方面和数学能力方面很突出，但是他在完成课堂作业、家庭作业以及从事日常活动上，都比别人耗费的时间长。他需要全力对付自己由强迫症带来的强迫行为——他会写了涂、涂了写，直到把字母写得“完美”才能算完。因此就算写为数不多的句子或者数学方程式也要用上一小时。随着

① 本章的内容是基于我与尼克妈妈的通信写成的，其中很多话都是直接引用。我把尼克的名字改掉了，他的妈妈金伯利・霍林斯沃斯・泰勒及明晰基金会都同意其名字出现在这里。她的基金会一直支持 TMS 研究。

一天天长大，他变得越来越“难以自拔”。在谈话中，或者当被问到任何事情，甚至他以前很喜欢的活动或者题目，他的口头禅也变成了“不”。他日常生活中发生的任何变化，都会成为引发全家高度紧张的一件大事，甚至他的兄弟姐妹也会被连累到。他的口吃倾向和重复同一个句子或者问题的习惯，也随着年龄长大而日益严重。

当他的父母看了我的视频和在我身上所发生的变化后，他们看到了希望——他们的儿子也有可能发生同样的事情。尼克的母亲通过哈佛大学找到林赛，得到的答复却是目前还没有涉及儿童的研究项目。“我记下孩子的名字，等一有针对孩子的研究项目就通知你们。”林赛许诺说。同时，尼克继续努力应对自己的学习和社会生活。他尝试进行注意力缺失症的治疗，但这些未能帮助他实际解决那些核心的社会性问题。

当我是个十几岁的少年时，真正对我有所帮助的事情就是年龄增长，以及身边能有人认可我的价值。尼克正在走我的老路。在开始时，会感觉这是种令人恐怖的处境。那时你没有朋友，没法完成别人让你做的事情，真是很难想象事情将来还会发生什么神奇的逆转。

如果药物治疗不奏效，心理咨询也没太多用处，那还有什么办法可想？好几年过去了，林赛终于在 2012 年的春天给尼克的父母打来电话，说实验室要在哈佛大学的另外一所教学医院也就是波士顿儿童医院开展一项针对十几岁自闭症少年的研究，验证 TMS 对他们的短期治疗效果。在和林赛及其他研究者交流过以后，尼克决定试试。趁着放春假的时间，他和妈妈一起来到波士顿和研究人员会面，再详细了解一些情况。

在我们做完 TMS 实验后的几年时间里，他们又对实验技术进行了大幅改进。当我参加实验时，科学家们是每秒刺激一次，持续半个小时。尼克将接受速度更快的一系列刺激，叫作“θ 激发”，而且测试将在持续 1 分钟后才结束。林赛和其他研究者已经发现在其他研究中，TMS 的激发更加有效。尼克接受刺激的目标区域是右太阳穴后面的布罗卡语言区，几年前，刺激这个位置曾经在我身上产生了非常显著的影响。

“θ 激发”TMS 的问题是，它会带来什么样的感觉。当急促的“啪、啪、啪”

的声音传出来，显然说明有某些东西正被射进你的头部。我在 2009 年的实验中体验过这种感觉，并且将其描述为“有点令人不快”。我此前没有体验过这种安静沉思的感觉；疾速的脉冲一道连着一道射进我的大脑，1 秒钟就有 10 次。那时我会对林赛说：“要想耐心坐在这里反复忍受这么难受的刺激，你非得是对此抱有希望不可。”

对尼克的刺激应该持续 40 秒，共发射 600 次脉冲，但是在实验进行到四分之三的时候，他要求停止实验。林赛不知道已经发射的脉冲刺激是否足以引发改变，但是她希望在实验前后有一些不同，就像我那时一样。她也让尼克看那些眼睛图片，并选出能和眼睛传达的感情相对应的词。

对他进行的定量评分显示，一个虽然不大但是具有统计显著性的改善出现了。他妈妈这样告诉我：“其实真正的改变体现在实验前后他应对测试的方法上。在测试前，他要费上九牛二虎之力才能说出来，回答这些问题需要半个小时。接受刺激后，他只用 8 分钟就轻松把测试搞定了。然后他望着研究人员的眼睛说‘谢谢他们’，并且主动向他们道别。在离开的路上，他一路都走在我身边，一直走进电梯，这对他来说太不合常情了。他没觉得有什么不同，但是我马上就从他的行为上看出了变化。”

“在我们去机场乘机回家的路上，他走起路来就显得有些不一样了。”金伯利感到很惊奇。这是第一次，她妈妈发现他能赶上自己以及其他旅客的步伐。他待在她身边，注意不挡住其他人的路。他妈妈相信这是因为他顾及了身边的人，这在她的记忆中还是第一次。“我们这些年来采用的药物和其他疗法都没有产生过这样的效果。”后来她这样对我说。

当他们回家以后，家人看到了更多的变化。“我们去了一家很大的室内水上乐园，他的小妹妹兴奋地向他跑过来，带他去看水滑梯。当他们一起走后，他妹妹边走边做手势，我看他紧跟着妹妹，他的身体、肩膀和头也转向妹妹这边，专注地听妹妹讲话。虽然很微弱，但这是他与别人进行交流的一个前所未有的新信号。”

他父母还观察到他与周围其他人交往的新方式，他们也和他本人谈到了这一点。尼克自己把这个变化描述为：“以前就像是通过一个充满静止图片的屏幕看世界，在做过 TMS 实验以后，静态的影像消失了，事物变得更加清晰了。”要是能够保持住这个状态就好了！林赛给他们打过预防针，告诉他们实验的主要效应可能是暂时的，对此我早有体会。眼见的这样的变化会在以后几天乃至几周慢慢褪色，对尼克和他的家人来说当然有些不可接受。他们想在中西部之外再找找，看还有谁能给尼克进一步进行 TMS 脉冲刺激，但根本就找不到。一年之后，他们又来到波士顿，进行后续的 TMS 刺激，但和我在 2008 年夏天进行的第二阶段实验一样，他从后续实验中得到的结果也很微妙。金伯利和她丈夫问林赛还可以进行几次实验，林赛回答说，会在 2013 年的春天邀请他们再来波士顿进行为期 10 周、每周两次的 TMS 实验。

那年春天我第一次遇到金伯利，那恰好就是他们计划飞往波士顿之前的一个星期。那时我正在他们家乡的公共图书馆做演讲，她正好也来参加这次活动。我演讲完后，她过来找我，向我描述了他们家的情况，和我的经历真有很多相似之处。我说，参加 TMS 实验是我一生中发生的最重要的事情，我希望他们此行也能够有好运气。我决定和他们保持联系，看看究竟会发生什么情况。

与刚进行过第一次刺激后不同，当尼克在波士顿做完为期 10 周、每周两次的脉冲刺激以后，他的父母未能从儿子身上看到突如其来的戏剧性变化。尼克说他没有什么不一样的感觉，但在接下来的这个夏天，他们所有人都看到了真实而微妙的改变。例如，金伯利告诉我说，尼克为了达到下一年的英语课程要求，提前上了线上的夏季英语课程，这样来年就会轻松一点。“这个课程把一学年的东西压缩到八周之内讲授，因此从进度上讲相当一天要做一周的英语作业。虽然没什么监督，但是他在家里做得很成功，以前这是难以想象的。”

尼克在第二阶段刺激后所出现的这种现象模式我感觉很熟悉。我自己对这一区域进行重复刺激后的感觉与他如出一辙。第二次刺激后的感受更微妙，但是随着时间的流逝，变化将慢慢显现出来。

金伯利报告说，尼克在第一次脉冲刺激后所表现出的“选择能力”又回来了。以前他在进行测试或者做智力游戏时经常“卡壳”，他现在做选择很容易，干其他活也利索得多。对于到其他地方去或者去做一些新的事情，他的态度也变得很开放。这让他在日常生活中能够自如应对。那个夏天，在全家去蒙大拿旅游时，尼克说：“我现在更有那种心神俱在的感觉了。”

当描述自己身边这个显得更加鲜明、真切的世界时，我儿子也说过类似的话，并且我自己也有过切身经历。金伯利说：“尼克以前是单行线思维，但是现在对于通常没什么兴趣的事情，他也会参与讨论。他对自己的反应也有了更多深刻的见解。这是他第一次意识到自己的感受，并对此进行议论。”

当这个秋天尼克返回学校时，他看起来像变了个人，他与周围的老师和同学们相处得都更加融洽。他妈妈给我举了个例子：

当尼克的老师告诉他，她在课上要增加一些经济学方面的材料，因为教学大纲有变化，不过她感觉有点困难。尼克转身对他妈妈说：“我们可以把爸爸的那些关于经济学的书给老师参考一下，这些书可能会帮上忙。”

“他能说这句话看起来不算是很大的事情，”她告诉我说，“但是对尼克来说，能够理解到自己身外之事，能够在他的需求和他爸爸的资源之间建立起思维联系，并且能够以与正在进行的谈话流程非常吻合的方式提出帮助建议，这可不是一件简单的事情。以前当尼克把关注点放在某人身上，或者书籍、电影中的人物身上时，他也会与之感同身受，但现在的表现是很不一样的。他这是对通常关注主题之外的、处于日常谈话中的寻常人等做出反应，并提出建设性的建议。并且他只说了这么一次，他的这种言谈风格与这次谈话的节奏非常吻合，很明显，此时还真不需要啰里啰唆地反复强调。”

在这个秋天的晚些时候，尼克的老师写了张便条给金伯利，谈了她对尼克目前的行事方式有多满意。“看起来，他现在脚尖立地找平衡用的时间比原来少，口吃和翻来覆去说某件事情的情况也少多了。他也能很好把控自己的行为举止。当他去找新的教室时，对于给自己引路的同学，他能很好地与之交流。”

随着这个学年往下进行，尼克的收获之旅也在继续。他在 6:00 之前就能做好作业，并且能在一个小时之内完成 10 道数学题。在接受 TMS 刺激之前，他一小时平均才能做两道题。回到家里，他会向家人描述他在学校与老师和同学们的会话，甚至能记得其他同学的名字。最让人开心的是，有四个女孩子邀请他参加返校节舞会。

有时候，他发现这变化有点翻天覆地。“一些我以前从来没有见过的人和无从认识的人，突然会和我打招呼。”他还怀疑他妈妈曾以某种方式大规模动员这个公立高中的人都对他好一点，这让他很生气。他妈妈对他说："好孩子，如果我有这么大的能力，我不会等到今年才用啊！"有一天，他泄气地说："我有注意力缺失症，要是老有人和我说话，我就总得面对这么多面孔，这让我难以集中注意力。"①

但后来，他的收获开始消失。他做作业的速度渐渐慢下来，需要更多的催促和提醒。强迫症的症状又回来了，这让他完成课业的速度进一步下降，在对事情做取舍时，或者在标准化测试中涂答题框时，变得更难以决断，甚至如果没有涂抹和重写就难以把需要书写的内容完成好。有一次，他告诉妈妈："是，那几个邀请我跳舞的女孩现在也看出我变得不一样了，她们现在已经不愿理我了。"

"我们家这是把《无语问苍天》（*Awakenings*）这部电影的悲伤情节自己演绎了一遍。"金伯利最近这样对我说，这部 20 世纪 90 年代的电影是根据奥利弗·萨克斯的书改编的，讲述了一个如何找到一种药品把病人从紧张性抑郁障碍中挽救出来的故事，但药品的疗效后来还是消失了。

当家人们看到尼克的退步，他的"胶着"状态又完全恢复了，再加上在青春期属于正常表现的那种羽翼初展时的顽固，让局面变得更糟。"今天，尼克说，自从做过 TMS 刺激以后，他就不记得有过什么好事，他不承认自己曾经取得过什么积极成果，宣称自己再不想去尝试了。"学校作业难以轻松完成，又成了难以克服的挑战。顺利加入他人交谈的能力得而复失，他的兴趣又有些转回到电子游戏《我的世界》和 YouTube 视频上了。

正如金伯利所说，"除了玩游戏和为数不多的其他几项兴趣，除非我们拽着他参加，否则他不会多参与我们的交谈。他不会嘘寒问暖，吃饭时他就呆坐在那里，面孔和身体都尽量转离我们。在 TMS 之后，他所展现出的个性中的那些可爱的方面，再次被隐藏起来了。"

我心中有一部分听到了这些事情并且觉得，尼克正在做他想做的事情，我们有什么资格让他改变呢？然而，我对此已经有过亲身经历，知道在追求自己的兴趣和希望成为社会一员方面应该如何实现平衡。对绝大多数人来说，玩游戏和退缩不是

① 研究显示，有 40% 的自闭症患者能够被诊断出患有注意力缺失、注意力不集中或者强迫症。

实现独立生活的可行之路。像尼克这样的孩子，必须做出艰难抉择，对我这个年龄的人来说，做这样的决定可能并不难，因为我们已经有过生活历练的坚实基础。

尼克妈妈描述的另外一些事情确实和我的经历非常相似："以后，我们应该带他去上一些社会技能课程，他自己认识不到仅仅 40 秒的脑部刺激在他内心深处解锁释放了什么东西。"这个想法对她触动很大，于是她创办了一家名叫"明晰"的非营利组织，把 TMS 作为自闭症的一种治疗方法进行推展。去年，她筹办了自己的第一次研讨会，正好就在国际自闭症研究会议之前举行。我希望她能成功地提高那些有意资助医学研究的人对 TMS 的兴趣，因为我完全相信，这种方法有着巨大的潜力。

当我们交谈时，她建议我关注一下阿图·葛文德（Atul Gawande）在《纽约时报》上发表的一篇名为《慢想法》（*Slow Ideas*）的发人深思的文章。在这篇文章中，葛文德谈到，我们都想让一些有用的医学创新能够得到迅速传播，在一小部分案例中，这也的确实现了。但在大多数情况下，对从一种新的医学发现中受益的大多数人来说，一种新疗法从灵感初现到广泛应用大约需要 20 到 40 年的时间。葛文德的文章对我们两人都非常有启发。如果别人能够了解我们的体会，他们就会有更大兴趣来支持这项工作。

尼克的妈妈在最近写给我的信件中又表达了这个愿望。我们都已经看到，TMS 为一些有抑郁情绪的人打开了一个明媚的新世界。"等到将来，"她写道，"TMS 对自闭症也可以发挥出同样的作用，能够让这些人成为他们打算成为的人；能够尽情展现出他们全部的人格魅力；能够在工作中和社区里，成为能够充分发挥作用的、有归属感的贡献者；能够与其他人建立起温暖的、有意义的人际关系。"

第 28 章

SWITCHED ON
A Memoir of Brain
Change and
Emotional Awakening

读心者

2012 年夏天，我亲身见证了一项技术，它亟待和 TMS 以及其他新兴的刺激技术结合起来。现在，科学家正在尝试着获得这种联合性力量，当他们的尝试取得成功，我相信神经科学将发生令人吃惊的巨大变化。

我们都很熟悉医学成像技术。你可能已经做过核磁共振成像，以检查肺部的情况，或者看看自己的膝盖出了什么问题。阿尔瓦罗手下的研究人员曾经给我做了核磁共振并形成了关于我脑部的 3D 模型，我看到了这个最终的图像，没有头发、皮肤或者头盖骨挡着，可以直接看到大脑的核心。他们向我保证，这是准确的，这个位置正位于我大脑皮层的那些褶皱和回旋的下方，他们在这里用红蓝两色标出了 TMS 脉冲刺激的目标靶位。那时，我一点也不怀疑，脑成像技术还将取得量子跃迁般的巨大突破，正如马塞尔・贾斯特博士几年后在他位于卡耐基梅隆大学的实验室为我展示的那样。他不只能创建影像。当我正在看或者听什么东西时，他能看出我们脑部此刻的活动模式，并且通过识别这样的模式，他能够解读人们的所思所想，而这还只是开始。

我第一次来到卡耐基梅隆大学，是应马塞尔的研究伙伴南希・明瑟博士的邀请而来，这间大学正好与匹兹堡大学为邻。我们是在自闭症研究国际会议上认识的，那时她问我愿不愿意参加他们即将开始的一个实验。我们在会上抽出一小段时间，谈了他们的工作，以及我能为他们做点什么。

自闭症患者不同的脑部区域是如何互相连接的，这些连接与常人有何不同，他们对此提出了一个理论。这个理论假定自闭症患者额叶皮质和大脑其他部分的连接与其他人不同。更具体地说，他们认为像我这样的自闭症患者，进出额叶皮质的数据通路的带宽比常人更低一些。这就好比说，自闭症患者是通过拨号上网的方式来连接额叶皮质和大脑后部的，而其他人是通过高速光缆连接的。这不至于让我们变成哑巴，但肯定还是影响了我们处理某些事物的能力。但同时，这也能帮助我们把另外一些事情做得更好些。

很多类型的思考，特别是社会过程，要依赖前脑和大脑其他部分的协调，而对于患有自闭症的人来说，我们思维模式的形成被这种不良的协调模式改变了。

“我们称之为‘额叶皮质–后脑的低连接性’。”马塞尔向我如此解释。

谁不愿意让能够提出这样理论的专家来为自己的脑部做个检查呢？并且我来拜访他们还有另外一个想法。他们的办公室距离匹兹堡学习大教堂只相隔几个街区，在我五岁时，我爸爸曾经在那里的塔楼上教过哲学。我在那里学会了骑自行车，我至今仍然记得当年自己在塔楼内无穷无尽的台阶上爬上爬下的情景。

令人遗憾的是，当我到达这个城镇之后，我没空再去爬爬这些台阶，因为这些研究人员马上就让我上了一台核磁共振机进行扫描。我在里面躺了半个小时——比在哈佛那边静躺的时间要长很多——貌似他们的机器对我的脑部拍了有好几千张片子。他们以后如何处理这些数据，这是我感兴趣的事情。

每张片子看起来都像是对我脑部的一层切片，当我躺在机器里时，就好像是被解剖了一次，被分门别类地仔细观察了一遍。他们使用超级计算机来分析脑部的每一个框架结构，描述出水分子顺着脑部路径流动的情况。当核磁共振扫描仪被用于这一分析时——马塞尔称之为“弥散加权成像技术”——水分子的流动形态就揭示出了脑白质神经束的位置。它们就是大脑的电缆系统，正是这些缠绕成一团的复杂的生物电缆连接起了大脑的不同区域。正如他所说：“这稍微有点像在漆黑的屋子里，解开乱成一团的水龙带，需要看清楚液体到底是如何流动的。”

后来我看到了自己大脑中脑白质神经束的图像——它们看起来就像是显示在电脑屏幕上的非常复杂而且颜色奇怪的关于雕塑体的立体线稿。我从来没有看到过像我脑部这样的东西，但是贾斯特博士向我保证，其他研究对象的大脑影像看起来也是这样的。我的脑部数据已经添加到了他的记录里，我虽然做得不多但已经能够帮助他最终形成一个关于我大脑内通路的 3D“地图”集。也许某一天，这一地图集可能变成一个重要的诊断工具，但现在我们盯着它看只不过就像是中世纪的水手盯着一张写着“此处有恶龙”的航海图一样。我们看到的是一张非常复杂的大脑内部 3D 通路网络图，路上的导航点在哪里，我们对此既所知甚少又弥足珍贵。

你最好把连通性想象成关于你大脑的路线图。你知道大脑内的不同部分所负责的功能是不同的。你的视觉皮质处理眼睛获得的数据；运动皮质负责指挥我们的胳膊和腿；大脑前庭是负责抽象思维的地方。所有这些各不相同的区域被连接在一起形成了一个生物纤维网络，就像在一个大型的数据中心内连接着众多服务器的电缆。

大脑科学家早就认识到了胼胝体——这是连接大脑左右半球的神经束，它负责让大脑两边保持平衡，尽管这很重要，但说到大脑内的通路时，这还只是冰山一角。马塞尔和其他研究者正在分析扫描数据，以便能把其他尚不为人知的“电缆”束在电脑屏幕上显示出来，能形象化地看到它，并理解其工作原理。在我看来，他们已经取得了一些惊人的成果。为了能向我说清楚，马塞尔把我们大脑中的通路比喻成高速公路系统。他已经识别出了一些主干线——神经纤维束——它们的作用就像州际公路：I-80 东西横贯全美，I-95 穿越国土南北。他也发现了一些小的通路，它们就像是大脑中的州道，或者地方高速网，除此之外，还有数不清的大街小巷以及通向住家的车道。

有了州际高速公路，我们就能够把货物和服务快速运到任何需要它们的地方。我们也能深刻体会到一个高效的高速公路系统给我们的经济所带来的益处。我们大脑中的高速公路能够有效地运送信息，这就像高速公路运送货物和服务一样。贾斯特博士现在的模型揭示了目前连接着大脑不同区域的 20 多万条不同路径，但这张地图还远不够完整。

他认为我们的大脑也经常面临着那些在汽车中由导航系统解决的问题，只不过问题的复杂程度高得不可思议。当一个人的思想能在大脑内的州际高速公路上更有效地流动，事情就会迅速顺利完成，这些人也就成了最强大脑之星。而那些大脑的导航系统只能引导其思想在当地街道和偏僻小路上流动的人，就会成为处于不利地位的人，因为他们难以有效地让大脑所需要的数据在需要协调的大脑区域之间流动。

我的朋友天宝·葛兰汀在其2003年所著的《自闭的大脑》(*The Autistic Brain*)一书中探讨了这个问题。她认为心理组织是人能够成功地进行独立生活的关键，而且对我们这样有自闭症状的人来说，这是很容易认识到的问题。贾斯特博士运用核磁共振仪对我们两人都做过研究。他向我们展示了在有些脑内区域我们缺少常人具备的通路，从理论上说明正是这些不同之处可能导致了我们脑内某些区域的失能现象。他也向我们展示了我们比常人联结更多的区域，这可能能够解释我们那些不同寻常的技巧或者能力。

虽然这已经给人以深刻印象，但我发现他们做得还要更多些。对我而言，那才是真正值得关心的事情。“我们已经认识到了如何从大脑成像中读取多种感情，”贾斯特博士对我说，“而且我们能够识别出在回应你的眼睛所看到的情景时，你的大脑中所出现的那些与众不同的模式。我们拿一条狗或者一匹马的图片给你看，对大脑进行的扫描能够告诉我们你此刻正在看什么。”

我被他说的话惊得目瞪口呆。如果这是真的，那这些研究者可是在解读人心啊！我不禁想到，为什么那些政府官员不来介入、接管他们的实验室。也许他们还不知道，我想，但我没有出声，因为贾斯特博士话还没有说完（在2016年，也就是本书的英文版出版之时，马塞尔的绝大部分新研究项目都得到了与美国国防相关的政府部门的拨款支持）。

“我们的问题之一是，是每个人的大脑激活模式都一样，还是由于神经学上的差异而有所不同。我们在一组存在阅读困难的孩子身上研究了这个问题。我们观察了普通孩子在阅读时会亮起来的脑内区域。然后我们又观察了有阅读困难的孩子在阅读时亮起来的区域，并发现了二者之间的不同。当我们让这些孩子进行100小时的阅读训练以强化他们不活跃的区域时，这些孩子都变成了很好的阅读者。更引人注目的变化是，那些在能力训练之前功能不够充分的脑白质神经束，在经过训练之后得到了显著改善，达到了与那些不存在阅读困难的孩子一样的水平。”

我想，他们这活干得太帅了！而这也是TMS可以参与进来发挥作用的地方。“我们想知道，是不是能把从核磁共振成像中得到的数据与TMS这样的技术结合起来，以便能更有针对性地发现和修补原本存在的缺陷。”

这让我想到了贾斯特博士正在绘制的路线图。如果他能识别出那些有能力缺陷的人身上不太通畅的路径，那么TMS能不能把它们打通呢？这其实是阿尔瓦罗在实验一开始时曾经设想过的事情。现在马塞尔向我展示了如何有效地发现这些认知瓶颈环节。在实验室里进行的实验已经表明，如果反复对一个神经元进行能量发射，就会使它在轴突周围生长出更多的脑白质，并且变得更加“强壮”。如果TMS有助于增强神经元，那么最大的问题就变成了应该刺激什么部位。阿尔瓦罗和林赛需要根据动物实验来确定靶位，而这些动物的大脑不会与人类的大脑一一映射，或者符合人类对其做出的总体认识。由于刺激不同部位的作用可谓差之毫厘谬以千里，因此采用动物实验来确定刺激靶位的方法，其取得成功可能性就成了有点需要靠运气的事情。

马塞尔同意我的观点。“我们在对诵读障碍的研究中没有使用TMS，”他告诉我说，“但我确实在想，能不能用TMS来启动这一过程，或者强化改善成果。”

对此我举双手赞成。看来阿尔瓦罗的团队和卡耐基梅隆大学/匹兹堡的研究者们可以很好地相互补充。如果研究能够这样进行就好了！但现实情况并非如此，我是在自己参加过的拨款申请评估中认识到这一点的。科学家们都倾向于先拿出观点，然后再独自去接洽那些基金资助机构。他们通常难以知道其他地方的研究者们正在设想什么东西，直到大家在会议上碰面，或者读到对方发表的成果；他们之间缺少一个中间人，来替他们牵线搭桥。

如果你认为这是我们在对医疗研究项目进行资金支持方面存在的主要缺点，那你是对的。大多数对拨款申请进行评价的人就是研究者自身，他们对自己的机构都很偏爱。即使未必如此，他们还需要对自己阅读到的内容保密。如果一位来自耶鲁大学的评价者看到了两份互相补充的申请，一份是来自杜克大学，另一份是来自宾夕法尼亚大学，他难以把两方面的人撮合到一起，虽然把他们视为一个集体给予资金支持要比给予其中任何一家都更好一些。政府的合同管理人员能做到这一点，但鲜见他们这么做，这当然是由于很多管理上的原因了。保护科学家知识产权的法律让任何人对于这种好事都望而却步。

我开始觉得我应该可以扮演一下中间人的角色，因为我不是科学家，并且我与任何研究者都不存在矛盾或者竞争关系。对于技术联合可能带来的前景，我开始大声宣传，希望自己能以这种方式推动其变为现实。虽然每位科学家都很聪明，但他也不可能在每个领域都占据优势，尤其是在那些与他们的关注点相去甚远的领域，就更不可能了。

成像技术在卡耐基梅隆大学被开发出来，就是一个很好的例证。所有医学研究人员都知道基础的核磁共振成像是什么；放射科医师已经使用这一系统很多年了［马塞尔提醒我，保罗·劳特伯（Paul Lauterbur）是在正好位于卡耐基梅隆大学隔壁的一家汉堡店产生了发明核磁共振扫描仪的想法，后来他因此而获得了诺贝尔奖］。在核磁共振成像过程中，扫描设备会拍摄下一系列影像，显示了处于活跃工作状态的大脑各部分中氧气的分配情况，此时大脑的某一部分通常是正在完成某项任务。

对于绝大部分内科医生来说，这已经足够了。几年前，贾斯特博士也是名内科医生，但他想要更多。他很想知道，如果自己能与卡耐基梅隆大学的计算机专家联起手来，用超级计算机对这些影像数据进行分析，那会取得什么样的成果。不用人盯着计算机屏幕，计算机会自动进行数以百万计的非常复杂的分析。这番努力所取得的成果不管是在广度上，还是实现的能力上都是惊人的。

贾斯特博士使用一台西门子的核磁共振来读取扫描对象大脑内部的活动，此时他在电脑屏幕上可能看到了图片，也可能读到了词语或者句子。当正在进行核磁共振扫描的人看到了一张金毛犬的图片，他大脑内的许多区域都会以带有某种特征的模式亮起来。当这样的情况发生时，计算机就会识别出这种模式，并且说声“狗”。接下来看到的是苹果，计算机就会说“水果”。不用被扫描者说一句话，这一切就完成了。核磁共振扫描设备仅仅是在读取扫描对象看到不同图片后大脑内部的活动情况。计算机能够快速地、强有力地对读取到的数据与贾斯特博士建立起的数据库内的数据进行对比，当发现能够匹配时，它就会蹦出一句“狗”或者“水果”。

事情至此还尚未结束。计算机还能分析对脑部的扫描情况，以揭示出这个人的内心状态，可能甚至连其意图也能搞清楚——机器马上就能预测其下一步会想什么！贾斯特博士的系统现在能够识别绝大多数主要情感类型，甚至经常是同步发生的多元化情感。所以他能以惊人的准确性判断出，我们看到了什么、我们对此感受如何。而且他们的事业还只是个开端。他们从分析中得到的所有信息，还只是对我们整个大脑百分之一的区域进行分析而得到的结果。从现在起再过几年，他的计算机可能会识别几千字词和上百种情绪，到那时候，计算真能与你的大脑对话，而你连一个字也不用说。

精神失常得到治疗的可能性会高得惊人。当把常人的大脑活动和一个精神失常者的大脑活动进行对比，我们就能史无前例地观察到失常者的思维活动如何受到失能影响的特异性情况。这能引导我们采取正确措施让他们的精神回归正常或者发生变化，从根本上治疗精神失常问题。

当我向明瑟博士提出这样的建议时，她表示赞同。“想象一下未来，到那时，针对人的精神状况和大脑进行的评价会包括一个简短的面谈，以确定他们的需求和目标；接着，我们会对其进行大脑成像，并抽血以进行基因测序。利用这些测试结果将得到很准确的诊断，能识别出导致患者出现问题的具体的认知、智力和遗传机制，并且能够拿得出专门针对该病人心理与大脑问题的治疗计划。”

“想想吧，”她继续说道，“这就是科学家和临床医生们正在团结一致、奋力追求达到的目标。贾斯特博士的神经认知研究只是一个具体实例，说明这样的未来是现实可期的。从基因技术的最新进展可知，当把 rTMS① 与正在涌现的认知康复治疗相结合，其潜力是巨大的。

我们的确正位于一个心理治疗新时代的前夜。

① 在本书中，我用 TMS 这个术语来表示我体验过的所有刺激方法。要是说得具体一些，治疗性 TMS 会使用多脉冲，也被称为 rTMS 或者爆发性 TMS。单脉冲 TMS 更多的是用来测量而非治疗，例如林赛就是用单脉冲来测试需要多大功率的脉冲才能刺激我的手指抽搐。

第 29 章

SWITCHED ON
A Memoir of Brain Change and Emotional Awakening

家人离世

在我年轻时，当在高速公路上或者自己工作的夜店发生的打斗事件中遇到死人的事情，自闭症带来的对外界的淡漠感成了我的某种心理保护。当我弄明白这个道理后，我告诉自己，这就像是牙科诊所给病人打的麻药一样。当我上了年纪并且有了更多的生活阅历以后，这种麻醉作用慢慢消逝了，我对周围的人产生了同情之心。我当然一直有自己的感受，但是在很多情况下，由于自闭症的阻止作用，我的感情难以得到触发；然而，有一次当我挠了自己的腿十几下时，我开始体会到了当这样的动作发生在别人身上时，她的感受会如何。虽然对别人的感觉我还是难以完全感同身受，不过我的反应还是在更多地向社会可以接受的范围靠拢。在很多方面这都算不错，可这样一来，自闭症给我带来的保护层开始消散了。再后来我就遇到了这些研究 TMS 的科学家，他们在我身上施展了魔法，我超脱生死的超然精神状态因此而宣告结束。

这就是当 2013 年夏天，我收到第一个妻子小熊的手机短信时，感到如此畏惧不安的部分原因。“我希望你能把我送到医院去。”她这样说。我没有马上看到短信，等我给她回复时，她已经自己想办法到医院了。我马上以最快的速度赶往医院。

‖ 第 29 章 ‖
家人离世

当我到达库利迪金森医院（Cooley Dickinson Hospital）时，她正躺在急诊室的床上，等待进一步的消息。她的血压水平急剧下降。她感到很虚弱，心脏跳得很急。医院的第一反应是内出血，但几个小时以后这个判断被排除了。还有可能就是贫血，或者其他更不好的病症。卡比从佛蒙特州赶了过来，几分钟后玛丽帕特也赶到了，但我们都不知道这事是凶是吉。

我冥冥之中感到这个局面有点很不吉利。九年前，我走进一家医院的病房去看我病倒的父亲。他快 70 岁了，在前两年已经反反复复进出医院很多次。这次看起来和前些次也没有什么不同。但不管怎么样，我都感觉到这次真有点不一样。一走出他的视野，我就开始哭，因为我感到他将不久于人世。

现在看着小熊，我有同样的感觉。她并不老，也没有受伤致残，从她的话语中也听不出什么征兆。但当我听到她的声音时，还是感到就像自己也跟着病了一样。在我内心好像有一个声音说：“她是不会好转了。”我知道这完全属实，同时感到自己开始恶心欲呕。即使现在我也不知道这种感觉是从哪里来的。我们已经分开很多年了，但我一直爱着她，而且她还是我儿子的母亲。如果她走了，我身体的每一部分都愿意与她一起化为尘埃。

我不是唯一一个开始担心的人。她和卡比关系非常近，玛丽帕特和她互相开玩笑称对方为“姐妹妻子”。小熊曾经拉着玛丽帕特去史密斯韦森射击场，教她打手枪。虽然她们的胡闹有点让我恼火，但在这三年里，她们把两个家庭合在一起，两人之间也相知甚深，这相当不简单。

现在是这么个情况。输血以后，她恢复了一点精力，但是根本问题没有解决。更糟的是，我们又了解到一个新情况：免疫力出了问题。身体会通过白细胞数量升高来保护自身不被疾病侵犯，而输血不能替代白细胞。得到白细胞的唯一方式是靠身体自己产生。她的白细胞计数虽然不是零，但非常低。

“这是真正的危险，”为她治疗的医生说，“白细胞数量低的病人对任何感染都根本没有抵抗力。而这些感染对健康人来说，可能在根本察觉不到情况下，就能轻松躲避。一定是她的骨髓出了问题。”

贫血症和白血病就是这样的病症——这属于骨髓疾病。其中一个属于癌症，而另外一个现在医学还没有认识清楚。他们对她的血液进行了各种各样的检查，看她是不是患上了某种已知的癌症，但是却一无所获。我们怀疑是不是哪里出了问题，但不管是什么问题，我们深知的一点是，这不会是什么好事。医院里的血液专家拿不准该如何诊治。他建议我们转到位于波士顿的麻省总医院去，到那需要两个多小时的车程。

麻省总医院是哈佛的另外一所教学医院，也是美国非常好的医院；如果你得了重病，那里就是最好的选择了。小熊在那里待了一个月，但是美国最好的医生们也没搞清楚她究竟得的是什么病。医院的设施很厉害。她住在最高一层的私人病房里，从这里能够俯瞰全城。可惜，她不是作为一个养尊处优的名人住到这里来的，她能独居一间病房是因为自身免疫系统失效了。这是医生告诉我们的。任何人来探望她，都要在门口消毒，还要戴上面罩。她病房里的空气是经过专门过滤的。他们采取了已知的任何措施来防止她受到感染，因为一旦谁的免疫系统失效了，任何事情都会危及其生命。

最终，她的白细胞计数开始上升，医生说，她可以回家了。当她回家时，我们大家一起动手各尽所能地把她的居所打扫得一尘不染。从医院回家几周之后，小熊返回到工作岗位继续上班。她在索尔特学院有数学课和科学课要教，还要在制作吉他的黑客空间干活。她接了著名音乐人艾斯·佛莱利制作一把新的轻型吉他的订单，还要修理旧吉他。

每过一两个月，玛丽帕特和我轮换着开车带她到波士顿麻省总医院输血。在候诊室里，她斜躺在一张轻便椅上，血液慢慢从血袋中滴到她的静脉里；一边输血，我们一边读书打发时光。当我们刚进屋时，她身体虚弱、脸色苍白，离开时，她会变得脸色红润、精神焕发。新输入的鲜血立刻就能发挥作用，但输血不能永远持续下去。正像移植器官有排异反应一样，对于他人鲜血的输入，身体也会有排异。你输血的次数越多，你输血的选择就越少，血源就越难以得到。每一次输血，我们都希望这是最后一次。但事实上，输血的效果维持得一次比一次短。等到由夏入秋时，她不得不要求在更短时间内去给她输血。但是她身体的变化使得相配的血源变得更难找到。而到了冬天时，我们需要等上 10 多天，因为医院需要四处寻找，才能找到和她匹配并且不发生排斥反应的血源。

第29章
家人离世

她还需要经受另外的治疗程序。绝大多数时间都是玛丽帕特陪她一起去。她们去做了三次骨髓活检，但没有一次能看出有什么问题。回到北安普顿医院后，医生每周都会检查她的血细胞数值。有些周高一点，有些周低一点。她体内正在制造新的血细胞，但是数量很不够。输进来的血液维持着她的机能，但任何人都知道这不会长远。其后，在1月中旬时，情况发生了改变。令人惊喜的是，这是个积极的改变。或者至少看上去是好事。

小熊非常激动。她把这个消息分享给我们以及她的500多名线上好友。她写道："我今天可能有了真正的好消息。在'常规'验血之后，我见到了血液病医生。我的哮喘加剧了，而且从新年开始，我正处于口服类固醇的第二个疗程。突然之间，我的血压都正常或者接近正常了，而此前我的血压已经有七个月连续处于极低状态，这当然不是好的状况。当地医生说，我可能不一定患再生障碍性贫血，我的血液问题可能都是由自身免疫系统失调引起的。这是个利好消息，因为再生障碍性贫血患者的预期存活时间都不够乐观。两周后，我会到麻省总医院再去看给我诊治的医生，到那时她会向治疗团队拿出最新的结果。祝我好运吧！"

听起来她抱有很大希望。"也许会有奇迹发生。"我告诉自己。我压住自己早先的不祥预感，满心希望那都是错的。那个周末，她动身去参加阿丽莎科幻小说大会，趁这个机会去见见她那些马萨诸塞大学科幻小说协会的老朋友们。那是20世纪80年代我们经常一起去闲逛的地方，我们高中毕业后第一次重聚就是在这里。她不得不戴着一个薄纱医学口罩去参加大会，这是为了避免自身免疫问题可能带来的麻烦，为了不与这个场景太违和，玛丽帕特的女儿特意为她在口罩上画了一张猫脸。

后面的一周时间，她又能够下床自如走动了。她任教的索尔特学院举行学生毕业典礼，她又兴奋地穿起自己九年前在获得博士学位的典礼上曾经穿过的博士袍。正是那个时候我们意识到她也是个自闭症患者，这就能够解释为什么她的求学之路会如此漫长而又困难重重。那时她刚刚开始从自闭症的甲壳中探出身来，愿意与其他人尤其是那些同样患有自闭症的女士，一起讨论这个问题。

两周后，类固醇药停止服用了，但血细胞数值依然正常。事情看起来在好转。要是这能延续下去该多好啊。

莫名其妙的是，在一周时间内风云突变。小熊在当地医院的急诊室庆祝了 2 月 5 日这个美国宪法日，前一天晚上她的血液检查结果很不好。她定期到医生那里抽血检查，但是那天晚上，她的数值很不正常，因此医生晚上给她打来电话。白细胞的数量很多，他们觉得她体内可能有炎症，需要立即住院治疗。这看起来有点不合常理。“我从来没有像现在这样感觉好过，”她说，“虽然有个大夫让我喊救护车。”她与麻省总医院预约好，准备早晨再开车往那里赶。

第二天一早玛丽帕特就把她带到了波士顿。她们办好住院手续，小熊被医生抽了很多血。一小时后，就拿到了化验结果。此时，她的血液中充满了胚细胞。这让医生们感到担心，赶快做了骨髓检测，随后得到的诊断结果是急性淋巴细胞白血病。癌症这条毒蛇已经抬头了，气势汹汹又凶险恶毒。“我很高兴能有个说法。”她告诉我们，但我们知道她内心是恐惧的。医生们和她一样忧虑，决定次日早晨就开始化疗。玛丽帕特就待在窗边的沙发上，她们共同度过了这确诊后的第一夜。

她们还得一起待上不短的一段时间。医院总让我感到不舒服，我简直待不下去。我儿子看上去和我一样排斥医院，但玛丽帕特很坚强，能够坚持和她待在一起。小熊非常依赖她。小熊已经被医疗设备包围了——被接上了三条计算机控制的静脉注射管线，有两台电视屏幕进行监测，还要在 Facebook 上发表谈话。第一天进行了脊髓抽液，并向脊椎中注射了化学药品，因为这种类型的白血病看起来盘踞在中枢神经系统里。面对像她这样凶险的病情，医生要立即对病灶发动核攻击。第一轮治疗时间持续最长——大约是三周时间——也是最艰难的时段，用药剂量最高。如果她能挺过这一段，按计划她还要进行七轮以上治疗——每次持续一周，间隔为一个月。

此时，真正的魔鬼正在伺机进行致命一击。“这次的轻咳几乎折磨了我大约 10 个月。第二天他们把我的唾液样本拿去检测，发现曲霉属真菌。那时就该化疗了，不应该等到出了免疫功能不全的大麻烦才走这一步。即使把真菌杀死总比让其任意吞噬我的肺泡更好。”

听起来，她满怀着与疾病斗争的热情，虽然每一个并发症都让我更加担心，但我不能把自己的担忧流露出来。“你根本不知道会发生什么事情。”玛丽帕特对我说。

因此我竭力保持镇静。我回忆起我们的生活、我们的悲欢离合。我和小熊在 43 年前第一次相遇，那时我们是阿默斯特市中学七年级的学生。

我深深认识到，有玛丽帕特走进我们的生活，对我和小熊都是一种幸运。我难以想象如果没有玛丽帕特的话，我们可怎么办。卡比和我都吓坏了，我们都躲得远远的。虽然接受了 TMS 刺激，自身也有了一些进步，但我仍然难以在医院里度日。我估计玛丽帕特也恐慌，但她有内在的勇气和力量敢于留下来，而我们不行。

那天晚上，小熊第一次做了一个很怪异的梦。梦中她必须赶到学校去，但是州际公路有点堵，因此骑着自行车在中间车道走也没问题。我们都不知道这梦意味着什么，但是我现在听到了她说的每一句话。第二天的下午 4:00 玛丽帕特给我打电话，那时我正在工作。“医生要给她做急诊手术，你马上过来吧。”

当天早些时候，医生们发现霉菌已经扩散到了她的两个肺叶。他们说当出现这样的情况时后果“往往不太好”。现在医生准备切开她的上颚，移开上牙膛，把受到感染的组织切除并通过鼻窦拿出来。这听起来就恐怖。我想和小熊谈一谈。

她拿起电话，以清晰的声音告诉我说，她准备做这个手术。“这是唯一的机会。”她说。

我告诉她我爱她，我们都会祈祷老天保佑她。我告诉她，我马上就开车出发，等她醒来时，我应该就赶到了。在路上，我接到了另外一个电话。来了更多医生，他们重新研究了这个手术。他们决定还是用药物治疗来控制病情发展，再等上几天。她身体太虚弱了，不适合手术。

当我赶到医院时，她看起来非常虚弱。玛丽帕特正在爱抚她刚剃过的光头，

我也走过去，摸摸她的头。当我触碰到她时，她嗓子里咕噜了一下，脸上露出了笑容。我知道这对她是个抚慰。玛丽帕特坐下来。我轻轻拍着小熊，直到她沉入梦中。

在我到来之前，小熊对玛丽帕特说，她终于领悟到，我从来都不是存心要伤害她，而是一直爱着她，我从来不是她的敌人，即使当我们离婚时，也不是这样的。

听到她到这时还在想这些事情，我的心头猛地一震。我们已经分开 15 年了。

我感到如此悲凉。她明显非常虚弱了，我知道自己正在见证她生命的最后时光，就像我父亲去世时一样。我决心不让她看到我为她哭泣。玛丽帕特说，我们要让她怀有希望，因为她还有一丝可能战胜感染。虽然可能性渺茫，但不能说没可能。

玛丽帕特很担心，因为玛丽已经一天粒米未进了。当人的生命即将结束时，常常会停止进食。当我父亲临终时，护士就是这么说的。

好几天过去了，家人们来来去去。差不多有 100 多位朋友来见她最后一面。玛丽帕特、小熊的妹妹卡伦（Karen）和儿子卡比，在过去的几周中日夜陪伴着她。我的继子朱利安尽心竭力超常付出，当玛丽帕特在波士顿时，他负责打理着我们家，清扫照料小熊的家，还要到医院陪护她。现在他们都非常疲劳回家去休息了。最后，只有我在医院里陪着小熊，孤独地熬过另一夜。她患病住院期间，我来看她的次数很多，但陪床这还是第一次。

她非常虚弱，只能勉强在床上坐一坐。她也说不出几句话，你必须离得很近才能听清她说什么。我们都知道终点很近了，她感到害怕。孤独让她恐惧，睡着后也是如此。她非常需要放松自己，但是意识到自己可能就要长眠不醒的念头让她处于惊慌失措的状态之中。

人们经常讨论有尊严地离世，其实这根本就是不可能的。要命的疾病把你打倒，并且会压缩你的视野。当想深吸一口气以保持清醒都需要费上很大力气，你根本就无力思考其他事情。

当有人陪在你身边，握着你的手，你会感到一些安慰。我是从自己在医院的恐怖经历悟出这个道理的，我曾经得过哮喘、流感和肺炎的并发症，现在我从小熊身上也看到了这种需求。握着她的手，轻轻摸她头，很快就能让她镇静下来。这虽对治病不起什么作用，但是能够暂时驱散恐惧，能起到缓和病情的“疗效”。

她说不了太多的话，于是我就把车行里的事情讲给她听。然后我又说一些新发生的事情，我告诉她已经计划好 10 天以后到弗吉尼亚州威廉斯堡的威廉玛丽学院（the College of William & Mary）去讲一次课。小熊自从在马萨诸塞大学拿到博士学位以后，就开始教学了，现在也有大学邀请我去讲课了，本地和外地学校都有。我和威廉玛丽学院的联系很有意思，因为这所学院当年建校时，我的一位先辈就在那里教过学，我对历史很感兴趣，尤其是当我感到这段历史和自己还有一定的联系时更是如此。“詹姆斯敦这一古迹就在学院5英里之外，”我告诉她，“我会到那里看看，到时候给你发照片，让你看看弗吉尼亚的那些考古学家们都有些什么发现。”她微笑着点点头，回忆起自己在研究生院上学时，到马萨诸塞州的迪尔菲尔德镇上的古迹去进行考古的往事。

最后我几乎把事情都说遍了，实在是没得说了，于是我们安静下来准备度过这个夜晚。她躺在病床上，我在她床边放了个折叠床躺在上面。很难入睡，每当她咳嗽或者呻吟时，我都会醒来。“我脖子疼。”她说，我把她的枕头拍了拍，又重新摆好。她的床挺柔软，还有好几个枕头，但看起来没有一个躺法能让她感到舒服。我一睡着，她就开始咳嗽和大声喘气。“啊啊啊啊……”她呻吟着。我回了声“哎”，她就安稳了一点，我还在她身边，这让她感到安心。我们就这样熬了一夜，温情脉脉而又彻夜难眠。

第二天早晨，我不得不离开医院，由玛丽帕特和卡比在医院接着照顾她。一到弗吉尼亚，我马上驱车直接前往詹姆斯敦，然后把我到的情况都原原本本地拍了照片发给卡比，让他把这些照片一张一张拿给妈妈看，看过照片，她的脸上露出了微笑。接下来的五天，她的病情比较稳定，然后又转向恶化。周一上午9:30，卡比给我打来电话，虽然他努力让自己平静下来，但声音还是有些颤抖。他听起来说话还是挺有逻辑——和往常一样——但我知道他的内心有多悲伤。过去的这几周，看着自己的母亲在病痛的折磨下挣扎，这对他是最难忍受的痛苦时光，对我们也是如此。“很可能要结束了，”他哽咽着说，“她像是已经停止了呼吸，然后抽搐了一下，又睁开眼睛，眼珠还转了转。现在她一点反应都没有了。”他守在她的身边，听着她的呼吸越来越浅。我想，至少他还在妈妈眼前。我想在她弥留之际，儿子的陪伴是她收到的最珍贵的礼物。“我想她知道我在她身边。”他继续说道，随后开始大哭起来。在医院南边400英里之外的弗吉尼亚的旅馆房间里，我也失声痛哭。当一年后的今天我写下这些文字时，再一次泪流满面。

2:12 的时候，卡比又打来电话，他还在抽泣："她走了……走得很平静……我正握着她的手，给她读书……她的呼吸停止了。没有喘不过气来，什么都没有。我合上她的眼睛，等了 10 分钟，看她还能不能醒过来，然后我就给你打了电话。护士在那里，听了她的心跳。我得回去给她盖上了。"

三天后，她被埋在格兰比墓地，静卧在她兄弟的身边，享年 56 岁。

第 30 章

SWITCHED ON
A Memoir of Brain
Change and
Emotional Awakening

回到最佳状态

春天回来了，在漆黑惨淡的长夜之后，我们又迎来了一缕光亮；夏天给了我们几个月的时间来平复自己的身心；然后就是秋天——这是收获的节日也是举办农产品展销会的时间。距离那天晚上 TMS 把我从汽车和后台拉开，让我进入到波士顿的心灵音乐会的时间已经六年半了。虽然记忆仍然鲜活，但那毕竟只是场海市蜃楼。现在正值 9 月，我发现自己正等待另一场演出拉开大幕。它是真实的，就发生在我的身边。

光线已经黯淡下去了，观众们正坐在椅子上不耐烦地挪来挪去。在院子那边的外租摊位区，调酒师正在飞快地倒酒；他们知道自己已经超过原定时间了。在抬高的舞台上 20 只脚退到了黑暗中，林纳德·斯金纳德乐队（Lynyrd Skynyrd）的加里·罗辛顿（Gary Rossington）和瑞吉·麦德劳克（Rickey Medlocke）正在调着他们的吉他。在外面的观众席上，玛丽帕特正准备坐到自己的座位上，就在我的小兄弟约翰·尤利亚诺（John Juliano）和他妻子的边上。约翰为美国东部各州博览会——也有人称之为“大 E 博览会”—— 承办了这场演出活动。每年我都会到西斯普林菲尔德为表演和活动场面拍照，有在这里管事的朋友总是很方便。

我的汽修生意和写作都是公开的，摄影有时像是地下活动。我在摇滚音乐会、马戏表演和集市上拍照已经有 15 年了。艺术家和场馆方面都已经向我授权使用这些照片，但是看到过这些照片的人很少知道这都是我的作品。这一点很搞笑，你拿起一本书马上就能看到作者的名字印在封面上，但是广告牌上或者杂志上的照片却很少有人知道摄影者是谁，虽然看过某些照片的人可能有几百万人之多。

我以前拍照片时，已经形成了自己认为具有一定识别度的风格。如果你看我 2007 年拍的照片，就会看到它们和我在 2005 年或者 2002 年拍的照片很相似。我觉得看自己的摄影风格就像是看汽车上的格栅，随着时间的推移，它们可能会不断改变或者演化，但如果你认识 1968 年时某个品牌汽车的格栅，那么你也就能从 2008 年时的模样认出它。

一直到那个夏天参加 TMS 实验导致我的风格出现了突然且剧烈的变化之前，这个规律还是正确的。我照片中的色调忽然变得明亮起来，构图也更简洁，而这样的照片更讨人喜欢。

过了一段时间，我才把这种风格上的变化和 TMS 联系起来。直到次年秋天，我才意识到变化实实在在发生了。当我打开照片目录软件，按照时间次序浏览我新的图片库时，发现自 2008 年之后，我拍的照片色彩突然变得非常炫丽，而这种变化恰好就是在参加 TMS 实验之后出现的。

期初我怀疑这是不是因为换了相机或者对照片进行了处理，但我很快意识到事情并非如此。照相机通常是按照我们肉眼看到的图景来反映颜色的，不会太亮或者过于饱和。而我的照片在颜色上的变化有点艺术性，因为是我把相机设置成这样了。这必然是一个有意识的决策，虽然我记不起来，当时有没有想到这一点。这就像重金属乐队——刺脊乐队（Spinal Tap）的那些音乐家一样，我也开始想把相机上的转盘都转到最大值。我突然想起那个夏天，当我儿子在做完 TMS 刺激以后对我说的话："爸爸，我觉得周围的颜色都更明亮了，我能看到颜色有更多的层次。"那时我还不太明白他的意思，但现在我觉得同样的事情一定也发生在我身上了。并且这种感觉还并未转淡。相反，它变成了一种深刻的风格印记。

我的照片以前就像杂货店货架上的肥皂盒——颜色准确、构图端正，当然也有些乏味，但它们现在就像画家安迪·沃霍尔（Andy Warhol）画的肥皂罐——颜色更明亮、更不拘泥于复现，但在观赏者眼中却显得更加真实。这些照片得到了表演者和公众两方面更积极的评价。同时我也更愿意抵近拍摄，构图更加紧凑。这样实现的效果是，一张照片只有一个中心元素，分散注意力的东西更少了。与真实生活相比，这样拍出来的照片显得不那么写实，不像真实生活场景中有那么多让人分心的东西，但人们觉得这样的照片更真实。

在接受 TMS 实验刺激之前，当音乐家们在台上弹吉他时，我会准确对焦，并围绕从头部到腰部的人体躯干来构图。这样的照片挺不错，音乐家们会点赞，公众看起来也喜欢。但构成反差的是，2008 年我拍摄波士顿乐队的吉他手贝瑞·古德罗（Barry Goudreau）时，其中有一张照片，就只能看见他的头部、吉他面板和琴弦。尽管这很抽象，但其中回荡着活力和色彩的气韵。这张照片画面很简短，但却非常有力量感，即使你看不清楚这是谁在演奏。以前，我从来不会这么拍；现在，这成了我的惯用技法。

因此我来到这里，手里端着相机现身众人面前。9 月中下旬的马萨诸塞，天气暖和得有点反常。展销会的场地上人们摩肩接踵，几乎挪不动步。在长达 17 天的展销会期间，大概会有 150 万人来西斯普林菲尔德凑热闹，只要能够脱开车行的生意和其他事情的羁绊，我就会跑到这里来，到处走走，看看光景，拍拍照片。星星何时能对齐，根本无从预知，但我可随时准备按下快门，为获胜者拍照。

有时闲下来，我会思考自己的生活所发生的这些改变。有时感觉自己似乎被完全颠倒了，生活完全被打乱了，虽然 TMS 带来的一些直接影响早已消失殆尽。从某些方面看，我好像又回到了以前那种麻木漠然的状态，但是与接收 TMS 刺激之前相比，我还是觉得自己改变很大，来自朋友的反应也证实了这一点。在展销会上，许多朋友都会言之凿凿地告诉我。

现在我已完全准备好接受其他人具备完全不同于我的能力这一事实。我现在也知道自己身边的绝大多数人都能透过他人的眼睛看清其真实的心思。即使我自己不再能做到这一点，但认识到自己曾经能做到这一点，而周围的人每时每刻都在这么做，也足以让我提高与他人打交道的能力。相对以前，这是一个可喜的变化。我每天都能体会到这种需要，但是在需要与陌生人快速建立起联系的场合，这种需求就表现得更加清楚。当那些夜晚我在拥挤的舞台上为摇滚歌星、马戏团杂技演员、狂欢节的主持人和他们的粉丝拍照片时，恰好就是这样的情况。当我在展销会上拍照时，可能要与出现在我照片中的人们匆匆忙忙地说上一百多次“你好”，要进行几十次交谈，其中包括展销会的工作人员和各种类型的经理人。现在因为我已经被“磁化”了，因此这些事情都进行得很顺利、很成功。

在我们等待表演开始的这段时间，我与马克·默里（Mark Murray）和唐·特里格（Don Treeger）交谈了一会儿，这二位也是主办方请来为这场盛大表演担纲摄影的。马克和唐都是资深的新闻工作者，他们精于把今天发生的情景变成明天的头版照片这门艺术。几年前，我就试图与他们这样的大咖搭上话，可惜无功而返。现在这事对我来说就很简单了。

像马克和唐这样的家伙过去常常让我感到不自在，他们有些盛气凌人。不管怎么说，他们是专业的摄影师，而我只是一名爱好者。有时候我觉得他们在摄影方面是成年人，而我还是个少年，尽管这是几十年前的事情了。现在我才认识到他们与我没啥不同，都是来这里完成一项任务的。我难以确切指出究竟是哪里发生了变化。但我完全清楚，现在我在他们身边时没有任何局促不安、自卑，或者受到威压的感觉。如果你没有过这样的经历，那你对此难以想象，但对我来说，这可是件大事。

当我由 TMS 而诱发的那些改变一出现，我在博览会上的那些熟人马上就注意到了。他们原来对我有印象，但后来又有 12 个月没见面，因此当我没有明显原因而表现出不同，而且还是变得比原来更好时，他们都感到很惊奇。如果是个孩子在成长过程中社交技能得到提高，你可能不会奇怪，但当这样的事情出现在一个中年人身上，就会觉得出乎意料。

对我的改变做出评论的人中有一个叫查利·范巴斯柯克（Charley Van Buskirk）的。估计从我一生下来，他就一直是“大 E 博览会”的主持人。当然，也可能没这么长，但给人的感觉是这样。他谁都认识，也广受人们爱戴和尊敬。他和我打交道的时间也够长了，足以看出我以前是什么情况，现在有了什么变化。“你早已是一名非常有才华的摄影家，”他最近这样跟我说，“但你也比较执拗，不够圆润，并且在社交方面有点笨拙。我的确有点回避与你交往。可是，从几年前开始，你有点变了，这至少可以说很有戏剧性。现在的你善于交际，惹人喜爱，成了我很想交往的人。”

当我有次遇到杰拉德·基尔南（Gerard Kiernan）时，他说的话更令人吃惊。他负责建筑和交易会场，当拍照需要移动东西或者重新布置现场时，我都会找他帮忙。看他这么忙，我感觉我是他最不愿意见到的人。“并非如此，”他告诉我说，“你现在成了我认识的最有见地的人之一，我很愿意与你聊聊。”作为一名患有自闭症的中年人，大家都知道我在社交方面很木讷，因此他对我能有他所说的这种看法，那可真是太不寻常了。

听到人家评论我做 TMS 刺激之前为人处世如何，让我感到有点尴尬。但因为在情感处理上的一点小改变就能让我变得如此不同，这听起来又有点让我充满希望、深受鼓舞。就这一点改变让我在展销会上交了很多朋友。我以前是受人尊重，但现在是招人喜欢。这种体验真爽，尤其是对我这样患有自闭症、在孤独中长大的人来说更是如此！ 10 年前当我拍照片时，没人会关注我。现在我有时感觉根本没机会端起相机拍照，因为人们总是走过来和我交谈。

我和其余这一大群人激动地等待着林纳德·斯金纳德乐队开始他们的演出。我还是在刚成人时听到《情归亚拉巴马》(*Sweet Home Alabama*)、《给我三步》(*Gimme Three Steps*)、《周六夜特价品》(*Saturday Night Special*)等歌曲的，现在能够在现场再次听到这些熟悉的歌曲让我感到非常兴奋。现场演出是最棒的，因为这是最原汁原味、最真实生动的音乐。他们能在这里现场演出，完全是一件让人啧啧称奇的事情。ZZ Top 组合本来也打算来这里献艺，但是因为他们的贝斯手摔坏了大腿，因此在两周前取消了演出计划。像绝大多数人一样，我感觉到“大 E 博览会”的舞台今晚有点暗，听说斯金纳德来到这里顶替演出，我也感到非常高兴。现在他们已经站到了舞台上，我们已经准备好观看这场演出了。

30 年前，我曾经作为音响工程师站在类似的舞台上。今天，我是一位摄影师，监控台边我曾站过的那个位置上，现在正站着另外一位音响工程师。他正在这个位置上静等演出开始。

我身后传来一阵轻微的骚动，我知道演出马上要开始了。查利站在麦克风前，用他标志性的拖音介绍乐队成员。当吉他的第一个音符传出时，站在聚光灯下的他勉强能够看清楚。我意识到更响亮的音就要出来了，在强烈的低音冲击下，我胳膊上汗毛都开始沙沙作响。我端起相机开始拍摄。

他们把我现在的位置称为“沟”，因为它像一条壕沟把台上的艺术家和观众群分开了。在我右手，舞台的高度有 6 英尺，我不得不使劲伸直身子才能看得见舞台的地板。在我左手，一条尖桩栅栏把观众挡在另一侧。粉丝们挤在栏杆前面，伸直胳膊手里拿着手机对着明星们拍照，就像是要把手机当成贡品送给明星们，这条栅栏已经被他们挤得向里侧凸了出去。

我和唐、马克以及另外三名摄像师、两名摄像助理，还有六位体格魁梧的保安共享了一处 5 英尺宽的空间。如果没有这几个保安，我们早被观众踩踏了。当时的情况是，要想拍到可以放在报刊头版的照片，我们就需要小心翼翼地跨过其他人的设备和线缆，不断在舞台两边跑来跑去。

当我有空停下片刻时，我会想起从前在波士顿度过的那些忙碌的夜晚，我在搭建电子系统，或者协助筹备那些用到我的设备的演出。那时候，我是个孤僻的技术极客，虽然制作电子装置，但和使用装置的那些人却少有联系。现在我是团体的一分子了。在 20 世纪 70 年代时，我根本就没有办法挤进这条壕沟中。那时在我眼中，栅栏外面的人就像野兽一样，等着把我撕成碎片。走近他们就像是自杀行为，我可不能这么干。为什么我现在就不一样了呢？有可能是因为我年龄大了。但最大的改变——能让我自如地和发疯一样的观众合作，以便拍出此生最好的照片——却是在 TMS 之后在我身上发生的。这让我有理解力和自信心走进人群中，并因为认识到自己是社群的一分子，也是安全的，而感到心安理得。

当我围着舞台，在保安和摄影摄像人员之间顺利走动时，我意识到是 TMS 帮助我以前所未有的方式加入到了这个群体中。几个小时前，我曾和老朋友尤金·卡西迪一起在营销会的会场走了走，他不断与路遇的人打招呼。“你现在活像个政客。”当他第 10 次还是第 11 次与人握手时，我这样对他说，他也笑着表示同意。但我就这样在他身边陪着，要是有人根据我 30 年前的行为来预测今天的话，没人能想到我会这样行事。

‖ 第 30 章 ‖
回到最佳状态

当我们初次相识时，尤金还是个年轻的会计师，我刚刚开始做汽车生意。现在我们都已人到中年，他成了博览会的主席，而我呢，还真不好说我变成了什么人。这些年来，我们彼此给予很多鼓励，包括 15 年前我得知自己患有阿斯伯格综合征时。尤金最近的提醒，让我想起这件事。

“我还记得你当年打来的电话，”他告诉我说，“我拿起话筒，说了声‘Hello’。你甚至没有问候我，只是直愣愣地上来就说，‘你觉得我举止异常吗？’”

“我不知道该如何回答，接着你又问了一遍。我只能说‘不——我想你是约翰。’这算是个啥问题？然后你告诉我说，有些精神病医生或者有些事情提醒你，你在性格方面有一些失调症状，叫阿斯伯格综合征。你说这是自闭症的一种类型。”

“你说真想在自己 17 岁时就能知道这件事情，我敢说你真是被你对我说的这些内容影响了。很受影响，并且显得有些悲哀。听到你是这么个状态，我心里也不好受，因为我想不管这个心理学家是谁，他能对你这么说，都需要一点勇气。我对此不太理解，就感觉这对人打击很大。”

我已经从一个有时不得不与人打交道的机器匠变成了一个懂机械的人际关系专家。我的人生转了一个完整的圈，而这只是其中的一部分。我离开了音乐，因为我想要一个“实打实的工作”所带来的那种稳定性。可我现在又回到了舞台上拍照，因为我感受到强烈的驱动去成就自己的创造性，这压过了想要一份“实打实工作”的责任感。

台上的乐队开始唱第二首歌，我们都在下面猛按快门。当音符飘出来，我的注意力一下专注、敏锐起来，周边的人和事都感觉不到了。此刻我是单纯的，就生活在取景器的世界里，只会在时机合适的时候按下快门。

我努力去回忆这些年来我拍摄过的那些音乐家们，猛然之间，我意识到在做了 TMS 之后，我拍摄过、互动过的艺术家要比我离开音响专业工作之后拍摄和接触过的多得多。

我还不只是与更多人进行了互动，而且还成功地建立起许多人际关系。这是很明显的，比如我前面与尤金走这一圈就是个例子。从现在往前看，事情变得很清楚，我知道发生了什么事情。我在技术方面的造诣和商业方面的成功，在 TMS 之前就已经让我成了一个受人尊敬的人。但受人尊敬和建立友谊是两码事。有人虽然很尊重我，但不太想和我交朋友。而现在当我在博览会的会场走一圈，不管走到哪里我都感觉自己很受欢迎。

几年前，努力获得别人的尊重是我用来对抗受人排斥、指责，甚至欺凌的防御措施。现在，我看到了事情的另一方面，我意识到成为他人的朋友，真是妙不可言的事情。

舞台上的灯光换了颜色，聚光灯打到了彼得·基斯（Peter Keys）身上，他正藏在舞台右侧的入口附近。他穿着皮夹克，身上文着刺青，这可能会让人们误以为他是个负责后台保安的桀骜不驯的飙车党。他在键盘前坐下来，猛地敲出了《自由鸟》（*Free Bird*）的开放式和弦。观众爆发出一阵欢呼，我环顾四周，吃惊地发现音乐会已经接近尾声。刚才我入戏太深，最后一个小时简直是在像机器人一样自动工作，两台相机的计数器显示，我已经拍了 625 张照片。其中有几张一定会成为我有史以来拍得最好的照片。

我开始是待在舞台前的“沟”里，但是乐队只允许我们在他们唱前面三首歌时拍照。后来，在表演后面的节目时，我就在场地上走动，在观众中寻找我感兴趣的场景，并在远处对着舞台拍摄。现在我正站在 100 码之外的人群中，身边是人山人海的观众——20 年前，这样的地方打死我也不会去。然而现在站在他们中间，我显得泰然自若。

在黑暗中，身边的任何人都看不清楚，但一切都很顺利。虽然观众狂呼声和乐声在耳际轰鸣，但我感到非常安然，知道我的妻子、约翰、尤金以及所有的朋友都正在现场的某个位置，大家都很好。我对自己笑了笑，然后径直向大门走去。

第 31 章

SWITCHED ON
A Memoir of Brain Change and Emotional Awakening

展望未来

在《看着我的眼睛》出版之后，很多大学、中学甚至小学和幼儿园都向我发出了演讲邀请。在我走访过的学校中，有马里兰州罗克韦尔市的藤山（Ivymount）中学。我到那里去是受到了莉萨·格林曼（Lisa Greenman）的邀请，她是该校一名学生的母亲。她把我介绍给了莫妮卡·阿德勒·维尔纳（Monica Adler Werner），她正领导着藤山学校的一个示范性阿斯伯格综合征项目，由此引发的一连串合作一直持续至今。莫妮卡给我看了他们正在开发的课程大纲——名称就叫《松开与瞄准》——其目标是让患有自闭症的孩子能够做到心凝神聚并且能有感动的能力。这个项目深深打动了我，因此我给她们的工作手册写了推荐序，并做了这个项目的非正式顾问。虽然我很相信 TMS 的效力，但我也相信谈心疗法能够让人们的生活不至于碎片化。

莫妮卡又把我介绍给了卡琳·伍尔夫（Karin Wulf），她是藤山学校另一位学生的母亲，并且还是威廉玛丽大学的历史教授。卡琳邀请我去她们学校，她对我说："我希望我们学校能成为让处于自闭症谱系中的学生感受到友爱的地方。"我们谈到了新的多元性神经系统和正在开始发力的自闭症患者权利运动，最后卡琳在我被聘任为威廉玛丽学院多元性神经系统住校学者这件事情上发挥了重要的作用。我们正一起开展美国高校中的第一个多元性神经系统项目，能加入这个项目中对我而言是一件非常酷的事情。

我已经提到过，当说到科学和自闭症研究的策略问题，我仍然不算什么专家，但是我正抓紧时间尽快学习。作为一个 56 岁的中年人，我不大可能成为专家了，但我以作为咨询委员会的一员为荣，这同样能为正在进行的研究项目贡献一分力量。我刚刚开始为耶鲁大学的一个团队提供咨询，它们是美国国家卫生研究所生物指标联盟的一部分。几年前，健康与人类服务组织的秘书聘任我为跨部门自闭症协调委员会的成员，该组织是为美国政府服务的顶级水平的自闭症策略群组。能够帮助我们的政府制订自闭症研究的战略计划，我感到非常自豪。我也参与了世界卫生组织下属的关于国际功能、残疾和健康分类及核心组织在自闭症新疗法方面的指导委员会。光是念叨一遍这一长串名字就让我脑子发晕。我这个新英格兰的修车技师怎么就跳到了国际舞台上来做这些高大上的工作了？如果我能总结出窍门，那就可以把它打包出售，卖它个几百万美元。这里也许有很多因素，但我想 TMS 是首要因素，因为是它给了我洞察力，还唤醒了我的自信心。从这层意义上说，TMS 就是我的启蒙者，回答我问题的科学家也是我的老师。对我来说，这二者结合起来意义是巨大的。我们期望着有那么一天，其他人也能和我一样，收到类似的成效。

同时，虽然这一切既激动人心又充满挑战，但我还是要回家，要回到我的汽车和我亲手建立的为汽车服务的业务上去。孩提时代，玩具汽车是我最好的慰藉，那时我经常把玩具救火车放在积木上，假装进行修理。后来，修理真的汽车成了我谋生和实现自立的途径。每当我在与人交往中受到挫折，我的机器设备始终会在那里不离不弃地等着我。现在我的人生又翻开了激动人心的新篇章。我们正在做很多高端的汽车修复工作，正在向顾客展示许多非常精细的汽车维修技艺。这将把我们引向何方？我们下一步还能做什么？我不禁憧憬起来。

现在我需要在车行业务以及自闭症宣传和教学之间分配时间。我会为自闭症患者的权益以及我们对社区的需求而大声疾呼，会为自闭症医学研究发声，因为这代表着通向新知识的路径，而且也是自闭症患者这个群体迫切需要的。我们面临着这么多的难题，得到的答案却还很少。

TMS 是一个能够为此类问题提供答案的工具。我知道这一点是因为我对其威力有切身体会。人人都知道篱笆那边的草更青翠，但是在 TMS 的帮助下，我才翻过了这道篱笆，品尝到了它的甘美。虽然 TMS 也有一些不足之处——主要是猝不及防地激活了一些不好的感觉，并导致了我的婚姻解体——但我现在认为这符合世界的常情。而要了解清楚它的全部潜在影响，我们还有很长的路要走。正如林赛反复对我说过的："我最不想看到的事情就是，有人准备置办一台家用的脑部刺激仪，自己进行脉冲刺激，因为看到科学家们用的是 1 毫安电流，他就认为提高 10 倍效果应该更好。"我向她许诺要在这本书里尽力把这些新技术的前景、存在的风险以及包含的复杂性都如实向读者讲清楚。

我希望我做到了。

在历史上，医学总是努力为人类治病疗伤，让我们恢复健康。但在最近几十年，这一焦点已经开始发生变化。我们已经意识到，要把我们的身体从仅仅满足功能性目标优化到优异的身心健康状态。现在神经科学家们也为我们的心理健康展示出了类似的路径。像贾斯特博士这样的研究者们，正在创制新的工具，能够非常确切地揭示和解释我们大脑的功能。同时，像阿尔瓦罗·帕斯卡-利昂博士这样的科学家正在开发新的方法，已能够抵达人类大脑深处，以引发改变。当这些技术都汇聚起来，我们将会看到在精神治疗方面将发生革命性的变化，甚至有可能出现一门新的医学学科——认知训练与心理健康。

自闭症研究者们正在努力工作以寻找生物标记——这是指能够诊断和预测自闭症的那些生物学参数，尤其是如何在婴孩时代就将其识别出来。贾斯特博士、帕斯卡-利昂博士和林赛·奥伯曼博士都各自发表了研究成果，描述了他们在这一领域的进展。贾斯特测量了当想象到某情感如羞辱时，大脑所做出的反应。帕斯卡-利昂和奥伯曼测量了在 TMS 能量激发之下大脑的变化方式。他们的方法都能以很高的准确性将自闭症患者和其他人区分开。

无疑，这是一项重要工作，所有这些都是。通过准确的神经医学手段而非行为观察把自闭症诊断出来，这是非常有意义的事情，因为这减少了误判的可能性，也增加了治好由此引起的残疾的概率，因为透彻理解其基本成因正是改变其对我们影响的关键。有人说，这项工作宜早不宜迟。然而对在没有实现更全面了解的情况下就去改变大脑，我们这本书中所列举的这些科学家都怀有更强的忧虑之心。他们已经取得了很大的进展，但依然有很多未知等待探寻。虽然目前的进展非常鼓舞人心，但我有些担忧它们会不会变成某种走向神经均质化的步骤。当我们开发出准确手段，能够识别出人们在神经学上的异同，并且能够通过定向干预手段解决差异，使它与其他人的大脑相类似时，我们这样做的后果又会是什么呢？

在贾斯特博士对失语症进行研究的例子中，我们能够让孩子们的阅读能力更强，这要感谢科学。没有人会对这种益处提出质疑。但是当我们开始测试人们在这方面的不同，然后在问题还没有变得明朗之前就对其应用矫正疗法时，伦理问题就出现了。

问题就在于，并非所有的不同都会导致失能。其中有些会导致能力超常，但我们现在的技术水平还不足以把这二者分清楚。然而，我们现在正位于即将依据这些不完全的知识来对自闭症采取治疗行动的边缘之上。

当我们把任何不同都视为残疾，那就出问题了，因为这么想是不对的。有越来越多的证据表明，世界上最聪明的、最有创造力的一些人都有某些自闭症特征，或者有其他神经学上的异常之处。只有用独特的角度来看问题，才能帮助我们这些自闭症患者解决那些真正困扰我们的问题。我在这一生中所做的那些最精彩的事情，都与我患有自闭症有关，这助了我一臂之力。如果我的这一特点被早期干预措施消除了，那我又会面临什么样的人生局面？

神经刺激给我们提供了对大脑进行重新“布线”的机会，从而使以前那些难以解决的问题有可能得到解决。从理论上说，对儿童进行早期治疗，能够让那些长大后本有可能出现残疾问题的孩子获得逃离厄运、健康成长的机会。一些伦理学家担心，早期介入治疗有可能会导致那些本来不必治疗的孩子无谓地吃苦头，甚至有可能把他们的天才能力扼杀于萌芽之中。正像阿尔瓦罗曾经向我演示过的，如果对某人进行没有必要的治疗，可能会给他造成问题。另外一种选择就是等孩子长大，失能症状显示出来以后再对其进行治疗。不过有些科学家担心这样会错过最佳治疗时机。孩子比大人大脑的可塑性更强，这意味着如果早点进行 TMS 刺激，效果可能更好，但这也意味着我们可能会改变一些我们本来无意改变的东西，因为处于发育中的大脑太容易被改变了。

我的建议是，我们在预测很小的孩子未来可能会发生失能问题，或者对此应用治疗手段方面，一定要慎之又慎。儿科医生都知道，很多发育中的问题能够得到自我修复，而让这些差异正常化并非其本身需要。人类许多最显著的跨越式发展都是由那些与众不同的人带来的。而现在进行的测试所做出的某人长大后可能会有自闭症的预测，难以分辨出这个人成年后一定会有残疾，或成为古怪的天才，还是两者兼而有之。虽说 TMS 对我很有益处，但我担心怀着预防残疾的目的去改变孩子的大脑，会扼杀那些本可能推动世界发展的创造性差异的灵光。

阿尔瓦罗和我在多个场合讨论过这个问题。我们探讨的问题之一是为什么年龄最大的人在 TMS 实验中却感到改变程度最大。“也许正是因为年龄大，因为当你试图整合 TMS 的效果时，你有最深厚的生活体验可以汲取。”他这样推测。我想他很有可能是对的。如果是这样，那我们对让孩子接受 TMS 刺激就要加倍小心，因为他们还没有准备好理解那些提供给他们精神世界的东西。也许尼克就是这方面的例子。虽然他和我都得到了临时的认知强化，但只有我能从此建立起可持续的改变。认知疗法——这是明瑟博士的专业领域——可能会对此有所帮助。我们现在能说的就是，为什么我们要学习的还有很多，这是又一个例证。

我们需要考虑的另一件事情是年轻人对治疗可能采取的态度。比如现在，尼克对将来进行 TMS 治疗没有任何兴趣。我的意见是要尊重他们的想法。但是有许多家长却与此完全相反，他们非常想让孩子接受 TMS 治疗。那到底听谁的意见呢？我始终希望获得友情和接纳，但我从来不想为了变成一个能言善道的机器人而抹去自己的与众不同之处。这些变化所具有的临时性的特征也要考虑进去。有些人的感觉和我一样——基于这些暂时性的体验，他们把自己的生活变得比以前好了。也有些人会把 TMS 送给自己的这份礼物得而复失，视为一个残酷的玩笑，他们不想参与这样的游戏。

既然这样的问题已经被摆在桌面上，很明显我们需要认知方面的医疗专家参与其中，与这些技术人员和科学家们联合工作。在我最终与明瑟博士联络上之前，我一直没有经历过这样的过程。这不是说，我没有获得支持——林赛、阿尔瓦罗以及其他项目人员都在支持我。而且平心而论，正是我这样的经历，才显示出需要临床医疗专家提供支持的必要性。

我们将要面对的另一个伦理学困境是神经强化。奥斯本 2003 年在《纽约时报》上发表的一篇文章——我在接受 TMS 实验刺激之前就曾读过——勾勒出这样一种可能性，那就是随着大脑刺激技术的发展并广为人知，更多的人会寻求未经临床试验认可的刺激，以求"改善"其大脑。从某种意义上讲，这将越过一条界线，这是不可避免的。在体育方面，加强锻炼，服用维生素，这都是对的。但是给身体换血并摄取类固醇以强壮肌肉，那就是被禁止的，也是危险的。但还是常常有人铤而走险。说到大脑，这道线应该划在哪里呢？我们认为，这样的脑部刺激由专家掌控时是安全的，但是过量刺激——或者选错部位——那也会像过量服用毒品一样危险。它进行到哪一步就该叫停？到 2026 年，高中生可不可以用 TMS 刺激来提高他们的高考成绩？我们会不会以最终见证到脑部刺激黑市的诞生而告终？或者用于强化大脑的刺激会不会像促红素和类固醇那样被禁止？

贾斯特博士搞的这种高科技的脑部成像也正在接近自己的伦理抉择点。研究经认可存在残疾的人的脑部活动并将其与没有残疾的人对比，这是一件事；而运用由此得到的知识来指导干预措施，以强化存在功能失调的脑部区域像是一件好事；贾斯特博士用他针对失读症进行的研究，向我们展示出，这完全是可能的。

但如果他把这项研究颠倒一下又会怎样呢？比如说，他首先研究的是超常阅读者，然后开发出一个练习以便把普通阅读者提升到超常水平，结果如何？我们所有人都试图成为最好的自己，我不太怀疑会有很多人愿意参加这样的研究。我们都想更聪明。这当然也是我自己希望通过参加 TMS 实验获取的东西，当然我想替换的是情商而不是阅读专长。

这种观念存在的问题是，无论是对哪种功能范畴来说，总是会有一个顶部和一个底部。我们可以把一小部分人变成超级阅读者，但这对整个社会有什么益处呢？另外一个例子是利用脑部刺激来缓解由自闭症导致的社交孤立之痛，这听起来很不错，但是给聪明的大学生一个"情感 ESP（电子稳定程序）"，也并非就那么显而易见。这当然不会帮到那些没有机会得到治疗的大众。当失能情况由此得到纾解，痛苦也随之而去，我会对此欣然接受，虽然我的经历提示我这也会有代价。提升机能并非总有明显的益处，但我们还是会面临去这么做的强大压力。100 年前，我们曾设想过一个用优生学来改善人类的未来，准备培养出明天的超人。很快，大脑成像和刺激将让我们拥有把自己变成超人的能力，但代价会有多大呢？

我想接下来需要关注的就是脑科学探索的安全话题。医学成像开始是作为对大脑内部进行探索的一种途径，但很快就发展到能够观察到我们思想和感觉呈现的模式。但问题是，识别出这些模式并不能告诉你某一个人最终会按照哪一个模式行事。我们经常感到一些事情左右为难，尤其当某个人或某件事对我们很重要时就更是如此。就在这同一时刻，我们会感到爱恨交织或者欲拒还迎这样矛盾的情感。

贾斯特博士的技术对于侦讯业务来说明显很有意义。但是真的存在这样一种情境，这一工具能够在其中得到正确而符合伦理的应用吗？这是一个值得研讨的重要问题。因为依他从事的这种工作所演化出来的工具，将不可避免地会被用于“理解”罪犯和恐怖分子。到 2026 年，科幻小说中所讲的“读心”可能会成为现实。

能够帮助我们走出这些日益逼近的伦理困境的一个举措是，让医生、研究者以及会受到他们工作成果影响的那些人，建立起更紧密的联系。每次到明瑟博士的诊所拜访时，她都会让我看到关于这方面一个很好的事例。每当我到她那里，都会见到睿智、阳光的研究者和让人欣赏不已的项目。但最好的部分往往会在几个小时后她的团队聚餐时出现。当我第一次到餐厅参加他们的聚餐时，感到很震惊，因为这真是一个多姿多彩的团队，其中有艺术家、音乐家、社会活动家、冥想者、医生、为人父母者、研究者，甚至还有支持她研究的金融人士。这个百家争鸣的团队可不是你在一个古板、保守的组织中能够看见的。

“我主要关注把科学转化为介入手段，”她告诉我说，“检验新的治疗手段的功效，然后看到它们能够被传播开。现在已经是科学应该实现其诺言的时候了。”我非常赞同她的观点，但这只是问题的一个方面。南希 • 明瑟提醒我说：“你不是总需要用现代医学来打开大脑中的隐秘世界。”有创造性的人总是与众不同的，让他们凑在一起，能够做出许多非凡的事情。

明瑟博士显然是当地这个活跃、兴旺的自闭症社区里的核心人物。她知道有些自闭症患者的失能程度很严重，甚至因为自闭症或者与其相关的并发症而残疾，至少从应对日常生活的能力上看是这样的。然而，出席聚餐的每个人（也包括我）都觉得这种古怪与超常混为一体的格局是很有力的，并为此而感到兴奋。

我知道他们都在为让每个人生活得更好而努力：科学家为明天的需要而开发储备技术就像临床医生、保健医生和医学专家们今天治病救人一样，他们都需要了解正在出现的新知识，艺术家和音乐家也发挥了很有价值的作用，他们会鼓励创造性，会传达新的技术观点，并在社群中进行分享。

“他们能让我更接地气。”她说，我当然会认为她自己的伦理抉择将会体现出这个群体的共同智慧——其中多数人都与她的工作密切相关。我希望其他研究者也开发利用好自己所在社区的类似资源。再没有比与那些感同身受的人们一起坐下来讨论残疾、差异和治疗方法选择更好的方式了。如果这些人被排除在外，那他们就会出问题。

心中想着这些，我对这一天的到来变得非常渴望，当这些技术和技法结合到一起，脑失调治疗的革命性进步就会到来。精神科医生已经对我们过分依赖药物的现象提出了批评。阿尔瓦罗和林赛已经向我们展示，在某些病例中，TMS 是另一个可行的选项，随着采用这一方法的案例不断增多，它的适应性也会越来越好。将来，像阿尔瓦罗这样的神经学家和马塞尔·贾斯特这样的脑成像专家可以和认知疗法专家一起携手开展合作，把脑成像、脑部刺激和新的以及现有的治疗方法都集合起来。他们也应该和放射医学专家合作，把那些与功能紊乱有关的目标区域准确识别出来。就像南希·明瑟所指出的，当这些疗法得到基因测试以及其他手段的支持，未来我们就能针对那些目前看来还难以改变的状况开发出真正个性化的治疗方法。

我希望正在到来的交汇能够促使神经学、心理学和精神病学开始整合成为一门新兴的更全面的学科，能够用于改善大脑功能，我希望在不远的将来，我们能像为了参加马拉松比赛而锻炼肌肉和耐力一样，讨论大脑健康问题以及如何“让我们的大脑更有力”。阿尔瓦罗在贝斯以色列医院建立的健脑俱乐部已经率先对此开展探索了。

第31章
展望未来

我贯穿本书、周而复始想说明的一个观点就是，我的大脑（或者任何人的）也许与常人不一样。但事实是，可能就没有“正常”的大脑这回事，因为每个人都在某一方面或者很多方面有着特殊性。“神经正常的人”是一个构造物，是由科学家建立起来的，因为他们需要用一些标准参数，去衡量不同个体那些纷繁不同的统计指标。

去年，贾斯特博士尝试的一个新实验给人以有趣的启发，那就是“神经正常”和“不同”究竟意味着什么。马塞尔让34名成年人做了核磁共振成像，然后让他们想象恭维、侮辱、爱慕、痛恨、拥抱、踢、鼓励和羞辱这些动词，然后让他们将这些词应用到别人身上和自己身上，再从两个角度分别来想象自己的感受。

在以往的实验中，他已经识别过当想象其中每一个动作时，被试们一些富有特色的大脑活动模式，但这次他又引进了一个新变化。被试中有一半是自闭症患者，另一半不是。他的发现往最小了说，也非常令人印象深刻。仅仅通过比较他们对这些动词所做出的反应，贾斯特就能判断出谁患有自闭症，而把他们区分开的不同之处令人啧啧称奇。他观察到患有自闭症的人，激活与情绪反应相关的脑部区域的方式有所不同。但是在逻辑意义方面，他们的激活方式与未患自闭症的人是相似的。自闭症患者不光反应不一样，而且其反应模式具有一贯性。换句话说，那些自闭症患者的情绪反应模式是一致的，那些非自闭症患者也是一致的，而这两个群体之间是不同的。

贾斯特博士提醒我说，这项研究只包括34名被试，要想得出整体性结论还需要进行更大规模的研究。虽然他先把丑话说在了前面，但他的研究可能还是向我们指出了一项通过简短的核磁共振扫描识别自闭症患者的无创式方法。仅此一顶，就是一个重大突破。

但是需要探索的还有很多……

有关他的被试对这些反应具有相似脑反应模式的发现，暗示着一个古老问题有了答案，即“我眼中的红色和你眼中的红色是否类似？”同时，患有自闭症的被试在某些领域具有集体性的不同反应模式的事实，显示出了神经性差异（在本例中是自闭症）可能以一种非常根本的方式改变我们的认知。对任何治疗者来说，这都是很有说服力的知识。

阿尔瓦罗和林赛在他们自己的实验室里也有类似发现。他们发现，相比常人，TMS 短促脉冲对自闭症患者的影响更大，影响持续时间更长。他们将此解读为自闭症患者的大脑可塑性更强的一个证据，这个事实既可以说明他们的天资，也可以用来说明他们的失能。

当你的大脑中学习基本技能的区域太过变化不定时，你就难以学到足够的知识去运用某项技能，因为在学完一些知识五分钟之后，你的大脑就会将其删除。然而，如果具有少许这种特别的可塑性，能帮助你的大脑在接触到新技能时进行自我重新“布线”的话，你就能学得很快，这让你显得很有天分。

要想完全搞清楚这些想法和问题，可能还需要几年时间。对于新得到的每个答案，我们又会随之遇到新的问题。这是令人兴奋的时代！

在判断什么样的情况应该治疗，什么样的情况应该顺其自然时，专家们将面临越来越多的伦理困境。例如，在脑中风后对大脑损伤进行治疗，这是非常明确的。但是在其他案例中，“治疗”可能会使病人更加意识到自己与众不同，并让他们觉得自己具有某种天分。我们怎么有资格判断他人有什么残疾、有什么异常、是否独一无二、是否特别呢？就像几十年前霍华德·加德纳（Howard Gardner）在《多元智能》（*Multiple Intelligences*）一书中最早写出的那段话，人类存在着很多种独特的智能和取向，能够帮助我们理解自身，以及自我在社会中的位置。

有时候，某些方面的一点失能反而会让我们更加突出。想想历史上那些曾经有过自闭症状、有过严重怪癖或者其他失能症状，但又有着世人公认的杰出天资的名人吧，如达·芬奇、米开朗基罗、贝多芬、牛顿、莫扎特、阿尔伯特·爱因斯坦。

今天，我们可能还要向这个名单里再加上像比尔·盖茨和丹·艾克罗伊德（Dan Aykroyd）[①]，如果我们让这些名人从小就变“正常”的话，我们现在所处的世界又会怎样呢？正如天宝·葛兰汀所说：“我们可能还住在洞穴中，借着火光发挥自己的社

① 剑桥大学的自闭症研究者西蒙·拜伦–科恩和三一学院教授迈克尔·菲茨杰拉德（Michael Fitzgerald）都撰写过一些可能患有自闭症的历史名人的文章。在当代，比尔·盖茨被广泛描述为具有一些自闭症的特质，但据我所知，他没有做过这方面的声明。丹·艾克罗伊德在 2013 年 12 月《每日邮报》对他进行的专访中，披露了这个事实。

交技巧，彼此逗个乐开开心。”我的主张是，我们需要迎接一个新兴时代的到来，到那时心理学、精神病学、神经学和放射医学（包括最新的脑部成像技术）将结合到一起，能在治疗以前无法医治的神经偏差和失调方面取得破天荒的进展。我有幸遇到的这些从事脑科学研究的科学家们，的确正把我们引向一个更好的明天。

后记

很多读者问我，TMS 疗法现在已经发展到什么地步了，以及他们能不能报名接受治疗。在 2016 年初，本书行将付印的时候，TMS 已经在全美几百家医院和诊所成为美国食品药品管理局接受的抑郁症治疗手段，在加拿大、欧洲诸国以及部分亚洲国家也可以得到这种治疗。

TMS 还不是美国食品药品监督管理局批准的治疗自闭症和多动症的医疗手段，但我估计在下一个 10 年这将成为现实。目前，在本书中谈到过的这些项目的基础上，书里提到的这些科学家们正在对新的项目进行研究。你们中如果有人想追随我的脚步的话，这些科学家们经常会召集新的志愿者。在本书中，我关注了一些非常有才华的科学家，活跃在这个领域的科学家还有很多。在美国，曼尼·卡萨诺瓦仍继续研究自闭症和 TMS，到我写作本书为止，相比其他人，他做过的实验数量更多些。彼得·艾迪科特（Peter Enticott）在澳大利亚迪肯大学的研究中心就 TMS 方面进行了新的开拓，英国剑桥大学的西蒙·拜伦-科恩和其他研究人员也在研究自闭症和 TMS。我的网站也有最新的关于 TMS 研究中心和他们开展的研究项目的名单。

研究者们也正在研究用低电量的电极把能量传入患者的大脑中。这项技术被称为 TDCS，是一种经颅的直流电刺激。一些实验证明它有与 TMS 类似的效果，现在林赛的实验室正在对此进行研究。其他一些科学家发现，可以用一定频率的激光把能量传输到大脑皮质中，它能穿透头颅并作用于颅下组织。这些技术和 TMS 的共同特点是，它们都是纯能量疗法，都是用安全、非侵入的方法把大脑内部的一些小区域作为靶标。所有这些方法都是神经系统科学领域迄今为止取得的最大也是得到认可最少的进展。

曼尼·卡萨诺瓦正在研究把 TMS 和神经反馈结合到一起。通过刺激脑部区域，并使用脑部反馈来优化脑电波，他希望这能取得比单纯 TMS 刺激更好的效果。也许在某一天我会看到一个三元疗法——脑刺激、认知疗法，再加神经反馈。在下一代脑成像技术引导下，这些技术所产生的成果可能会超出我们最大胆的想象。

曼尼已经同意在我的网站上写篇文章，谈谈他在这方面的思考并对 TMS 的进一步应用进行详细的描述。我建议你们可以在我的网站查看更多的信息和评论。

绝大多数这类实验都是在大学医疗中心的实验室中开展的，但是也有一些在私人诊所由一些独立医师开展的实验。虽然他们开展的治疗目前还未经美国食品药品监督管理局同意，并且其研究成果也没有被同行进行的评议性研究所证实，但这些实验仍然有可能改变患者的人生，这就像我的故事和其他人的故事所证实的那样。我认为 TMS 在本质上就比药物治疗更安全。即使药物在向公众推广之前，经过了广泛的测试，后续我们还是会发现一些始料未及的化学相互作用，有些甚至是在药物投用几十年后才发现的。作为一种纯能量治疗的方法，TMS 没有向人体添加化学物质。因此，产生类似上述这些副作用的可能性几乎为零。TMS 在抑郁症治疗方面正在得到越来越广泛的应用，在这方面，人们对其副作用的描述是显著低于精神类药物。当然，如果有意接受这类治疗，患者本人还是要对实施治疗的医生本人的技巧和能力做出自己的判断，我自己就是这么做的。贝斯以色列医院的这些医生都由评审委员会进行监督；独立的职业医师所受到的监督通常没有那么严密，因此对他们的声誉进行考量是很重要的。

当我和医生或者心理学家们讨论 TMS 时，我总是被问到有什么发现。他们对我说，听到你的故事真令人鼓舞，但是同行评审期刊上的报告对此如何评价呢？

2011 年 7 月，雪莉、林赛、阿尔瓦罗和研究涉及的其他人员一起在《欧洲神经科学》（*European Journal of Neuroscience*）杂志公布了第一次 TMS 研究的成果，文章的题目很长——《对布罗卡语言区进行脑部刺激程度不同地调节了正常成年人和患有阿斯伯格综合征者的命名能力》（*Brain Stimulation over Broca's Area Differentially*

Modulates Naming Skills in Neurotypical Adults and Individuals with Asperger's Syndrome)，这项成果是在我们参与实验三年后发表的，在医学研究中，发表成果是很典型的做法。

阅读他们的论文让人觉得有点好笑，因为那些让我感情起伏、恍如隔世的变化在他们这里都变成了干巴巴的叙述，我想对于其他被试来说，想必也是如此。我们在做完 TMS 刺激后的几个小时后以及几周后的体验，他们只字未提；公布的成果就只限于在实验里做实验前后的变化，以及他们对其意义的分析。

虽然我不能和这些科学家们辩论这种方法的有效性，但他们的文章根本不能详细描写实验之后发生的所有事情。以下是科学家们所总结的内容：

在脑部核磁共振成像的立体定位之下，对每个被试的左侧额下回岛盖部、左侧额下回三角部、右侧额下回岛盖部、右侧额下回三角部进行了低频率的重复性经颅刺激以及假刺激，在此前后对被试的物体命名能力进行了评估。与接收假刺激相比，患有阿斯伯格综合征的被试的物体命名能力在左侧额下回岛盖部受到重复经颅刺激后有所提高，而在对临近的左侧额下回岛盖部进行重复的经颅刺激后，其潜在的命名能力能够得到延长。在健康被试中，对布罗卡区域一些部分进行刺激不会导致物体命名能力的重大变化，这与已经公布的数据是一致的。总体看，这些发现能够支持我们关于阿斯伯格综合征患者非正常语言神经学网络动态的假说。

让我尝试把这些论文语言的含义，以及发生了什么情况用浅显的语言解释一下。对首次 TMS 研究来说，我看到的图片是在电脑上显示的，而且必须尽可能快地说出来。这个过程大概是这样的：

鸟；
听诊器；
小汽车；
量角器。

有一些物体可以很简答地命名，但另外一些就没那么简单。在测试前，我们被要求给 75 个物体命名，然后分成五份名单，每个包含 15 个物体。在每次刺激之后，我们会看到这五份名单中的一份，我们的响应会被记录下来并进行分析。

我们这些被试中有 10 名患有不同程度的自闭症（全部经诊断患有阿斯伯格综合征，并且绝大多数智商也超过平均值），另外 10 名作为对照的被试没有患自闭症。我们每个人都是单独接受测试，在绝大多数情况下遇不上其他人，更别说与之交谈了。有趣的是，我们在物体命名测试中的表现在开始时并没有太大不同。差别只是出现在进行过 TMS 刺激之后，有一次刺激后，我们在测试中做得更好；另一次刺激后，做得反而更差了。当额下回三角部左侧受到刺激后，患有阿斯伯格综合征的一组测试效果超过了对照组，他们几乎没什么变化。当我们的额下回岛盖部左侧受到刺激后，我们的测试效果更差，而对照组还是没有变化。对于右侧脑部的刺激，则不会对物体命名能力测试的结果产生任何影响，但是它对我们其中几位的情感洞察力影响比较大。

有趣的是，这项研究最深刻的结果——对右前脑进行的 TMS 刺激可能激发我们中一些人的感情——文中一点也没有提及，因为这个结果不是原初的研究对象。神经系统的科学论文要遵循相当严格的形式，实验者要描述一个待验证的假说、验证方法以及验证结果。对于那些无心之得，在论文中是没什么展示空间的。

这有点让人哑然失笑。你能够读到这篇论文，但完全看不出它所依据的实验和我在本书中所描述的是一回事。或者如果你是在读完本书之后再读这篇论文，就会得出这样的结论，即当初研究提出的目标有点不太合适。从这个角度看，你可能会说本书描述的才是这次研究最重要的发现，至少我是这么认为的。

林赛还在《欧洲神经科学杂志》2012 年第 9 期上发表了另外一篇论文，题为《阿斯伯格综合征成年患者皮质脊髓应激性的异常调制》（*Abnormal Modulation of Corticospinal Excitability in Adults with Asperger's Syndrome*）。

在我参加的那项研究中，还同时进行了另外一个刺激实验，林赛刺激我们的运动皮质区，让我们的手指头动了起来，这个情节我在本书的前面描述过。接下来，她又应用了一波抑制性的 TMS 刺激，像她在期初所做的一样，当受到单脉冲刺激时，我们的手指抽搐的倾向被抑制住了。然后林赛又测量了这种抑制刺激的效果要多长时间才能消失。

这些结果很让人着迷，因为它显示了自闭症患者和非自闭症患者之间的明显不同。后一组中的绝大多数成员的手指神经元响应都在 15 分钟内恢复了。与此对照，自闭症患者的恢复时间要长上两到三倍。阿尔瓦罗后来向我解释，这说明在自闭症患者身上，TMS 对行为和情感产生的影响持续的时间更长一些。事实上，就像我们中的一些人已经经历过的那样，通过强化可塑性改变，它可以长到足以让我们发生永久性改变。

从安全的角度看，这也很有意义。如果人们“只是尝试”在无人监督或者不知情的情况下进行 TMS 试验，那它可能以一种人们所不期望的方式，永久地改变他们的行为。

通过观察在 TMS 刺激 15 分钟后，被试的反应是否恢复，林赛能够以 93% 的准确率识别自闭症患者与非自闭症患者。这比今天应用的绝大多数诊断性测试都有效，它也提示我们过高的可塑性可能是自闭症患者大脑的显著特征。

与自闭症的可塑性相关的问题非常重要，因此，美国国家卫生研究院已经资助阿尔瓦罗的实验室对此开展研究，时间会延续到 2019 年之后。

如果你想了解更多阿尔瓦罗的理论，你可以读他的这篇论文《大脑的原模型组织》(*The Metamodal Organization of the Brain*)，文章发表在《大脑研究进展》第 134 卷，也可以在 TMS 实验室的网站查阅。

尼克参加的一个实验发表在 2014 年 8 月《人类神经科学前沿》(*Frontiers in Human Neuroscience*) 上，文章的题目有点令人生畏——《对儿童和青少年自闭症谱系障碍进行经颅磁刺激的皮质脊髓应激性调制》(*Modulation of Corticospinal Excitability by Transcranial Magnetic Stimulation in Children and Adolescents with Autism Spectrum Disorder*)。

贾斯特博士和明瑟博士与我讨论过的有关沟通不良理论的论文《作为神经系统失调的自闭症：一个关于前额叶与大脑后部联结不足的理论》(*Autism as a Neural Systems Disorder: A Theory of Frontal-Posterior Underconnectivity*)，已于 2012 年 2 月 6 日发表在《神经科学与生物行为评论》(*Neuroscience & Biobehavioral Reviews*) 杂志上了。

贾斯特博士关于 TMS 的见解被收录在 2013 年 1 月 14 日发表于《大脑皮质》（*Cerebral Cortex*）杂志上的论文中，论文标题为《对威尼克区域短暂伤害发生的神经认知脑反应性》（*Neurocognitive Brain Response to Transient Impairment of Wernicke's Area*）。

贾斯特博士以脑反应为基础识别自闭症患者的研究论文发表在 2014 年 12 月的《公共科学图书馆期刊》（*PLoS One*）上，题目为《从社会互动的神经表征识别自闭症：自闭症患者的神经认知标志》（*Identifying Autism from Neural Representations of Social Interactions: Neurocognitive Markers of Autism*）。

贾斯特博士的其他论文和著作在他的网站上有全面的索引，明瑟博士的学校介绍页面请上网查阅。

关于自闭症医学研究，我做了哪些工作？跨部门自闭症协调委员会的研究成果都可以从政府网站免费下载。我们每年都会拿出年度报告，讨论这方面的进展和成果，以及未来可能面对的问题。我们的会议资料也在网上归档。如果你查看美国国家卫生研究院以及疾病控制中心的网站的自闭症部分，你就能够查到很多资料。这里面包括我在上述两个组织发表的谈话，每年的 4 月份是“自闭症接纳月”。

我目前参与的活动之一是世界卫生组织的《关于自闭症的机能、障碍和健康的国际分类核心编码》（*ICF Core Sets for Autism for the World Health Organization*）的开发工作。我们这个组织已经发布了多篇论文，包括《机能与伤害分类：关于自闭症的功能、障碍和健康的国际分类核心编码》（*Classification of Functioning and Impairment: The Development of ICF Core Sets for Autism Spectrum Disorder*）、《自闭症谱系障碍的能力与失调：应用机能、障碍和健康国际分类所做的系统性文献评论——儿童和青年版》（*Ability and Disability in Autism Spectrum Disorder: A Systematic Literature Review Employing the International Classification of Functioning, Disability and Health—Children and Youth Version*）。

通过上网搜索，就能找到我在自闭症研究国际会议（IMFAR）上发表演讲的视频和文字稿。每年我都会在大会上以自闭症患者的身份发言。在 TMS 之前，我想不到去做这种事情。

2015 年的自闭症研究国际会议在美国盐湖城举行，我是核心专家小组成员之一。在一次即兴发言中，我谈到了自闭症、残疾，以及科学和科学家们对我的生活所具有的意义。与常人的差异看起来成了上天赐予我的礼物，但这样说也带给我许多痛苦，就像我在本书中所描述的，科学对我的帮助之大，我永远无以言表。我相信我在自闭症研究方面所亲历的故事让很多观众感到惊奇，他们长时间起立为我鼓掌——别人告诉我，这在自闭症研究国际会议上是破天荒的一次。和我在本书的前面部分描述过的那一夜一样，当我对着当地医疗协会的医生们发表演讲时，在座的医生们都湿了眼眶。七年之后，同样的一幕在自闭症国际会议上出现了。通过感情的纽带和别人进行直击心灵的沟通，是一件很令人震撼的事情。

当本书即将出版之时，主办自闭症研究国际会议（IMFAR）的国际自闭症研究协会（INSAR），正在筹备把我的讲话放到网站上供公众浏览，我的网站上会有相关链接。

Switched On: A Memoir of Brain Change and Emotional Awakening by John Elder Robison.

ISBN: 978-0-8129-9689-0

This translation of Switched On is published by arrangement with Spiegel & Grau，through The Grayhawk Agency.